Humanisme Divin

Humanisme Divin

Création de la Société la plus Heureuse

Frank Ignace Babatoundé ALAPINI

Copyright © 2012 par Frank Alapini

Cosmic Harmony Publishing

E-mail: cosmicharmony12@gmail.com

ISBN: 978-0-9855888-4-7

Tous droits réservés. Aucune partie de cette publication ne pourrait être reproduite sans la permission du détenteur du copyright et de la maison d'édition ci-dessus, sauf par un chroniqueur qui peut citer de brefs passages dans une revue. La distribution de ce livre via internet ou tout autre moyen sans permission de l'éditeur est illégale et punisssable par la loi. S'il vous plait, achetez seulement les éditions électroniques autorisées et ne participez pas au piratage électronique de matériels protégés par le copyright. Votre support des droits de l'auteur est apprécié.

Les trois choses les plus étranges sur cette terre consistent en trois observations:

1- En général, les humains n'ont pas de preuves absolues qu'un Dieu Créateur, ou des dieux existent; certains croient seulement, d'autres doutent, d'autres encore nient

2- Quelque chose ne va vraiment pas avec la condition de l'humain et du monde

3- L' humanité n'a pas encore trouvé une philosophie pour que tous soient véritablement heureux

Cependant,

Quiconque comprend le besoin pour une avancée philosophique et spirituelle peut utliser le contenu de ce livre et de celui qui le précède pour guider sa propre personne et les sociétés qui veulent vraiment la justice et l'égalité mieux qu'avec l'astrologie traversant une période de transition globale vers l'harmonie et le bonheur cosmiques

TABLE DES MATIERES

Préface 1

Introduction 5

Première partie: NATURE ET ORIGINE DE L'HUMANITE 12

Chapitre 1: La nature humaine selon 23 penseurs importants 13
    Dix-neuf anciens penseurs sur la nature humaine 14
    La nature humaine selon quatre penseurs contemporains 19

Chapitre 2: La nature humaine selon l' hindouisme, les Témoins de Jéhovah, et le Mouvement de l' Unification 22
    Hindouisme 23
    Témoins de Jéhovah 23
    Mouvement de l' Unification 26

Chapitre 3: L' ésotérisme sur la nature humaine 29
    Manly Hall et Helena Blavatsky 29
    Le Temple du Peuple 32
    Rosicrucianisme 41

Chapitre 4: Compréhension de Chercheur de la nature humaine... 47
Contributions de la physique quantique, de la biology, de la médecine, et d'autres disciplines á la compréhension de la nature humaine 48
Description de la nature humaine utilisant un langage principalement philosophique, spirituel, et religieux 56
Esprit 56
Définition et preuves de l'existence de l'esprit humain 56
Ce qui ne va pas dans les théories générale et spéciale de la relativité et pourquoi le voyage dans le temps apparaît comme de la fiction pure 60
La croissance du corps spirituel 62
Sacrifices de sang des animaux et de Jésus contre l'éducation et les bonnes actions pour la croissance spirituelle: la place du Saint Esprit et des rituels en spiritualité 63
La question de la mort et de l'apparance externe du corps spirituel 70
Ame, nous, psychisme, ou égo: sa nature, ses constituants, fonctions, qualités, et problèmes 71
Tabula Rasa? Archétypes et Prototypes? 71
Pourquoi l'âme n'est pas un produit du cerveau et n'est pas détruite comme celui-ci á la mort: origine de l'âme, préformationisme, épigenèse, jugement de l'âme, et justice 75
Raison, moralité et vertues, lois, passions, amour,

    bonté, mal, et liberté 87
    Réincarnation, résurrection, ciel, et enfer 90
    Nature interne des animaux, des plantes, des minéraux,
    et des particules de la physique quantique; signification
    du panthéisme 107
    La question des jumeaux 110
    Hérédité, culture, et nature humaine 110
    Astrologie, prophécie, prédestination, destin,
    déterminisme, non-déterminisme, et le caractère non-
    nécessaire de la douleur et de la peine 111
    Définition de l'être humain 113

Chapitre 5: Sur l'origine de l' humanité 114

**Deuxième partie: HUMANISME DIVIN POUR L'
ETABLISSMENT DE LA SOCIETE LA PLUS HEUREUSE** 121

Chapitre 6: L'humanisme séculier 122
    Définition 123
    Croyances et pratiques de l'humanisme séculier selon
    Jeaneane Fowler 124
    Le pouvoir de l'humanisme séculier comme expliqué par
    Paul Kuntz 128

Chapitre 7: Humanisme divin 131
    Humanismes religieux et spirituel 131

Comparaison des trois formes traditionnelles d'humanismes 134
Humanismes séculier et divin comparés 135
Qu'est-ce-que l'humanisme divin? 138

**Chapitre 8: Education pour la société la plus
heureuse: généralités** 149
Définition de l'éducation 149
Facteurs environnementaux qui influencent l'éducation 149
Education formelle et informelle 150
L'éducation comme un processus graduel 151
Problèmes de l'éducation cachée 152
Titres et curricula vitae 154
Langue et éducation 155

Chapitre 9: Science spirituelle, philosophie, et théologie 156
Généralités 156
Spiritualité ou énergéticité? 156
    Comparaison de la spiritualité, de la religion,
    et de la science spirituelle………………………………………157
    Science spirituelle définie en quelques mots……………………159
    Science spirituelle, théologie, philosophie, et
    psychologie différenciées………………………………………159
Enseignements de la science spirituelle………………………………161
    Une discussion sur la "voix" de Dieu……………………………161
    Prière…………………………………………………………….163
        Définition et buts de la prière……………………………….163

Quelques bénéfices de la prière 168
Eléments qui supportent la prière y compris le
jeûne et la fréquence de la prière 168
La magie et l'alchimie 169
 Le jeûne 171
Fréquence de la prière 172
   La numérologie et la géométrie dans les écritures, dans le
   monde de l'énergie, la nature, le temps, et dans la prière 174
Formes de prière 177
       Méditation 179
       Musique 182
       Adoration 182
       La montagne, les routes, et l'éléphant 184

Chapitre 10: Sexualité, reproduction, et mariage 185
   Sexualité 186
      L'Arbre de la Connaissance du et du Mal [ACBM] 188
         Cinq interprétations différentes de l' ACBM 188
         Compréhension de Chercheur de l' ACBM et du péché
         originel 191
      Examen et évaluation des diverses sortes de comportements
      sexuels 203
        Pas de rapport sexuel du tout? 203
        Des rapports sexuels avec les animaux? 207
        Etre lesbien, gay, bisexuel, transsexuel [LGBT]? 209

Forniquer? Infidélité? Orgies? Epouses ou époux multiples?... 214
  Pédophilie? 216
  Masturbation? 216
  Pornographie? 217
  Avortement? 217
  Marier et être fidèle á un seul partenaire? 218
 Reproduction, famille et amitié, adoption d'enfant 220

Chapitre 11: Récréation, arts, sports, média, politique, et économie 222
  Arts, sports, et média 223
  Politique et économie 225
    Politique 225
    Economie 230

Chapitre 12: Futur de l'humanité: la question eschatologique 232
  Futurs individuels et collectifs 232
  Apocalypticisme 235
  Coopération cosmique, harmonie, égalité, beauté, santé, justice, et bonheur 236

Conclusion 240

Références 245

Index..248

Appendice: Le Philosogramme..256

Préface

Les Aventures de Chercheur: Episode 2

Le premier épisode des *Aventures de Chercheur* avait présenté le but d'un homme qui était de découvrir d'une manière ou d'une autre une lumière capable de dissiper tous les aspects de l'obscurité. Dans la première étape du processus d'élaboration de cette lumière il voulut rendre claires l'existence et la nature de Mahu, Zinflougan et de leurs cours respectives.

Une des conclusions de Chercheur était que Mahu est l'Ame Universelle Intelligente qui imprègne toute substance; Un Etre Androgyne [Mâle-Femelle], Cause ou Créateur de tous les êtres. Deuxièmement, il fut convaincu que l'être le plus puissant dans le livre de guidance le plus connu n'est pas le même lorsqu'on quitte sa première partie pour la seconde. Il remarqua que l'idée correcte de Mahu figure dans la seconde partie tandis que la première partie presque tout le temps ne parle que des veilleurs, dont certains sont très puissants et aidèrent Mahu á amener en existence d'autres êtres.

Troisièmement, Zinflougan émerge des écritures comme un dieu de la classe des veilleurs créé par Mahu mais qui devint corrompu. Chercheur se rendit compte que cette conclusion basée sur les écritures a aussi du sens philosophiquement parlant mais requiert des preuves expérientielles tout comme l'exige l'affirmation de l'existence des dieux. Il identifia plusieurs pistes de recherche qui sont prometteuses pour l'obtention de ces preuves.

Une quatrième conclusion majeure de Chercheur était que logiquement et selon les écritures, le marcheur Jésus n'eut pas une existence antérieure en tant que le veilleur Michel avant de naître sur terre et qu'il fut envoyé par Mahu de la même manière dont d'autres marcheurs ont été envoyés, sont envoyés, et seront envoyés. Cependant, Jésus comme tout marcheur avancé peut être appelé un dieu qui peut même être supérieur aux dieux de la classe des veilleurs ou de tout autre classe.

Cinquièmement, le Saint Esprit est la supersubstance, énergie, matière, électricité, feu, force de vie, pouvoir, et part du corps de Mahu qu'Il-Elle utilise pour créer et restaurer. Deux manifestations collectives remarquables de Djomion eurent lieu aux moments des pentécôtes au temps de Moïse et des 70 anciens d'Israël et lorsqu'il descendit sur les disciples de Jésus. Des cas individuelles remarquables incluent Hermès Trismégiste, Jésus, Moïse, et plusieurs autres. Chercheur pense qu'il a reçu et continue de recevoir sa part de Djomion.

Cependant, le fait que certains marcheurs ont reçu Djomion ne signifie pas qu'ils sont incapables de faire des erreurs. Comme plusieurs écritures le disent, même les veilleurs ne connaissent pas tout et peuvent faire des erreurs. Zinflougan fit des erreurs graves succesives qui résultèrent dans la naissance du mal. Donc, recevoir Djomion est une chose et l'utiliser correctement en est une autre.

Chercheur, basé sur ses propres expériences et instructions sait que la science des choses physiques ou physicalité n'est pas au courant de ces manifestations de Djomion alors que plusieurs religions et écoles spirituelles le sont. Ces derniers offrent des explications qui ne peuvent être vues dans aucun livre traitant des choses physiques y compris les livres médicaux.

Néammoins, plusieurs chercheurs se rapprochent de cette vérité. Ils font de plus en plus de recherches sur la glande pinéale, la substance appelée DMT, les expériences extracorporelles, celles de fin de vie, les rêves, la physique quantique, ainsi de suite.

Sixièmement, Chercheur a trouvé que l'ancien concept religieux et phylosophique de *'Je Suis'* est la plus inclusive et décrit Mahu plus que tout autre concept dont les notions humaines de parenté, partenité, et de maternité. Sous cette lumière, plusieurs 'isms' apparaissent comme ayant de sens complètement ou partiellement.

Pendant qu'il travaillait sur la diffusion de ses conclusions, Chercheur décida de procéder á l'étape suivante de son travail de fabrication de la lumière. Comme d'habitude, il envoya une prière á Mahu disant: 'Oh Seigneur-des-Lumières-et-des-Plaisirs, je te remercie pour toutes les choses que j'ai découvertes jusqu'ici et demande que je sois capable de les utiliser efficacement d'une manière pratique en ce monde terrestre qui a besoin de guérison. S'il te plait continue de m'assister avec ton Esprit Saint et de me guider vers des marcheurs qui ont les mêmes objectifs quelque soient leurs approches. Je suis confiant qu'au moment opportun, ton Esprit de Vérité, de Sagesse, et de Paix se manifestera en nous tous afin que tout soit en harmonie.'

'Pour qui me prends-tu jeune homme?' Répliqua Mahu . 'Penses-tu que je suis suffisamment dupe pour confier cette tâche á toi tout seul?' Et Il-Elle continua: 'Sache qu'il y a plusieurs personnes actuellement sur terre avec qui tu peux t'associer et faire le travail. Bien sûr j'exaucerai ta prière sur les autres points aussi, mais peux-tu sortir victorieux de cette nouvelle enterprise? Nous le verrons dans quelques années.'

Après cette prière, Chercheur alla étudier d'avantage les réponses que plusieurs grands chercheurs du passé et du présent ont proposées et proposent pour la guérison du monde et la création d'une société harmonieuse et heureuse. Ensuite il laissa sa raison et son coeur faire sortir leur contenu sur le sujet. Il se souvint de ses expériences et études antérieures que Djomion l'avait aidé á enregistrer. Ensuite, il médita pour organiser toutes les informations qu'il avait á sa disposition pour en produire de nouvelles.

Une fois cette seconde étape achevée, il trouva le résultat très bon et ne regretta pas d'avoir laisser la pratique de la médicine pour un temps. Pendant qu'il soignait des marcheurs, Chercheur avait remarqué que la majorité était plus troublée dans l'âme que dans le corps et que les problèmes de l'âme sont en fait responsables de la plupart des souffrances même du corps physique.

C'est pourquoi il décida de produire deux livres pour aider les marcheurs á guérir ou renforcer leurs âmes et prévenir plusieurs maladies corporelles de même que les guerres qui tuent carrément et en grand nombre. Le premier de ces livres donne beaucoup d'explications sur Mahu et le seconde, la présente, vise á aider tous les marcheurs et aussi les veilleurs á vivre en harmonie et de façon heureuse.

Rév. Dr. Frank Ignace Babatoundé ALAPINI D.M., M.Div
New York, Décembre, 2012

Introduction

Il est bienséant qu'un ouvrage sur la création de la société la plus heureuse par la philosophie de l'humanisme divin commence en rendant hommage á quatres grands hommes dont l'existence dans l'histoire est parfois remise en cause. Cependant, que leur historicité soit formellement établie ou pas, ils ont influencé le monde de manière significative á travers les paroles et oeuvres spirituelles qui leur furent attibuées. Il s'agit dans l'ordre chronologique d'Hermès Trismégiste, Moïse, Gautama Bouddha, et Jésus de Nazareth.

L'histoire de *Poimandres* dit comment Hermès commença sa mission sous l'injonction de Dieu: '*Va en avant, deviens comme un guide pour ceux qui errent dans l'obscurité, afin que tous ceux en qui demeure mon Ame Intelligente puissent être sauvés par mon Ame Intelligente en toi, qui devrait stimuler mon Ame Intelligente en eux.*'

Hermès en réponse allavers les gens et leur dit ceci: '*O gens de la terre, réveillez vous de votre sommeil d'ignorance! Soyz sobreset réfléchis. Réalisez que votre maison n'est pas sur terre mais dans la Lumière. Pourquoi vous êtes vous délivrés á la mort ayant le pouvoir de participer á l'immortalité? Répentez vous et changez vos états d'âmes. Quittez l'obscurité et abandonnez la corruption pour toujours.'*

Ceci sonne comme une bonne nouvelle! Une évangile bien avant le temps de Jésus assurémment. Hermès enseigna que la raison de l'âme est ce qui la sauve des problèmes tels que l'ignorance, la colère, la tristesse, l'intempérance, le désire sexuel mal orienté, l'injustice, l'avidité, la tromperie, et l'envie. Il ajouta que la raison donne naissance aux qualités telles que la connaissance ou vérité, la joie, l'auto-contrôle, la générosité, et la bonté.

Pour lui, il y a des êtres spirituels qui s'associent avec les humains selon leurs moments de naissance et les poussent souvent á commettre des erreurs. Mais ces êtres ne peuvent envahir la raison á travers laquelle une connection directe avec Dieu est établie pour le vrai développement et la liberté. Qu'en est-il de Moïse?

Moïse appartint á l'ancien peuple d'Israël et le nom 'Israël' dans la Bible signifie 'victoire spirituel' sans oublier que plusieurs chercheurs ont suggéré qu'il sagit d'un mot composite formé á partir des noms de trois divinités majeures de l'ancien monde qui sont Isis, Ra, et El. Centré sur la définition biblique de victoire spirituelle, tout individu peut devenir membre de ce peuple sans nécessairement être un descendant génétiquement lié au patriarche Jacob. C'est pourquoi plusieurs étrangers, en de nombreuses occasions avaient joint la nation d'Israël dans la Bible.

Le Dieu de l'Ancien Testament qui était un ange puissant dit á Moïse: *'Jesuis au courrant de la souffrance de mon peuple et je suis venu á son secours. Je t'envoie guider et sortir mon peuple de la souffrance.'*

Que fit ou dit Moïse? Sa réaction immédiate fut de se trouver non qualifié pour cette mission et de la rejeter. Mais l'ange réussit á apaiser ses inquiétudes et lui donna de l'énergie. Moïse enseigna de ne pas suivre les démons mais son Dieu [son puissant ange protecteur]. Moïse ne se rendit pas compte comme Hermès qu'il y avait un Dieu Invisible Imprégnant Tout au-dessus même du Dieu de l'Ancien Testament qui lui était apparu ainsi qu'á d'autres.

INTRODUCTION

En quoi Gautama Buddha était-il spécial? Son histoire dit que sa quête spirituelle fut déclenchée par ses rencontres pour la première fois avec la souffrance humaine causée par le viellissement, la maladie, et la mort. Il n'est pas dit que Dieu demanda á Bouddha de faire quoi que ce soit mais qu'il prit lui-même la décision d'aider á résoudre les problèmes du genre humain de par sa propre raison et en son propre coeur.

Ayant atteint un état d'illumination, Bouddha découvrit les Quatre Vérités Nobles dont la maîtrise conduit á un état d'âme libre de l'ignorance, de l'avidité, de la haine, ainsi de suite. La synthèse des Quatre Vérités Nobles est que la souffrance est causée par l'attachement aux désires qui doivent être coupés en suivant le Chemin-á-Huit-Parties décrit comme: la compréhension correcte , l'intention correcte, la parole correcte, l'action correcte, la subsistence correcte, l'effort correct, l'état d'âme correct, et la concentration correcte.

Par'désires,'Bouddha ne voulut pas dire 'tous les désires' mais seulement ceux qui ne sont pas raisonables comme Hermès l'avait aussi clairement enseigné. Tout d'abord GautamaBouddha hésita á enseigner parce qu'il y avait tant d' ignorance, d'avidité, et de haine qui pourraient empêcher les gens de le comprendre. Mais il enseigna finalement convaincu qu'au moins un petit nombre comprendrait. Dans ses paroles figure la notion qu'il existe des formes d'esprits appelés devas qui envoient souvent de mauvaises intentions , paroles, et action vers les humains.

Selon les évangiles bibliques, un ange informa Joseph que la mission de Jésus était de délivrer les gens de leurs péchés. Comment essaya-t-il d'accomplir ceci? Les écritures indiquent qu'il demanda au peuple de se répentir et de se tourner vers Dieu car le royaume de Dieu était proche. Ensuite, il commença á enseigner comment vivre vertueusement racontant des histoires inspirantes fameuses connues comme ses paraboles.

Après cela, les évangiles décrivent Jésus comme doutant jusqu'á la fin s'il devait mourir sur la croix pour sauver l' humanité ou pas. Quand il décida d'aller á la crucifixion, ses derniers mots n'ont montré aucune satisfaction pour un travail bien accompli mais une immense tristesse, déception, et incompréhension de la raison pour laquelle Dieu [Celui qui est partout] l'avait abandonné. Jésus enseigna que la vérité libère et combatit des entités appelés démons.

Une considération attentive d'Hermès, de Moïse, de Bouddha, et de Jésus montre qu'ils ont plusieurs caractéristiques en commun. Tous commencèrent un ministère publique centré sur des enseignements spirituels avec la volonté de faire quelque chose á propos de la condition humaine qu'ils ne trouvèrent pas satisfaisante. Tous insistèrent sur la vérité ou connaissance ou sagesse ou raison ou loi et donnèrent des instructions sur des entités spirituelles négatives.

Seul Bouddha ne reconnut pas un Dieu Suprême malgré son acceptation de l'existence des êtres spirituelles. Aussi, l'être suprême de Moïse était différent et inférieur á celui d'Hermès ou de Jésus. Hermès trouva á la fois des qualités et des défauts á l'astrologie ou á l'astrothéologie tandis que Moïse était carrément contre. Quant á Bouddha et á Jésus, ils ne donnèrent pas leurs opinions sur elle selon la connaissance de Chercheur.

Le souvenir de ces quatres pioniers est important dans cette introduction car comme eux, Chercheur veut changer la condition actuelle du monde grâce á la raison, la connaissance, la vérité, la sagesse, la science spirituelle, l'amour etc… centré sur le Dieu Suprême Invisible Imprégnant Tout et la puissance de son Esprit Saint.

Peut-on dire que l'ignorance, les mensonges, l'intempérance, la violence, l'avidité, la haine, ainsi de suite, sontendémiques dans le monde d'aujourd'hui? Si la réponse est oui, alors est-il possible qu'un enseignement capable de changer cette situation soit élaboré? Répondre non á cette dernière question sous-estimerait á la fois le potentiel humain et celui du Divin.

Comme Hermès, Chercheur veut insister sur le pouvoir de l'âme intelligente. Comme Moïse, il veut mettre l'accent sur les bénéfices qu'il y a á élaborer de bonne lois et les faire respecter tout en travaillant sérieusement afin que tous reçoivent le Saint Esprit Divin en abondance éradiquant les souffrances inutiles.

INTRODUCTION

Similairement á Bouddha et Jésus, Chercheur veut que tous les humains aient confiance en leurs propres potentiels sans oublier de rechercher Dieu. Tous les trois partagent la grande détermination de lutter contre les maladies.

Cependant, le travail de Chercheur a des aspects particuliers. Premièrement, ce travail doit être adapté au temps s'étendant á partir du 21ème siècle caractérisé par des technologies avancées et une grande capacité á raisonner au sein de la population générale.

La seconde particularité est de lutter afin que ce travail soit une aventure commune dans laquelle d'autres propositions constructives seront proprement reconnues et harmonisées avec celle de Chercheur. C'est pourquoi il refuse le plagiat et introduit les idées en association avec leurs auteurs chaque fois qu'ils existent. Il est convaincu que la tentative aujourd'hui de créer une société très heureuse bénéficie énormément des tentatives précédentes.

La troisième particularité de l'oeuvre de Chercheur est de donner á la spiritualité, á la philosophie, et á la moralité une forme plus scientifique et plus unie de sorte que les individus puissent être á la fois sages comme Hermès, endurants comme Moïse, visionnaires comme Bouddha, et puissants comme Jésus. Le véritable but est de dépasser le niveau de ces hommes droits, apportant des solutions á des problèmes non encore résolus.

Ce travail serait impossible á une personne seule; mais pas pour une grande communauté surtout lorsque de nombreuses personnes sont entrain de se réveiller spirituellement découvrant des vérités restées longtemps inaccessibles.

Chercheur fut heureux de constater qu'un penseur contemporain comme Ardavan Amir-Aslani ait déclaré que la religion est le principal facteur déterminant l'identité des nations et des relations internationales dans son ouvrage *La Guerre des Dieux, Géopolitique de la Spiritualité*.

Amir-Aslani alla jusqu'á dire que la guerre de demain sera religieuse ou ne sera pas mettant en exerguele puissant encrage religieux de certaines figures de proue du Parti Réplucain Américain, l'influence grandissante de l'Eglise Orthodox en Russie, le remplacement de dictateurs par des régimes islamiques avec un arrière plan de Sharia comme résultat des révolutions du Printemps Arabe de la fin de la première décennie du 21ème, et *l' irruption du fait religieux dans le politique partout sur la planète.*

Ardavan Amir-Aslani est un avocat spécialisé dans les relations internationales et permet á Chercheur d'établir une connection entre l'ancien monde d' Hermès, Moïse, Bouddha, Jésus, mais aussi de Mahomet avec le monde actuel. Il permet aussi á Chercheur de renforcer la conviction que son propre travail peut connecter les deux mondes dont la dominance religieuse traduit en fait une recherche de justice, d'harmonie, et de bonheur collectives en connection avec un éventuel Créateur ou des créateurs.

Le souhait de Chercheur est non seulement d'éviter le scenario castrophe de multiplication ou d'exacerbation de guerres religieuses mais d'aller vers une paix véritable et durable grâce á l'application des idées qu'il exprime. Le pôle religion de la direction prospective du Ministère des Affaires Etrangères de différents pays, les chefs d'états, de même que les organisations de la société civile pourront obtenir des résultats pratiques très positives en utilisant ses idées en une période de transition mondiale vers l'égalité complète de tous et le bonheur pour tous.

Contrairement á Ardavan Amir-Aslani, Chercheur ne pense pas que le seul espoir réside dans la conviction républicaine de séparation entre le fait religieux et le politique. Rien ne dit que la décision des français d'avoir une nation laïque en 1905 avec séparation de l'Eglise et de l'Etat ou la privatisation de la religion aux Etats Unis constituent la quintescence de la raison, même s'il est á admettre que l'Eglise ou la religion était devenue particulièrement problématique.

Indépendemment de l'Eglise ou de la religion, s'il s'avérait que la nature humaine comprend une dimension spirituelle et que des preuves de phénomènes et d'êtres spirituelles existaient, alors la meilleure réponsene serait pas de décréter par la loi qu'un être humain qui est un et indivisible doit séparer ses affaires religieuses ou spirituelles de celles étatiques.

INTRODUCTION

Il serait plus judicieux de redéfinirou de reformuler sur des bases plus scientifiques la religion et la spiritualité qui persistent et dominent malgré tout.Ce faisant, le monde en viendrait á réaliser que les lois de séparation entre la religion et l'Etat ne doivent pas nécessairement être éternelles. De nouveaux faits ou de nouvelles analyses peuvent amener la société humaine á se réorganiser tenant plus compte d'éléments qui avaient échappés á son attention par le passé.

Pour atteindre le but global d'un changement social pour plus de bonheur, il est fondamentale de bien comprendre les aspects théologiques, philosophiques, et psychologiques de la notion du divin. C'est pourquoi Dieu, les dieux, et les êtres humains déifiés ont été étudiés dans un premier volume. Maintenant un développement plus anthropologique du même concept de changement est nécessaire centré sur la vie pratique humaine et pas seulement la philosophie et la théologie.

Une oeuvre anthropocentrique avec le but de créer la meilleure société ne peut éviter les sujets de la nature humaine, de l'origine de l'humanité, la philosophie de l'humanisme, la philosophiede l'éducation, la science spirituelle, la sexualité, la reproduction, le mariage, la récréation, la politique, l'économie, et les concepts decoopération, d'harmonie, d'égalité, de beauté, de santé, et de justice.Tous ces thèmes seront discutés en douze chapitres suivis d' une conclusion qui résumera le livre et invitera le lecteur vers une autre étape pour la réalisation d'un grand bonheur pour tous.

Première partie

NATURE ET ORIGINE DE L'HUMANITE

Chapitre 1

La nature humaine selon 23 penseurs importants

Tout individu qui veut une sociétéheureuse devrait répondre á la question fondamentale: '*Qui estresponsable pour bâtir cet ideal?*' Cette question est simple et peut appraître inutile puisque la réponse est évidente. Cependant, pour des raisons d'instruction, il est nécessaire la poser et d'y répondre.

La réponse manifeste est que les êtres humains sont ceux qui doivent bâtir une société heureuse. S'ils doivent le faire seuls en tant que l'espèce humaine ou en association avec d'autres acteurs ou agents sera ultérieurement précisé.

Puisque les humains sont considérés comme les éléments centraux dans l'établissement de cette société, il est important d'étudier leur nature. *Plus les êtres humains se connaissent eux-mêmes, meilleur sera leur capacité de construire une société dans laquelle chacun bénéficie pleinement de la vie.* Ce chapitre présente les points de vue de 23 importants penseurs sur la nature humaine. Le suivant exposera les idées de trois mouvements religieux. Le chapitre 3 présentera une synthèse des idées de l'ésotérisme basé sur deux personnalités et deux écoles. Finalement, le chapitre 4 sera consacré á l'opinion de Chercheur.

Dix-neuf anciens penseurs sur la nature humaine

Roger Trigg qui est professeur de philosophie permet aux personnes interessées par une étude de la nature humaine de gagner du temps en résumant brillamment les pensées de douze âmes philosophiques dans son livre *Ideas of Human Nature*. Ce qui suit est un condensé partiel de ce travail concernant onze de ces penseurs.

Dans Trigg, on peut lire que *Platon* [429 av N.E.-347 av N.E.] assimila le psychisme á l'âme et considéra que la *raison* devrait en prendre soin et aussi contrôlerles emotions et désirs [surtout les desires sexuels]; pas au détriment de ces derniers, mais en harmonie avec eux. L'âme pour Platon est immortelle, mais dans la vie terrestre, elle est défigurée á travers son association avec le corps. La *connaissance* est la virtue qui peut prévenir le mal puisque les gens font toujours ce qu'ils savent être droit.

Pour *Aristote* [384 av N.E.-322 av N.E.], instructeur de l'Empereur Alexandre le Grand, la *raison* est aussi au centre de la nature humaine comme une faculté morale et intellectuelle. Elle distingue l'humain de l'animal et de la plante et rend la civilisation possible. La raison est la seule capable de générer une vie heureuse. Les êtres humains doivent lutter pour vivre en accord avec la meilleure chose en eux qui est divine.

Dans le livre *Nichomachean Ethics*, Aristote déclare que le destin humain est contrôlé par les *dieux*. Il enseigne aussi que la sagesse, la contemplation, et les vertus sont essentielles bien que la politique, la beauté, les relations familiales et amicales, les choses matérielles, et les plaisirs doivent êtres aussi pris en considération.

La *raison* et la *connaissance* apparaissent á nouveau dans les pensées de *Thomas d'Aquin* [1225-1274] comme les éléments les plus importants. D'Aquin crut que les âmes des hommes sont responsables devant Dieu parce qu'elles vivent librement leurs vies terrestres. Selon lui, les âmes sont aidées par leur inclinaison naturelle vers la vertu. Thomas d'Aquin pensa aussi que *le penchant pour un parmi deux éléments contraires réduit nécessairement le penchant pour l'autre et que par conséquent l'entraînement et l'éducation sont importants.* Néammoins, la raison reste pour lui le trait fondamental de la nature des êtres humains.

Du point de vue comportemental, *Thomas Hobbes* [1588-1679] déclara que les humains sont des êtres *égoïstes* qui profitent des faiblesses les uns des autres pour leur propre bénéfice et qui n'accordent aucune importance á la moralité. Ils entrent donc en *compétition* les un avec les autres et recherchent la gloire et l'honneur personnels. Même la charité et la pitié sont dispenses á des fins égoïstes selon Hobbes.

Le point de vue de *John Locke* est que la *raison* est la faculté transcendentale qui appartient originellement á *Dieu* qui la donne secondairement aux humains comme leur trait dominant. Locke [1632-1704], comme d'Aquin, crut que l'humanité doit rendre compte á Dieu qui assiste parfois la raison humaine avec les *révélations de ses envoyés*.

Pour *David Hume* [1711-1776] au contraire, la raison est l'esclave des *passions*. Elle ne peut les changer et est elle-même un instinct qui conduit une personne avec des préférences fixes d'un phénomène á un autre. La raison ne peut pas modifier les *préférences* déclare Hume.

Il illustre son propos disant que lorsque la raison détermine que les personnes doivent être traitées avec respect et sur un pied d'égalité, en fait les humains préfèrent le bien être de leurs familles et amis á celui d'étrangers. Un homme aime naturellement ses enfants plus que ses neveux ajoute-t-il. Donc, dans l'âme de Hume, la raison ne déterminepas la moralité. Les raisons qui amènent Chercheur á désapprouver cet argumentaire seront données dans le chapitre 4.

Le philosophe que Roger Trigg introduit ensuite est *Immanuel Kant* [1724-1804]. Kant explique son *impératif moral catégorique* disant que les humains ne font pas les choses parce qu'ils ont des penchants pour elles mais parce que ces choses sont correctes. Par conséquent, la *raison* n' est pas une faculté limitéeaux humains mais une faculté*transcendentale*même par rapport á *Dieu*. Pour Kant, la raison pour une action est plus importante que ses résultats.

Charles Darwin [1809-1882], comme Hume, pensa que la moralité ne peut pas être déterminée par la raison sans l'intervention des *impulsions et instincts naturels*. Néammoins, il rejoint Thomas d'Aquinpour dire que les habitudes vertueuses avec le temps peuvent devenir un héritage même si elles ne sont pas transmises génétiquement mais acquises grâceá l'*enseignement*.

Ainsi, Darwin ajoute un *aspect moral á celui biologique de la théorie de la sélection naturelle*. Il ajoute également d'autres éléments partagésparles animaux et liésála transmission génétiquecomme l'auto-préservation, l'amour sexuel, l'amour d'une mère pour son nouveau-né, ainsi de suite. Pour Darwin, la moralitéest la principale différence entrehumains et animaux.

Pour *Karl Marx* [1818-1883], le *potentiel humain*, le besoin d'une *vie sociale altruiste*, et la *liberté individuelle pour l'auto-réalisation á travers la créativité*constituent le noyau de la nature humaine. Selon lui, même ceux qui bénéficient du système capitaliste ne sont pas vraiment libres et leurs propres potentiels ne sont pas atteints.

D'après *Friedrich Nietzsche* [1844-1900], la base de la nature humaine est le *désir du pouvoir*. Chaque être humain doit suivre ses propres standards moraux parce qu'il n'y a pas de source externe objective de la moralité. Pour lui, la religion n'est certainement pas cette source. **La corruption est le résultat naturel du désir du pouvoir.**

Le désir du pouvoir n'est pas limité á la domination sur les humains et inclue aussi le contrôle sur les impulsions personnelles. Donc, pour Nietzsche, la nature humaine n'a pas á faire avec 'ce qu'une personne est' mais avec 'ce qu'elle veut devenir' qui est le *superhomme*. Cependant la super- humanité n'est pas accessible á tous, mais á un très petit nombre.

Le centre de la nature humaine pour *Sigmund Freud* [1856-1939], considéré comme le père de la psychologie ou de la psychanalyse, est le *désire sexuel qui peut être caché dans l'inconscient sous une forme différente des désires sexuels conscients*. Pour lui, la personnalité humaine consiste en trois éléments: l' 'égo' [*raison et bon sens*], le 'super égo' [siège de l'*activité judiciaire de la conscience*], et le 'id' [siège *inconscient des passions*].

Le super-égo est le centre de la moralité qui cherche á guider l'égo qui est aussi sous la pression de l'id et du monde externe. Selon Freud, les désires sexuels cèdent la place seulement á la nécessité de la préservation de la vie. Si la vie d'une personne n'est pas en danger, sa première priorité est le sexe. Donc, Freud rejoint David Hume pour penser que la raison joue un rôle dans la vie humaine mais que les passions ont toujours le dernier mot comme les véritables dirigeants de la nature humaine. Ainsi, l'homme agit plus de façon inconsciente que consciente. Une réponse sera donnée á Freud en même temps qu' á Hume.

En dehors des onze penseurs tirés du livre de Roger Trigg; huit autres érudits ont exprimé leurs vues sur la nature humaine de manière si influente que ce chapitre ne peut pas les négliger.

Ainsi, selon *Arthur Schopenhauer* [1788-1860], la raison ou la sagesse n'est pas l'élément fondamentale de la nature humaine. La dignité de l'homme réside dans sa *moralité construite par les vertues qui sont des attributs de la volonté et pas de l'intellect*. Schopenhauer cependant semble ne pas croire en la possibilité de la perfection humaine sur la base de la morale parce que même les personnes les plus nobles surprennent parfois par des traits isolés de dépravation.

Jean-Jacques Rousseau [1712-1778] crut[1] que deux principes fondamentaux gouvernent les humains qui sont naturellement bons: la préservation ou le *bien être personnel* est le premier en importance et la *compassion* suit. Un être humain est complet seulement en relation avec les autres. Un bon humain á plusieurs besoins et ne se compare pas souvent aux autres tandis que la personne méchante á aussi plusieurs besoins et dépend beaucoup des opinions des autres.

Alfred Adler [1870-1937] était un médecin et psychothérapeute hautement considéré ensemble avec Sigmund Freud et Carl Jung. Pour lui, la nature humaine se résume au *psychisme* qui détermine les comportements d'un adulte. Les fondations du psychisme sont posées dès la première enfance et ne dépendent pas des facteurs héréditaires.

L'opinion de *Confucius* [551 B.C.E.-479 B.C.E.] sur la nature humaine était principalement que les humains ont le *potentiel* d'accéder á la *moralité du Ciel* afin de devenir *sages* á travers la culture de la *vertue*[2]. Cependant, Confucius déclara aussi que les êtres humains ont la capacité de résister au Decret du Ciel. Ils ont la même nature á la *naissance* mais des différences apparaissent avec la *pratique*.

Pour *Augustin*[3] [354-430], la *foi*, la *raison*, et le *libre arbitre* sont complémentaires dans la recherche et l'obtention de la *vérité*. Il crut contrairement á Pélage et comme Paul que seule la *grâce de Dieu* peut sauver l'homme du *péché originel*.

René Descartes [1596-1650] défendit l'argument que l'être humain comprend une *âme et un corps*, deux substances qui peuvent exister l'une

---

[1] Peter Loptson, *Theories of Human Nature* (Peterborough, Ont: Broadview Press, 2006), 104-06.

[2] Leslie F. Stevenson and David L. Haberman, *Ten Theories of Human Nature* (New York: Oxford University Press, 2004), 13.

[3] Ibid., 107-08.

sans l'autre mais qui s'influencent mutuellement[4]. L'âme est l'entité immatérielle qui pense, ressent, perçoit, veut, et ne peut être étudiée par les méthodes de la science des choses physiques ou physicalité. Elle est immortelle et représente ce qu'une personne est après la mort.

Selon *Benedict de Spinoza* [1632-1677], *l'âme et le corps* ne sont *pas deux substances différentes*. L'âme est le résultat du fonctionnement du cerveau[5].

Les idées de *Jean Paul Sartre*[6] [1905-1980] ne sont pas éloignées de celles de Nietzsche parce qu'il affirma que le destin d'un humain est *dans ses mains seules*. Mais au contraire de Nietzsche qui pensa que la nature fondamentale des êtres humains est le désir du pouvoir, Sartre crut qu'ils n'ont *pas d'essenc*e mais seulement une existence et qu'il n'y a pas de vérité générale sur ce qu'ils veulent devenir. Sartre fit de la *liberté* l'élément de base de la condition humaine.

La nature humaine selon quatre penseurs contemporains

Dans son ouvrage *Is There a Human Nature? [Il y a t-il une Nature Humaine?]*, *Bhikhu Parekh* [1935-...] qui est professeur de théorie politique offre une description utile du concept de nature humaine. Pour lui, la nature humaine est une série de caractéristiques permanents que tous les êtres humains et eux seuls avec peut être quelques exceptions partagent en commun en leur qualité d'humains.

Ces caractéristiques qui ne sont pas socialement ou culturellement dérivées mais héritées dès la naissance sont les capacitésphysiques et psychologiques, les désirs, dispositions, et tendences á agir d' une manière spécifique, etc... Les animaux possèdent certaines de ces caractéristiques.

---

[4]Stevenson and Haberman, *Ten Theories of Human Nature*, 114.
[5] Ibid., 115.
[6] Ibid., 182.

La société peut changer ou réguler ces caractéristiques mais ne peut les éliminer entièrement.

Bhikhu Parekh pense aussi que la nature humaine est seulement une petite part de ce qui fait des êtres humains ce qu'ils sont. Selon lui, il est maintenant difficile d'identifier cette nature á cause de la déformation qu'elle a subit sous l'influence de la culture. Additionnellement, la nature humaine n'est pas statique mais évolue avec l'apparition de nouvelles natures qu'elle se donne.

Les idées de Bhikhu Parekh ne l'ont pas amené á conclure comme Chercheur qu'aussi bien la culture, l'éducation, l'évolution, que le changement sont des éléments de la nature humaine et que culture et nature ne devraient être opposées. En d'autres mots, il est naturelle á l'humain de changer sa nature par les cultures qu'elle même crée.

Si le Professeur Bhikhu Parekh considère les animaux dans une partie de sa description, le philosophe *Peter M. S. Hacker* [1939-…], dans *Human Nature: The Categorial Framework [Nature Humaine:la Structure Catégorielle]*, préfère commencer son explication par eux. Les animaux sont pour lui différents des objets *inanimés* parce qu'ils sont des substances *animées* et des choses vivantes qui ingèrent de la matière de leur environnement. Il distingue les animaux des plantes par le fait que les premiers sont dotés des sens de vision, d'audition, d'odorat, de goût, et de toucher et aussi par le fait qu'ils peuvent se mouvoir d'eux-mêmes.

Hacker, comme plusieurs autres philosophes est de l'opinion que les pensées, les émotions, la volonté, et la conscience propre sont rudimentaires au sein des animaux mais développées au niveau des humains qui agissent á cause de certaines raisons et non par l'instinct simple. C'est la raison pour laquelle un être humain est moral, légal, et socio-historique.

Contrairement au humains, les animaux ne distinguent pas le bien et le mal et ne sont pas susceptibles de ressentir la culpabilité, la honte, et le remords. C'est pourquoi il est dit que seuls les humains ont une âme. De plus, les animaux ne parlent pas, dit Hacker. Pour lui, les êtres humains ont une âme intelligente qui peut être vive ou émoussée. Ils ont aussi un corps qui peut être malade ou en bonne santé.

Dans *Everyday Creativity and New Views of Human Nature [La Créativité de tous les Jours et Nouvelles Vues sur la Nature Humaine]* édité par Ruth Richards, le psychologue contemporain *Mark A. Runco* exprime l'idée selon laquelle la créativité est une part importante de la nature humaine. Dans le même volume, *Riane Eisler* qui est scientifique sociale et avocate déclare que le défi créateur le plus urgent est de bâtir un futur viable qui n'a pas á être parfait ou une utopie.

Chapitre 2

La nature humaine selon l'hindouisme, les Témoins de Jéhovah, et le Mouvement de l'Unification

La nature des être humains n'est pas un concept souvent systématiquement décrit dans les systèmes religieux et écoles spirituelles. Néammoins, en faisant attention á leurs écritures, l'on peut obtenir une idée générale. Trois mouvements appraissent réfléterla variété d'opinions exprimées sur la nature humaine dans le paysage religieux. Il s'agit de l'*hindouisme* qui qui met l'accent sur la connectivité de toute vie; les *Témoins de Jéhovah* et les *Unificationistes* qui offrent l'opportunité de consulter la Bible et d'autres écritures. Ces trois organizations fournissent aussi l'occasion d'aborder la philosophie religieuse et spirituelle sur la question.

La nature humaine dans l'hindouisme

Le texte hindou du *Brihad Aranyaka Upanishad* donne une rare description de la nature humaine déclarant qu'á cause de la connectivité de toute vie, les humains ne sont pas différents des autres êtres[7]. Le soi ou *atman* qui est présent dans un être est le même qui est présent dans les autres êtres.

Dans l'hindouisme, il y a un autre soi qui est l'égo, le corps ou *ahamkara*; cependant, le vrai soi est l'*atman*, le subjet, l'object, et le témoins de la conscience; la conscience imprégnant tout. Certains philosophes hindous croient que le soi qui se réincarne ou va dans le monde de *Brahma ou Atman* après la *moksha* [libération] est différent de l'*atman*.

Le point de vue des Témoins de Jéhovah

Les Témoins de Jéhovah croient que dans des conditions idéales, le processus de regénération du corps humain ne s'arrêterait jamais et les humains vivraient éternellement[8]. Ils fournissent plusieurs passages bibliques pour supporter l'idée que les êtres humains vivraient sur la terre éternellement á savoir: Psaumes 115: 16/ 139:14/ 37: 29/ Esaïe 48:18/ 25: 8/ Jean 3:14-16/ 3:36/ et Révélation 21:3-4. Pour eux, les humains veulent avoir une vie sans fin sur terre parce que Dieu a planté dans leurs coeurs le désir d'éternité [Ecclésiaste 3: 11]. Ils sont faits pour la terre et la terre pour eux [Genèse 2: 8, 9, et 15].

---

[7] Stevenson and Haberman, *Ten Theories of Human Nature,* 31-4.
[8] Watch Tower Bible and Tract Society of Pennsylvania, *Vous Pouvez Vivre Eternellement sur une Terre qui Deviendra un Paradis* (Brooklyn, New York, U.S.A., 1989), 7-10.

Selon les Témoins de Jéhovah, les humains comme les animaux ne sont au courant de rien après leur mort[9] [Ecclésiaste 9: 5 et 10/ 3: 19-20/ et Psaumes 146: 3-4]. Adam n'existait pas avant sa création du sol et á sa mort, il retourna dans cet état de non-existence [Genèse 3: 19]. Puisque l'homme tout comme l'animal est une âme [Genèse 1: 20 et Nombre 31: 28]; il s'en suit que l'âme de l'homme meurt avec lui.

La Bible ne contient aucun passage qui stipule que l'âme humaine est impérissable. Selon Ecclésiaste 12: 7, á la mort d'une personne, l'esprit qui est la force vitale quitte petit á petit les cellules du corps qui se décomposent.

La force vitale humaine, pour les Témoins de Jéhovah, ne quitte pas littéralement la terre pour traverser l'espace afin d'aller á Dieu. L'esprit retourne á Dieu signifie qu'á partir du moment de la mort, la personne vit á nouveau ou pas selon la volonté de Dieu seul. Si Lazare qui était un homme bon était allé au ciel, il l'aurait dit une fois rescuscité par Jésus.

Le Scheol ou l'Hades ou enfer est l'endroit où les morts vont[10] [Actes 2: 31, Psaumes 16:10, Genèse 37: 35, Job 14: 13]. Il ne s'agit pas d'un lieu de tourments puisque Dieu n'aurait pas choisit de laisser Jésus y aller et Jacob n'aurait pas voulut y aller si c'était le cas. Le Scheol est un endroit d'inaction [Ecclésiaste 9: 10].

Ainsi, Scheol ou Hades ou enfer est la tombe commune de l'humanité et il est possible d'en sortir [Jonas 2:2, Matthieu 12: 40, Actes 2: 31-32, et Révélation 20: 13]. Lorsque Jésus dit á certains leaders religieux de son temps qu'ils n'échapperaient pas au jugement de la Géhenne, il voulait dire qu'ils étaient indignes de résurrection. Le Lacde Feu [Révélation 20: 14] a le même sense; c'est la seconde mort pour laquelle il n'y a pas de résurrection.

Si la terre est le lieu de la vie éternelle pour la grande majorité des humains dans l'idéologie des Témoins de Jéhovah, il y a cependent un petit

---

[9] Stevenson and Haberman, *Ten Theories of Human Nature*, 76-80.
[10] Ibid., 82-7.

nombre d'êtres humains bons, 144 000 [Révélation 14: 1-3], qui sont destinés au ciel afin de participer aux activités de Jésus Christ [Daniel 7:27, Luc 22:28-29, 2 Timothée2:12, Révélation 5:9, /20: 6][11]. Avant Jésus Christ, aucun humain n'était allé au ciel excepté lui-même qui était venu du ciel [Jean 3: 13].

Si Adam et Eve étaient restés fidèles á Dieu, la résurrection n'aurait pas été nécessaire. La preuve que des gens espèrent en la résurrection et que certains ont été ressuscités figure en Hébreux 11: 17-19, Luc 20: 37-38/ 7: 11-17/ 8: 40-56, Jean 11: 17-26, 1Rois 17, 2Rois 4: 32-37/ 13: 20-21, Matthieu 27: 62-66/ 28: 1-7, Actes 2; 32/ 9: 36-42[12].

Certains hommes injustes tels que le voleur qui fut crucifié á la droite de Jésus ressusciteront aussi [Actes 24: 15, Luc 23: 39-43]. Cependant, lorsque Jésus dit au voleur qu'il sera dans le paradis ce jour, il ne voulait pas dire que ce voleur irait vraiment au paradis mais qu'il [Jésus] pourvoierait á ses besoins spirituels depuis le ciel dès le jour de sa résurrection sur terre.

Ceux qui avaient volontairement péché après avoir eu connaissance de la volonté divine ne ressusciteront pas [Matthieu 12: 32, Hébreux 6: 4-6/ 10: 26-27]. D'autres ne mourront pas et entreront directement dans la nouvelle société sous la souveraineté de Dieu [Jean 11: 26, 2 Timothée 3: 1]. *Ce n'est pas le corps qui ressuscite pour une vie céleste* [1Corinthiens 15: 35-44]. Même dans les cas de résurrection du corps, de nouveaux corps sont fournis par Dieu. Les personnes ressuscitent mais pas leurs anciens corps dont les élémentsauraient pu avoir été recyclés par d'autres êtres vivants.

---

[11]Stevenson and Haberman, *Ten Theories of Human Nature*, 120-24.
[12] Ibid., 166-74.

Le Mouvement de l'Unification sur la nature humaine

Dans le *Principe Divin*[13], on lit que le corps d'un humain est créé par Dieu á partir des elements physiques tandis que l'esprit est créé de ceux du monde spirituel. Ainsi, un humain, en tant qu'un microcosme, contient les essences de toutes les choses dans le cosmos et peut dominer les mondes physique et spirituel á la fois.

C'est á travers l'homme que Dieu gouverne [indirectement] l'univers parce que l'univers lui-même n'a pas de sensibilité interne pour Dieu. Les humains peuvent communiquer entre les deux mondes similairement á la manière dont les ondes radio et TV invisibles sont transformées en images et sons perceptibles.

La personne physique est duelle en nature et comprend le corps physique et l'âme physique dont le rôle est de guider le corps á survivre et se reproduire. L'instinct est un aspect de l'âme physique de l'animal. De la même façon, l'esprit est duel ayant un corps et une âme. L'esprit éternel, substanciel, et incorporelle qui peut être appréhendé seulement á travers les sens spirituels et qui peut communiquer avec Dieu est le partenaire sujet de la personne physique.

L'esprit se développe grace á deux types de nourritures: le type yang ou éléments de vie [vérité, amour] qui viennent de Dieu et le type yin ou éléments de vitalité qui proviennent des bonnes actions du corps physique. A cause de ceci, l'esprit ne peut croîtreque lorsqu'une personne est vivante sur terre et atteint la perfection passant de l'état d'esprit en formation á celui d'esprit vital et ensuite au stade d'esprit divin. La multiplication des esprits humains se déroule lorsque les personnes physiques se multiplient. Les péchés rendent un esprit mauvais vilain ou infirme.

---

[13]Sun Myung Moon, *Exposition of the Divine Principle* (New York: The Holy Spirit Association for the Unification of World Christianity, 1996), 46-51.

Un esprit divin á le potentiel de sentir et percevoir précisementle monde spirituel dont les réalités résonnent á travers le corps et se manifestent comme des phénomènes physiologiques reconnaissables par les sens physiques. Après la mort, l'esprit divin vie éternellement dans le ciel. C'est pourquoi le Royaume des Cieux dans le ciel n'est établi qu'après son homologue terrestre. Seuls ceux qui ont atteint la perfection sur la terre étant totalement immergés dans l'amour de Dieu peuvent complètement prendre plaisir dans son amour comme esprits après la mort.

Les esprits pécheurs ne peuvent pas complètement respirer l'amour de Dieu et trouvent très difficile de se tenir en sa présence; ils préfèrent donc volontairement résideren enfer loin de Dieu.

L'âme spirituelle et l'âme physique sont la nature interne et la forme externe de l'âme d'un être humain qui possède une conscience qui le guide continuellement vers ce qu'il pense être bon. A cause de la Chute, les êtres humains sont ignorants de Dieu et par conséquentdu standard absolu de bien. Ainsi donc, *ce qui est considérécomme bon varie d'une personne á une autre et ce fait est á l'origine des désaccords et conflits même parmi ceux qui recommendent une vie basée sur la conscience.*

La partie de l'âme ou de la conscience qui recherche le bien est l'âme originelle opposéeá l'âme mauvaise qui est la partie dirigée par Satan et qui conduit continuellement les gens vers le mal.

L'existence du mal et de Satan ainsi que l'importance de la personne physique dans le développement de l'esprit constituent les raisons qui justifient la nécessité de la venue de Jésus sur terre dans la chair pour sauver l'humanité pécheresse. C'est aussi pourquoi selon le 5ème chapitre du *Principe Divin*, la résurrection est centréesur la terre. Ce chapitre désapprouve aussi la théorie de la réincarnation.

Le second chapitre du même livre unificationiste affirme que Satan gagna le control sur Eve et la poussa á manger le fruit de l'Arbre de la Connaissance du Bien et du Mal . Manger de ce fruit est commettre la fornication.Donc, Satan en tant que l'archange Lucifer et Eve ont eu une relation sexuelle. Lorsque Eve á son tour poussa Adam á manger du même fruit en faisant l'amour avec lui á cause de sa honte, les mauvais éléments reçus de Satan entrèrent dans Adam aussi et devirent transférables á leurs descendants qui sont ainsi les enfants de Satan comme Jésus l'a mentionné en Jean 8: 44.

La motivation de Satan réside dans sa jalousieenvers Adam qui était plus aimé par Dieu et dans le fait qu'Eve qui recevait aussi l'amour de Dieu apparut belle aux yeux du même Satan. Eve désobéit á Dieu parce que le pouvoir de l'amour hors principe et faux entre elle et Satan était plus fort que le pouvoir du principe de croissance.

Dieu fit le pouvoir de l'amour le plus fort et la base du bohneur humain. Dieu aussi gouverne les humains á travers l'amour. C'est pourquoi les gens recherchent l'amour de Dieu plus que le principe de la vérité. C'est aussi pourquoi bien que Jésus éduqua ses disciples avec la vérité, ce fut son amour qui les sauva.

Chapitre 3

L' ésotérisme sur la nature humaine

Les enseignements ésotériques sont par nature indisponibles au public général. Cependant, des personnes comme Manly P. Hall et Helena Blavatsky respectivement un franc-maçon et une théosophe et des organisations telles que le Temple du Peuple et les Rosicruciens de l'AMORC ont publié plusieurs documents desquels un chercheur peut tirer des informations sur leurs compréhensions de la nature humaine.

Les lecteurs devraient quand même savoir que les sens que les Rosicruciens donnent á certains termes comme 'esprit', 'âme', 'nous', etc... peuvent être différents des définitions des dictionnaires et donc du standard adopté par Chercheur.

Manly Hall et Helena Blavatsky

Pour *Manly Palmer Hall* [1901-1990], la théorie de base de la nature humaine dans l'ésotérisme est qu'un humain est un microcosme représentant l'univers macrocosmique avec des équivalents de ses lois, éléments, et pouvoirs au-dedans de lui-même ou d'elle-même[14]. Les Unificationistes adoptèrent cet enseignement ésotérique comme l'un des aspects fondamentaux de leur théologie.

Hall declare dans *The Secret Teachings of all Ages [Enseignements Secrets de tous les Ages]* que toutes les choses existent spirituellement au sein des humains qui sont naturellement capables de les connaître en stimulant les pouvoirs et les images en eux-même jusqu'au point d'illumination. L'homme est fondamentalement un principe immorteldivin qui vit plusieurs fois dans les prisons successifs que ses corps constituent.

Toutes les parties du corps ont des centres correspondants dans le cerveau et ces centres cérébraux ont á leur tour des équivalents dans le coeur. Pour Hall, le coeur est le plus spirituel et le plus mystérieux des organes, le cerveau est le second centre, et le système génital est le troisième.

Le coeur symbolise la source de vie, le cerveau représente le lien rationel qui unifie la vie et la forme,et le système génital est l'organe physique le plus important et source du pouvoir par lequel les organismes physiques sont amenés en existence.

Les anciens, dit Hall, étaient de l'opinion que ce sont *la droiture et la rationalité qui rendent une personne spirituelle mais que cette droiture et cette rationalité ne sont pas le résultat de la spiritualité.* Ils considérèrent que les enseignements ésotériques sur la nature humaine ne devraient pas être donnés aux individus irrécupérables parce qu'une fois que ce genre de personne comprend comment un être humain fonctionne, il/elle peut créé des phénomènes sans la capacité de les contrôler. Ainsi, les anciens philo

---

[14]Manly P. Manly, *The Secret Teachings of All Ages* (New York: Jeremy P. Tarcher/Penguin, 2003), 223-26 and 229-31.

sophes imposaient de longues périodes de probation aux étudiants afin de sélectionner ceux qui sont dignent de devenir comme des dieux.

Pour Hall, aucune faculté dans l'humain n'égale l'intellect rationnel et celui qui ne comprend pas la dignité du pouvoir de raisonnement ne peut être considérécomme vivant vraiment. Lá où la raison règne suprême, l'inconsistence ne peut exister et la sagesse élève l'homme á la condition de divinité.

Hall n'est pas resté silencieux sur le sujet de l'astrothéologie car il affirma clairement en expliquant le mystère de l'Apocalypse ou Révélation que les douzes portes de la cité de Jérusalem dans le 21ème chapitre sont les symboles des douze signes du zodiaque á travers lesquels les impulsions célestes descendent dans le monde inférieur.

La *théosophie* est un enseignement qui comprend l'ésotérisme de l'Ouest comme celui de l'Est particulièrement de l'Inde. Conséquemment, il n'est pas rare de retrouver des ressemblances entre elle et les religions venant de l'Inde comme l'*hindouisme, le bouddhisme,*et le *jaïnisme*. Les utilisations de mots d'origine indienne, la référence aux textes sacrés de l'Inde, et l'histoire de la théosophie elle-même illustrent cette remarque.

Helena Blavatsky [1831-1891], un membre fondateur de la Société Théosophique, expliqua que pour l'ésotérisme, la cause du bien et du mal dans les humains estdans leur nature: dans leur ignorance et dans leurs passions[15]. Pour elle, *une personne ayant un grand intellect et trop de connaissance peut réduire d'autres en esclavage ou les sauver tandis que quelqu'un sans conscience et intellect est un brute á forme humaine.*

---

[15]Helena Petrovna Blavatsky, *The Secret Doctrine: the Synthesis of Science, Religion, and Philosophy (Second Edition*, 1888) 162-63.

Le Temple du Peuple sur la nature humaine

Le Temple du Peuple est un mouvement théosophique qui comme tout mouvement de ce genre adopta plusieurs enseignements des religions de l'Inde.

Cette école de spiritualité distingue 7 principes de l'univers et de l'homme qui sont: 1- Atma [Esprit pure et créateur], 2- Bouddhi [âme spirituelle et véhicule d'Atma], 3- Manas [Ame Universelle ou Ame Supérieur ou Penseur ou Conscience de l'identité], 4- kama ouâme ou astral supérieur qui comprend kama manas [manifestation des désirs dans la mentalité ou dans l'âme inférieur] et kama rupa [manifestation des désirs dans la forme], 5- prana [étincelle vitale ou principe de vie présente dans les éléments feux, air, eau, etterrequi sont les constructeurs et dévoreurs de forme], 6- corps astral inférieur ou double éthérique [corps de lumière attaché á la matière dense ou physique atome par atome et molécule par molécule], et 7- le corps physique.

Pour le Temple du Peuple et certainement pour plusieurs autres ésotéristes, deux réalités existent en chaque être humain: le Soi Supérieur ou Soleil Spirituel ou Dieu comprenant les trois principes d'Atma, Bouddhi, et Manas et le soi inférieur fait des quatres principes restants. Ainsi, la nature humaine n'est pas séparéede Dieu.

Dans la *20ème leçon* de son premier volume d'enseignements, le Temple du Peuple affirme qu'il y a plusieurs formes de matières dont celle qui est physique. Ces matières sont de l'électricitésous diverses formes. Il y a un total de quarante neuf formes électriques diviséesen sept octaves musicaux-selon ces enseignements. L'aspect le plus élevéde l'âme [la raison] est un une forme supérieure d'énergiecomparéeau plan physique et différente des formes élevées d'énergie dans les plantes et les minéraux.

Les lignes suivantes donneront plus de détails sur les vues théosophiques de la nature humaine abordant successivement les 6ème, 5ème, et 4ème principes.

Pour le Temple du Peuple, l'aether, le 6ème principe, est le *corps ou l'enveloppe du* princpe de vie appelé prana ou 5ème principe. Le corps astral ou double éthérique est aussi attachéau corps physique ou 7ème principe mais si légèrement qu'il peut être projeté *á une certaine distance de lui* par ceux qui ont une volonté hautement développée même dans le sommeil ou la transe ou par ceux qui utilisent des stimulants et des narcotiques [*14ème leçon*].

Cette leçon ajoute cependant que toute méthode non naturelle d'accès au plan astral laisse l'âme vulnérable á plusieurs menaces sur ce plan. Le pôle de gravitation du corps astral peut être inverse á volonté et une personne peut ainsi mouvoir librement dans le milieu astral ou éthérique [*Leçon 97*]. L'astral inférieur correspondá l'âme humaine de l'homme [*Vol 2, The Manasic Plane or Sphere of Thought/Le Plan Mental ou Sphère de la Pensée*]. L'aether est la substance de base des formes qui sont visiblesaux sens spirituels dans la vision, la transe, oule sommeil [*Leçon 226*].

Les chakras et nadis sont des centres énergétiques appartenant au corps astral. Il y a aussi sept chakras maîtres ou tatwas ou centre tatwiques situés dans sept cavités du cerveau qui orientent le fonctionnement des organes du corps tout en étant en contact avec les centres tatwiques de l'univers lui-même [*Leçon 212*].

Le double éthérique est aussi décrit comme ayant l'aptitude de prendre l'apparence d'autres personnes pour tromper les voyants. C'est le moyen de communication entre l'âme et le corps semblable aux ondes éthériques mis en mouvement entre des stations télégraphiques sans fil. Cette comparaison ésotérique a été aussi été adoptée par les Unificationistes. Les théosophes considèrent la lumière, la chaleur, et le son [des entités ondulatoires]comme certaines des subdivisions de l'aether [*Leçon 183*].

Le Temple du Peuple est de l'opinion que le double éthérique reste autour de la tombe d'une personne décédée jusqu'a ce que le corps physique soit désintégré et retourne aux éléments. Le corps éthérique a une vie propre qui est raccourcie par la crémation et qui est prolongée lorsque le corps du mort est mommifié.

Venant au 5ème principe ou prana ou grande force créatrice, l'enquêteur apprend dans la *leçon 20* que le désir, la volonté, et l'aspect le plus élevé de l'âme [la raison] sont ses constituents. Le désir est fait des émotions dont la plus élevée est l'amour. Le désir est la force qui dirige l'univers et l'énergie du pouvoir du mesmérisme.

La volonté est la force motrice, l'énergie propulsante qui se trouve dans la matière [pas seulement la matière physique] et est le principe de base du son.

L'aspect le plus élevé de l'âme est la force génératrice, l'énergie du pouvoir de la lumière qui façonne le désir et la volonté. On peut déduire que cette description correspond á celle de l'intelligence ou de la raison. La foi, la volonté, et la mentalité sont toutes des formes de substance dit la *Leçon 97*.

La leçon 112 donne plus d'explication sur le 5ème principe ou prana ou force vitale en introduisant *les étincelles* de vie comme ses éléments constitutifs qui contiennent l'essence de la substance fondamentale de chaque forme de vie que les lois de l'évolution peuvent matérialiser. Ainsi, il semble que l' étincelle de vie en théosophie est l'unité de désir, volonté, et raison.

Les étincelles de vie sont presents dans les cellules physiques et contiennent les forces masculines et féminines de même que le pouvoir de croissance. Les étincelles de feu continuent d'exister d' une vie á l'autre et construisent le corps astral. *Le flux sanguin est le transmetteur du principe de vie* [*Leçon 35*].

Les étincelles résident aux centres même des atomes [*Leçon 183*] comme de petits corps dont la polarité est changeable par l'âme. Les étincelles encore appelées ferments sont selon le Temple du Peuple le véritable chaînon manquant dans la chaîne de l'évolution de la science moderne. Le principe de vie envoie des impulsions aux chakras-maîtres ou tatwas du cerveau [*Volume 2, Leçon 29*].

Ces impulsions sont des formes d'énergie connues comme le mouvement, le son, la chaleur, la lumière, l'électricité, la cohésion, et la force électro-magnétique ou force nerveuse. Le prana est la substance même de Dieu [*Leçon 238 et Vol 3: Silence*].

Le 4ème principe est le plan de l'âme ou haut astral où se trouvent les anges et les archanges qui entourent le trône de Dieu dans le coeur de chaque êtrehumain. Pour explorer le haut astral, la lumière astral qui est présente potentiellement en chaque personne doit être utilisée. Cette lumière ne peut être vue que par le troisième oeil [*Leçon 104*]. C'est la vision spirituelle ou clairvoyance.

Il y a une énergie perceptible par l'intuition qui opère au niveau de la glande pinéale atrophiée de l'homme. Une lumière couleur or entoure la glande pinéale et le corps pituitaire parfois lorsqu'un disciple avancé est en profonde concentration [*Vol 2, Leçon 13*]. Cependant, la nature de cette lumière or, la cause de son apparition en ces moments, et ses effets sur le reste du cerveau n'ont pas été rendus publiques affirme l'auteur de cette leçon. La lumière or vibre rapidement en un mouvement rotatoire et se trouve en forme de globes [*Vol 2, The Spiritual Creative Will, La Volonté Spirituelle Créatrice*]. *Ces globes de lumière or sont les elements utilisés pour changer différentes parties du corps selon la volonté de l'individu.*

Ame et psychisme sont des notions équivalents [*Vol 3, Psychic Forces*]. L'âme tout comme le corps á besoin d'être régulièrement nourrie avec de la nourriture en quantité suffisante. Chaque être humain est le bâtisseur de sa propre âme et de sa propre immortalité [*Vol 2, True Knowledge, Vraie Connaissance*].

La substance de l'Ame Universelle comme celle de l'âme individuelle est inter-ethérique ou inter-atomique. C'est une substance dirigée par le Manas Supérieur [le 3ème principe ou Sagesse] et Bouddhi [2nd principe ou Amour Spirituelle]. Il est plus aisé pour la matière des plans élévés d'obéir á la volonté et aux pensées contrairement á la matière du plan physique parce qu'elle plus élastique et moins crystallisée [*Vol 3, Psychic Forces*]. La décroissance du rythme vibratoire de la matière de l'âme á l'ether et á ensuite á la matière physique est parallèle á une décroissance de la Sagesse et de l'Amour Spirituelle.

Le pilier de feu qui guida les anciens Israelites, le feu du buisson de Moïse, les langues de feu de la Pentécôte dans le Nouveau Testament, ainsi de suite sont des manifestations de l'énergie du 4ème plan dans le plan physique [*Leçon 179*]. Ce feu spirituel ne consume pas la matière physique et apparaît á l'oeil intérieur du voyant comme comme une intense lumière blanche.

Akasha, la volonté spirituelle ou lumière absolue est la première différenciation de l'énergie spirituelle [*Vol 2, Power of Akasha*] et la substance du plan de l'âme ou astral supérieur [le devachan, le ciel, et le plan du Nirvana]. Sa vibration est si rapide que les sens humains ne peuvent la concevoir ou la mesurer. La diminution du degré vibratoire d'Akasha est á l'origine de la formation de la substance éthérique [*Leçon 234*]. Quand le degree vibratoire continue de diminuer, les substances astrale et physique naissent de l'ether: c'est la condensation de la matière électrique ou énergie.

Akasha est la puissance stockée dans l'atome et l'électron. C'est le principe de base de l'électricité dont la manifestation est l'ether. L'ether est le principe de base de l'air [*Leçon 97*].

Bouddhi, le 2nd principe ou Amour Spirituelle est la lumière même de l'âme. *Lorsque la lumière inhérente de l'âme est très forte, elle ne permet pas aux images maléfiques de la modifier á leur image.* Les pensées ou manas inférieur sont de la substance [*Vol 2, The Manasic plane or sphere of thought, Le Plan de Manas et la Sphère de la Pensée*] mais ne créent pas la matière et la forme. Les pensées sont enregistrées dans l'aura qui sert de mémoire et fait partie du Livre de Vie par lequel tous seront jugés selon leurs actions.

Les atomes de l'*aura* sont dans un état vibratoire inimaginable aux humains mortels [ceci est probablement l'Akasha]. Cette substance aurique est l'essence de l'âme. L'aura ne devrait pas être confondue avec la substance de l'astral inférieur. *Les images de l'astral inférieur sont des distortionsdes images de l'âme.*

La sphère de l'âme divine correspond á l'Ego tandis que l'âme humaine de l'homme correspond á l'astral inférieur. Un être humain a aussi une âme animale fait des qualités opposées qui se trouvent dans l'âme humaine. Il doit lutter pour élever l'âme animale dans l'environnement de l'âme humaine [*Leçon 159*]. La transmutation est accomplie par l'action du feu spirituel par le biais de la peine et de la joie.

Le Ciel ou Devachan est la vraie place de vie où des sens particuliers de de vue, d'audition, du toucher, et de compréhension opèrent. Les actes les plus gentils, les idéaux et désires les plus pures d'une personne forment la base de ses réalisationsdans le Ciel [*Vol 2, Reality*].

Lorsqu'un être humain normal meurt, son âme est totalement libérée de son corps et monte au Ciel [*Vol 2, The plane of Devachan*]. Un initié peut atteindre un plan de développement où le corps physique n'est plus nécessaire. Une telle personne n'a plus besoin de se reposer dans le Ciel [voir la description de la réincarnation dans les lignes suivantes]. Par le pouvoir de la volonté et de la concentration, un tel individu peut même créer un corps illusoire visible pendant un court temps lorsque le besoin se fait sentir.

C'est ce que fit Jésus ressuscité dit cette leçon. Cependant, l'auteur de la leçon *The Mystery of Resurrection [Les Mystères de la Résurrection]* pense que ce fut un autre phénomènede reconnaissance qui se produisit. Selon cet auteur, les disciples de Jésus ont eu une vision ou une transe et furent capable de l'identifier.

Pour lui, Jésus ne s'était pas ajuster pour être visible sur le plan physique mais les capacités des disciples furent plutôt élevées et ils purent faire l'expérience d'un plan supérieur d'existence où Jésus existait "naturellement en ce moment." Samael Aun Weor exprima une troisième opinion similaire á celui du Catholicisme disant que Jésus ressuscita avec son corps physique qui peut vivre dans le monde spirituel grâce á une connaissance special qui lui permet de mettre son corps en état de jinas. Pour la théosophie, de grands hommes renoncent aux biens terrestres pour aider d'autres et gagnent par la même occasion le pouvoir d'enter dans l'état nirvanique où ils n'ont plus besoin de s'incarner dans la chair.

Le Nirvana est l'état de conscience cosmique, l'état le plus élevé atteignable par l'Ego qui s'incarne. Cet état est temporairement accessible au grand hiérophante et aux dieux du soleil ou régents des planètes [*Vol 2, Soul Consciousness*].

Le Temple du Peuple déclare véridique le concept de réincarnation dans une leçon consacrée á ce sujet. Ce qui se réincarne dit cette leçon est l'Ego [âme divine ou supérieure], le vrai soi, une conscience différente de celle du corps physique[*âme humaine ou véhicule mentale*]. Cette conscience est la puissance motrice derrière le corps et l'âme qui ne sont pas le Soi. C'est la première individualisation des principes d'Atma, Bouddhi, et Manas.

C'est parce que l'organe du cerveau qui sert de véhicule á la mémoire n'est que partiellement développé dans la personne moyenne qu'elle n'est pas consciente des incarnations passées. Le siège de la mémoire est dans l'âme et l'âme est le véhicule de l'Ego [*Vol 2, Reality*].

En général, l'âme inférieure est seulement consciente des événements d'une seule vie. Cependant, parfois, les mémoires latentes sont ravivées lorsque l'individu se trouve dans des circonstances similaires. A la mort, l'âme divine passe une période de repos naturel dans le ciel avant de se réincarner selon les lois karmiques ou selon la volonté de l'âme lorsque c'est une âme avancée.

Pour la théosphie, la croyance en la réincarnation ne doit pas être accompagnée par la peur de perdre l'identité proper parce que cette identité n'est pas encore bien connue. De plus, les molécules du corps tout comme les vêtements sont périodiquement changées sans qu'il y ait perte d'identité.

La peur de séparation d'avec les personnes aimées n'est pas justifiéeselon cette leçon parce qu'on peut sentir ces personnes dans les relations d'une nouvelle incarnation. Cependent, la *transmigration* [incarnation d'humains mauvais dans des corps animaux et d'âmes animales dans des corps humains] n'est pas fondée parce que dans la Doctrine Secrète il est enseigné que l'âme de l'homme, le vrai individu, ne peut s'incarner dans un corps animal puisqu'elle est un être spirituelle.

L'âme de quelqu'un qui persiste dans le mal d'une incarnation á une autre se perd se séparant de la matière de ses envelopes inférieures ou corps [pas le corps physique]. Une réincarnation ultérieure est ainsi considérablement retardée parce qu'une fois que les corps supérieurs sont décomposés et retournés aux éléments, cela prend un long temps pour que l'âme divine en construise de nouveaux pour s'incarner encore.

L'application des lois karmiques est sous la surveillance des Gardiens des Tablettes Cosmiques ou Seigneurs de la Sagesse. Lorsqu'une race se complaît dans un grand mal spirituel comme le fit les Atlantéens, elle est détruite et supprimée de la face de la terre en tant que race. La Justice Absolue ou l'exactitude des trouvailles de la loi karmique est au-delà du pouvoir d'imagination des gens, mais une complète compréhension montrera la beauté et la perfection de la vie.

Le Temple du Peuple établit aussi une correspondence entre différents plans d'existence et des états variés de conscience [*Vol 2, Addendum*]. Ainsi, les paires suivantes de plan/état de conscience sont établies: physique/ éveillé, astral inférieur/rêve éveillé, astral supérieur/rêve, mental inférieur/sommeil, mental supérieur/parapsychologique, bouddhique ou plan de l'intuition pure/super parapsychologique, et auric ou synthétique ou spirituel/spirituel pure.

Toujours selon cette école spirituelle, *la jalousie* qui est l'aspect négatif de la force du zèle et qui existe plus ou moins dans les humains aussi longtemps qu'ils vivent dans la matière, *est leprincipe de base du mal* [*Leçon 120*].

Les cerveaux de la majorité des êtres humains, ne sont pas capables de supporter les vibrations rapides de l'ether sans catastrophe [*Vol 2, Soul consciousness/Conscience de l'âme*].

Le Temple du Peuple croit que le Créateur Suprême de l'univers a implanté dans le coeur humain une graine spirituelle, un désire fondamental pour la droituresimilaire au sien propre [*Vol 2, Fundamental desire*]. *La liberté de l'âme, la sagesse éternelle, et l'amour sublime apparaissent lorsque les mots de Dieu sont libérés des chaînes fabriquéespour eux par certains individus* [*Vol 2, Freedom for the soul/ Liberté pour l'âme*].

A travers les sens physiques et spirituels, une personne fait l'expérience des mondes physique et spirituel et ses expériences l'amènent á la *vraie connaissance ou la lumière de la sagesse qui est la clé qui permet de distinguer entre le bien et le mal [Vol 2, True Knowledge/ Vraie Connaissance].* Un humain est une image de Dieu comme la goutte d'eau est celle de la mer contenant tous ces éléments, forces, et potentialités.

Une personne qui se connaît elle-même connaîtra vraiment Dieu [*Vol 2, The Geometry of the Soul/ La Géométrie de l'Ame*]. Un humain ne peut monter á Dieu que s'il devient Dieu [*Vol 2, Faith and Devotion/ Foi et Dévotion*]. Le trait dominant de la nature humaine est le désir du pouvoir qui peut être utilisé á de bonnes fins [*Vol 3, Psychic Forces*]. Cette affirmation semble Nietzschéenne.

Les rêves pour les théosophes constituent un aspect possible de la réalité qui dans certains cas se manifeste sur le plan physique [*Vol 2, Dreams/ Rêves*]. Il existe une correspondence entre les différentes réflections d'un objet par un miroir concave. La réflection perçue dépend de l'angle d'observation. Certains humains atteignent le point d'observation qui les rend capables de rêver de vrais rêves; un point où ils ne sont plus victimes de l'illusion.

Par conséquent, les prophètes et voyants peuvent faire des erreurs [*Vol 2, Prophecy*]. Dieu est le plus précis des prophètes ne faisant des prédictions que si un grand bénéfice est en jeu.

Une analyse de cette école théosophique révèle qu'elle distingue en réalité deux plans d'existences: le plan physique et le plan astral ou éthérique. Cependant, l'astral ou l'ether comprend deux sous-niveaux: l'astral ou l'éthérique supérieur et l'astral ou l'éthérique inférieur qui correspond au sous-niveau du corps astral ou corps éthérique. L'astral supérieur comprend Devachan [le ciel] et le Nirvana [où l'on devient complètement un avec l'Ame Universelle ou Dieu]. L'astral ou éthérique inférieur est la sphère des formes d'énergie connues comme *mouvement, son, chaleur, lumière, électricité, cohésion, et la force électromagnétique.*

Les rosicruciens sur la nature humaine

Les rosicruciens de l'AMORC enseignent largement sur la nature humaine dans leur *Manuel Rosicrucien*[16]. Les prochaines paragraphes présentent certaines de leurs idées.

En premier lieu, les rosicruciens mettent l'accent sur le sang et déclarent qu'il sort des poumons rendu vital ou magnétiquement positif. Ce sang devient négatif après avoir utilisé sa vitalité.

Les rosicruciens de l'AMORC expliquent que des techniques spéciales de respiration aident á gagner une quantité supplémentaire d'énergie positive pour des expérimentations spirituelles et des travaux de guérison spéciaux. Pour ces buts donc, c'est le sang vitalisé ou sang positif qui circule dans les artères et les capillaries et venant du coeur qui est utilisé; pas le sang dévitalisé qui retourne au coeur.

A la fois l'énergie physique et l'énergie spirituelle ou parapsychique sont contenues dans le sang artériel. Les rosicruciens ont déclaré dans leur manuel qu'ils connaissent des méthodes pour augmenter la vitalité du sang artériel ou de prévenir sa décroissance afin que l'énergie spirituelle atteigne les parties malades du corps et accomplisse son travail de guérison.

En deuxième lieu, l'AMORC met l'accent sur le système nerveux et la connection de sa partie autonome avec le corps spirituel de l'être humain. Ses techniques de guérison sont centrées sur ce système nerveux autonome

---

[16]Lewis Ralph M and H. Spencer Lewis, *Rosicrucian Manual* (San Jose, Calif: Supreme Grand Lodge of AMORC, 1987), 86-87, 90,94,96, 110, 145-47, 150, 154, 156-160, 163-65, 172, 175, 186-87, 190-91, et 199-203.

au lieu de donner la priorité aux blessures du système nerveux spinal comme c'est le cas dans la plupart des traitements modernes.

Le système nerveux spinal transmit l'énergie brute qui prend soin des actions et des fonctions du corps physique tandis que le système nerveux autonome porte une énergie de degree supérieur qui est presque de l'énergie cosmique. Chaque nerf spinal a une note nerveuse qui correspond á une note musicale. *Le son musical aide á éveiller l'énergie spirituelle du système nerveux autonome et le rend capable de parfaitement remplir son rôle*. Les couleurs aussi offrent ce genre de support au système autonome.

Selon les rosicruciens de l'AMORC, l'âme grâce aux ondes de pensées atteint les connections sympathiques du système autonome afin que la guérison puisse être opérée. Des enseignements sur des méthodes de guérison centrées sur le sang, le système nerveux autonome, et le corps spirituel sont donnés au sixième degré des enseignements rosicruciens.

Le rosicrucianisme renseigne aussi sur la composition de la matière. Pour lui, l'équation d'Albert Einstein $E = mc^2$ exprime une connaissance qui est ancienne.

Comme les théosophes, les rosiruciens considèrent la réincarnation comme vraie. Pour eux, leur idée de la réincarnation est non-sectaire, juste, compréhensive, et révélatrice. Selon cette vue, l'âme humaine possède une mémoire et une conscience qui constituent la personnalité de l'égo individuel ou caractère individuel.

La personnalité passe á travers des périodes successive d'incarnations, se repose sur le plan cosmique, et accumule de la connaissance et de la sagesse. Le nombre de fois qu'une personne s'incarne n'est pas connu. La *doctrine* mystique qui supporte la théorie de la réincarnation est le processus de perfection de la personnalité de l'âme. La perfection est atteinte lorsque l'individu est un avec la conscience du Cosmique.

Alors que le *Manuel Rosicrucien* accepte et défend la théorie de la réincarnation, il rejette comme le Temple du Peuple celle de la *transmigration* qui stipule que les âmes des êtres inférieursévoluent et deviennent des âmes d'une classe supérieure d'êtres.

D'après la théorie de la transmigration, l'âme d'un animal peut se réincarner dans un corps humain. La transmigration enseigne aussi que les âmes humaines maléfiques régressent et se réincarnent dans des corps animaux. Pour les rosicruciens aussi, la régression et la réincarnation dans des corps animaux ne se produit jamais parce que les humains sont des êtres spirituels.

Ils décrivent aussi le phénomène de l'initiation cosmique ou illumination dans lequel un maître invisible transmet souvent de la connaissance á son disciple qui est prêt á le recevoir en séquences précédées d'événements préparatoires. Ces enseignements sont donnés spécialement durant la nuit ou lorsque le disciple est éloigné des affaires du monde.

Alors que sa conscience s'élargit, le disciple s'éveille spirituellement et son corps physique rajeunit même, guérit et devient vigoureux. Il/elle est alors admit dans l'invisible Grande Fraternité Blanche et s'inscrit dans une loge physique pour aider d'autres sans recevoir aucun enseignement de maîtres physiques, de livres, de conférences, d'essais, ou de diagrammes.

Cependant, l'Ordre Rosicrucien déclare aussi qu'il peut aider les disciples á atteindre leurs buts en offrant des enseignements qui préparent le cerveau et augmentent la connaissance de l'âme concernant les lois et principes fondamentaux qui conduisent á la compréhension de lois supérieues. Additionnellement, les étudiants passent des tests qui développent les centres spirituels ainsi que la maîtrise ou le contrôle des forces naturelles. Certains progrès spirituels ne sont pas apparents á l'âme objective tout comme le fonctionnement de plusieurs organes physiques n'est pas perçu par cette âme.

Certaines personnes, continue le *Manuel Rosicrucien*, ont des expériences spirituelles sans recevoir l'aide des rosicruciens parce que leurs habiletés gagnées dans une incarnation antérieure se manifestent sans contrôle ou sans direction. La nature arrête les habiletés spirituelles afin que les étudiants puissent apprendre les lois et les principes nécessaires pour les controller.

Néammoins, une vie entière ne suffit pas pour apprendre ce qui est nécessaire. Le manuel suggère aussi un code de vie [basé sur des manuscripts anciens et modernes] que les êtres humains surtout dans l'Ouest doivent suivre.

Dans le rosicrucianisme, seulement deux plans d'existence sont reconnus. L'un est materiel tandis que l'autre est appelé plan astral ou divin ou éthérique ou spirituel ou cosmique etc…Au niveau de ce plan, les âmes humaines vivent libres des limites du corps physique et le subconscient de l'âme opère parfois indépendemment de l'âme objective.

Le plan spirituel est le plan où ceux qui n'ont plus de corps physiques vivent et peuvent être contactés. C'est le plan où les pensées, espoirs, programmes, et requêtes sont projetés ensemble avec les personalités et d'où l'inspiration, l'illumination, et la guidance viennent. Les humains sur la terre peuvent accéder á ce plan á n'importe quel moment si les buts sont purs et nobles.

Le corps spirituel est défini dans le *Manuel Rosicrucien* comme '*Une sorte de champ conscient qui correspond au corps physique.*' Les deux corps coopèrent á travers le cordon argenté qui les relie.

Similairement aux hindoues, les rosicruciens expriment le point de vue qu'une chose comme l'âme individuelle n'existe pas. Pour eux, il n'y a qu'une Ame Universelle qui est l'Ame de Dieu ou la conscience vivante et vitale de Dieu. Cette Ame de Dieu est présente en chaque être vivant. L'âme dans un être humain est Dieu en lui ou elle. Elle fait de tous les humains des parties de Dieu et des frères et des soeurs sous la parenté de Dieu. L'AMORC admet aussi l'existence de l'Esprit qui comme l'Ame est une essence universelle, divine, et qui imprègne tout.

Une première différence entre l'Esprit et l'Ame est qu'il n'est pas limité aux êtres vivants mais existe dans toutes les entitésde la nature y compris la matière inconsciente. Une deuxième différence est que la fréquence vibratoire de l'Esprit est plus basse. Troisièmement, á cause de sa fréquence vibratoire élevée, l'Ame se manifeste seulement spirituellement alors que l'Esprit se manifeste d'abord en la forme des électrons qui composent un atome.

L'âme humaine est immortelle parce qu'elle est une partie de L'Ame et de la personalité qui *fonctionne avec ou sans le cerveau comme le montre des tests sur les animaux*. L'âme tout comme l'Ame subsiste après le décès d'une personne. Elle comprend deux parties fonctionnelles: l'âme objective et le subconscient.

Le subconscient ou l'égo est la partie de l'âme qui gouverne de façon prédominante [en tant qu'une conscience] les activités du corps spirituel telle que sa projection ainsi que d'autres travaux spirituels. Il est directement connecté á l'Ame Universelle. La mémoire est localisée dans l'âme subconsciente et transcende les incarnations.

L'âme objective est l'âme qui agit á travers le corps physique de façon auto-centrée; gardant le corps en bonne condition. Elle gouverne les cinq sens physiques, les actions volontaires, les souvenirs, la raison inductive, et le raisonnement complet. Elle travail sous la direction du subconscient.

Les humains font l'expérience d'un état limite lorsque l'âme objective et l'âme subjective [imagination et mémoire] fusionnent dans l'égo subconscient. Ceci se produit aux moments de l'endormissement et du réveil. *Cet état peut être induite de manière bénéfique par la concentration ou la suggestion* [avec la coopération du soi] et de façon non productive par certaines substances, les blessures, la fièvre, la peur, l'anxiété, ou la fatigue mentale.

L'AMORC définit le Nous comme la combinaison de la Force Vitale et de la Conscience Cosmique qui proviennent de la source de toute vie [Dieu]. Pour les rosicruciens, le Nous est l'énergie ou la force magnétiquement polarisée [pôles positif et négative]. Cette énergie se manifeste comme des vibrations de fréquences et de vitesses variées qui donnent naissance á différentes formes visibles et invisibles. Il existe quatre vingt octaves de vibrations partant de deux vibrations par seconde jusqu'á des millards de vibrations par seconde. Les dix premières vibrations sont celles du sentiment et du son.

Les vibrations électroniques, selon le manuel appartiennent á la quatrième dimension qui est différente de la quatrième dimension de la théorie de la relativité. Une explication de cette déclaration aussi bien que les idées de Chercheur sur la relativité du temps et le concept de Nous serons données dans le prochain chapitre.

Chapitre 4

Compréhension de Chercheur de la nature humaine

Dans une tentative d'explication sur la nature humaine, il est approprié de définir en premier lieu ce concept centrésur les mots 'nature' et 'humain.' Il est ensuite important de présenter les éléments qui composent cette nature humaine.

Définir le terme 'humain' peut á première vue apparaître simple. Cependant, une fois cette tâche commencée, le théologien, le philosophe, ou le psychologue découvre qu'elle n'est pas facile. En effet, il est difficile de trouver une définition qui satisfasse entièrement. Une certain définition peut être acceptée par les "scientifiques" mais pas par les personnes religieuses et spirituelles tandis qu'une autre peut susciter des appréciations opposées.

Cette difficulté á définir un être humain est fondée sur le fait que la "science," la philosophie, la religion, et la spiritualité ont des idées différentes sur les éléments constitutifs ou caractéristiques de la nature humaine. Il est aussi fréquent que plusieurs parmi les acteurs d'une même branche de la connaissance soient en désaccord les uns avec les autres sur plusieurs sujets.

Par conséquent, une définition consensuelle émergera lorsque qu'un consensus sur les carctéristiques des êtres humains sera établie. Ainsi, ce chapitre décrira d'abord les éléments qui constituent la nature humaine avant de proposer une définition.

Le meilleur synonyme pour le terme 'nature' dans cette étude est 'caractéristiques.' Donc, 'nature humaine,' ici, est une version plus longue pour 'humain.'

Une certaine définition présente le terme 'nature' comme un état primitif d'existence non influencé par la civilisation. Mais puisque les êtres humains sont les auteurs de la civilisation ainsi que des créations artificielles, ce potentiel ou cette activitéest une composante de la nature ou des caractéristiques humaines mêmes.

Additionnellement, á cause de la variété de certaines caractéristiques, les exceptions aussi appartiennent á la nature humaine. Ainsi, il y a des élémentsfondamentauxcommuns á tous les humains et il y a des spécificitésqui marquent des sous groupes d'hommes, des sociétés, et des individus. Les attributs fondamentaux ou de base et ceux qui ne le sont pas sont á la fois physiques et non-physiques ainsi qu'anatomiques [structurels] et comportementaux [physiologiques].

Contributions de la physique quantique, de la biologie, de la médecine, et d'autres disciplines á la compréhension de la naturehumaine

Il est évident que les êtres humains ont une existence physique. La réalité physique est l'organisation de *l'énergie-matière physique* sous des formes et éléments divers qui ont des fonctions variées. L'énergie et la matière sont les deux aspects fondamentaux de la réalité physique.

Une preuve de ceci réside dans la découverte d'Albert Einstein que la matière est convertible en énergie selon l'équation $E = MC^2$. Les rosicruciens de l'AMORC devraient être remerciés de rappeler qu'il s'agit lá d'une connaissance anciennne et Einstein devrait encore une fois être félicité de la rendre claire en langage moderne et public.

Lorsque la réalité physique est l'énergie, cette énergie peut être manifeste ou non-manifeste. Comme mentionné par Wikipédia, l'*énergie potentielle* est l'énergie due á la configuration d'une entité physique et *l'énergie cinétique* est due a son mouvement. Lorsqu'une entité physique comme un ballon de football est en mouvement, elle possède une *énergie mécanique* qui est la somme de son énergie potentielle et de son énergie cinétique.

L'énergie peut être soit *thermique,* soit*électrique*, soit *magnétique*, soit *sonique*, soit *lumineux*, soit encore *gravitationnelle*. Elle peut aussi être statique ["immobile"] ou radiante ["mobile"]. Elle est exprimée en *joules ou en kilocalories ou en kilowatt-heure*.

Lorsque la réalité physique est de la matière, comme on peut lire dans l'*Encyclopedia Britannica*, elle est caractérisée par son *inertie* qui á son tour est caractérisée par une *masse* et une *inertie rotatoire*.

L'inertie est l'état de la matière lorsqu'elle n'est pas influencée par une force externe que cette matière soit en mouvement ou pas.

La masse est la quantité de matière communément exprimée en kilogrammes [kg] dans le système international.

L'inertie rotatoire est la rotation inaltérée d'une quantité [ou masse] de matièreautour d'un axe. Elle est exprimée en kilogramme.centimètre carré [$kg.cm^2$].

En un être humain, á la fois la matière [possédant une masse] et l'énergie sont présentes. Des particules appelées *électrons, protons,*et*neutrons* forment ses *atomes* qui ensuite forment les *molécules* simpleset complexes parmi lesquelles le remarquable ADN. Les molécules forment les*cellules*, qui forment les *tissus*qui á leur tour constituent les différents*organes et systèmes*.

Les électrons d'une part et les quarks qui constituent les protons et les neutrons d'autre part *n'auraient pas* de structure interne. C'est pourquoi ils sont appelés des particules élémentaires. Chacune des particules subatomiques a une *masse* et une *charge électrique ou énergie électrique* qui génère un champ électrique et aussi un champ magnétique.

La *masse* de chaque particule est petite: $9.10938215(45) \times 10^{-31}$ kg pour l'électron, $1.672621637(83) \times 10^{-27}$ kg pour le proton, et $1.67492729(28) \times 10^{-27}$ kg pour le neutron.

La masse est responsable de la *gravitation* qui est *l'une des quatre formes fondamentales d'énergie ou force ou interaction de la nature*. La gravitation ou la cohésion cause la coalescence de la matière et la stabilité de cette matière ainsi amalgamée. Il existe des théories non encore prouvées que la force gravitationnelle est composé de particules élémentaires sans masse appelées gravitons.

Plus la masse est grande, plus forte est la force gravitationelle. Donc, un ballon de foot exerce une force gravitationnelle beaucoup plus grande que celle du proton. Aussi, la lune a une force gravitationnelle beaucoup plus grande que celle du ballon de football. C'est ainsi que la lune est impliquée dans le phénomène des marées lorsque le niveau de la mer monte et baisse.

La *charge électrique* est de l'énergie électrique statique qui caractérise secondairement, en plus de la masse, certaines formes de matières [masse]. Elle est exprimée en coulomb. Un coulomb [C] correspond á 6.242×10^{18} e [avec e= $1.602176487(40) \times 10^{-19}$ C étant la charge du proton et – e ou - $1.602176487(40) \times 10^{-19}$ C celle de l'électron; un neutron comme son nom l'indique n'est pas électriquement chargé, sa charge est zéro]. Lorsque l'énergie électrique n'est pas statique mais radiante avec un déplacement d'électrons, elle est appelée courant électrique ou électricité.

Le *champ électrique* entoure la charge électrique d'un proton, ou d'un électron, ou de toute autre particule chargée et *exerce une force d'attraction ou de repulsion sur d'autres particules électriquement chargées*. Il y a répulsion lorsque deux particules sont positivement ou négativement chargées et il y a attraction lorqu'une des deux particules est positivement chargéeet l'autre négativement.

La notion de positif et de negative ici n'est qu'une convention selon Wikipédia. Ce qui est intéressant est que la force dans le champ généré par une charge "positive" est centrifuge [venant du centre ou expulsant] tandis que celle dans le champ d'une charge "négative" est centripète [allant vers le centre ou absorbant].

Le champ électrique généré par la charge électrique á une force avec une magnitude exprimée en newtons par coulomb ouen volts par mètre ou en kg·m·s^{-3}·A^{-1}. Il a aussi une densité d'énergie.

Il existe trois sortes de *champs magnétiques* associés avec les particules électriquement chargées. Le premier est induit par le déplacement des charges électriques, le second par la variation des champs électriques dans le temps, et le troisième par la rotation d'une particule autour de son axe [le spin]. Inversement, un champ magnétique changeant génère un champ électrique. Le champ magnétique aussi est caractérisé par une direction et une magnitude ou force.

Ainsi, une charge électrique génère toujours un champ électrique et un champ magnétique.En d'autres mots, les deux champs ou *forces* qui sont connectées sont la conséquence de la charge électrique. C'est pourquoi elles sont associées sous le nom unique de *force électromagnétique* ou *interaction électromagnétique* ou *force de Lorentz*. Lorsque la force électromagnétique est mobile, elle est appelée une *radiation électromagnétique*.

Si l'unité la plus petite de la matière est le quark, celle de l'énergie électromagnétique qu'elle soit statique ou radiante est le *photon qui n'a pas de masse mais a une charge électrique équivalente* á 1×10^{-35} e [e étant la charge d'un proton ou d'un électron].

Donc, un proton dans le noyau d'un atome a une masse et une énergie électrique tandis que le neutron aussi présent dans le noyau a seulement une masse qui est égale ácelle du proton. L'électron qui tourne autour du noyau a tout comme le proton une masse et une charge électrique. Différemment du neutron, le proton et l'électron ont chacun un champ électromagnétique.

Il est dit deux paragraphes plus haut que le photon est l'unité de base de la force ou énergie électromagnétique qu'elle soit statique ou radiante. Tout comme il existe plusieurs sortes de quarks pour les éléments ayant une masse, il y a aussi diverses sortes de photons qui composent différentes sortes de radiations.

Chaque radiation électromagnétique á son genre de photon et les radiations ensemble forment le spectre électromagnétique. La lumière visible est la partie de ce spèctre qui est visible á l'oeil nu. Les autres radiations qui ne sont pas visiblessont d'un côté les rayonsgamma, les rayons X, et les rayons ultraviolets [qui ont des longueurs d'ondes plus courtes que celle de la lumière visible mais des fréquences plus élevées] et de l'autre côté du spectre visible les rayons infrarouges, les microondes, et les ondes radio [qui ont des longueurs d'ondes plus longues et des fréquences plus basses].

Un photon n'a ni masse ni charge électrique. Son énergie est électromagnétique. Les photons varient principalement en fonction de la quantité d'énergie qu'ils contiennent. Par exemple, le photon de la lumière bleue a une énergie électromagnétique plus élevée que celui de la lumière rouge. L'énergie électromagnétique est exprimée en électron volt qui est convertible en joule selon la formule 1 Joule = 6.24×10^{18} électron volts.

Divers photons des radiations électromagnétiques [rayons X, UV, IR, la lumière visible] interviennent dans certaines réactions biochimiques du corps humain et sont utilisées en medicine pour identifier les maladies et les guérir[17].

La *force électromagnétique* est une autre des forces fondamentales de la nature. Une troisième force est la *force ou l'énergie nucléaire forte*.

---

[17]Sprawls, Perry. *Physical Principles of Medical Imaging.* Rockville, Md: Aspen Publishers, 1987.

Il y a six types de quarks qui peuvent former des protons et des neutrons. Mais seulement deux sortes, les plus stables et les plus communs [quark up et quark down] sont présents dans les protons et neutrons du corps humain: deux quarks up et un quark down pour le proton et le contraire pour les neutrons]. Les autres sortes de quarks qui ne sont pas présents dans le corps humain sont charm, strange, top, et bottom.

Les quarks sont gardés ensembles dans les protons ou neutrons du noyau atomique grâceá la troisième force fondamentale appelée force nucléaire forte. Les protons etles neutrons aussi sont reliés pour former le noyau atomique par la même force nucléaire appelée cette fois *force forte résiduelle*. Le gluon est considéré comme la particule élémentaire de la force forte.

Additionnellement, il existe une *force nucléaire faible*, la quatrième force fondamentale *responsable de la dégradation radioactive* des particules subatomiques et du déclenchement de la fusion d'hydrogène dans les étoiles. Les bosons W et Z sont considérés comme les médiateurs de cette force. *La force nucléaire forte et la force nucléaire faible sont les deux autres forces qui en plus de la gravitation et l'électromagnétisme constituent les quatre forces fondamentales de l' univers.*

Après avoir décrit dans une certaine mesure ces forces fondamentales et les particules qui composent le noyau atomique, il est maintenant important de donner une petite explication sur les conditions d'existence de l'électron autour du noyau qui rendent possible l'existence de l'atome.

Selon la physique et la chimie fondamentale et comme résumé par Wikipédia, l'atome est formé par la relation entre les protons et les neutrons du noyau d'un côté et les électrons de l'autre côté. Ceci se produit lorsque les électrons qui sont négativement chargés sont suffisamment proches du champ électromagnétique positif des protons pour y être maintenus.

Donc, c'est l'attraction entre deux forces ou particules électromagnétiques, l'une "positive" et l'autre "négative" qui est á l'origine de la formation de l'atome. La masse du noyau constitue quasiment celle de l'atome [plus de 99.9%]; ce qui signifie que le poids des électrons dans l'atome est très petit.

Les électrons se déplacent presque toujours autour du noyau dans des zones appelées orbitals comparables aux niveaux de l'atmosphère de la terre formant ainsi le nuage électronique autour de ce noyau. Les électrons en mouvement tendent á être distribués également dans ce nuage. Le nombre de couches ou orbitals, le niveau d'énergie de chaque électron, la forme des orbitals, et d'autres caractéristiques du nuage électronique sont déterminés par les nombres quantiques n, l, ml, et ms.

Le niveau d'énergie d'un électron change lorsqu'il absorbe ou émet des photons. Les électrons sont responsables des proprietéschimiques de l'atome et jouent un rôle important dans son magnétisme.

Certains atomes sont positivement chargésá cause d'électrons "manquants" et sont appelés cations. Il s'agit le plus souvent des métaux. D'autres atomes sont négativement chargésparce qu'ils ont plus d'électrons que de protons. Ils sont appelés anions et sont en général des non-métaux. Les cations et les anions de diverses sortes s'attirent les uns les autres pour former difffférentes sortes de molécules. *A nouveau, l'attraction électromagnétique est responsable de la formation des molécules, après avoir été responsable de la formation des atomes.*

Mais il y a d'autres *forces intramoléculaires* qui stabilisent les molécules comme les liaisons covalentes. Les ions conduisent l'électricité lorsqu'ils sont sous la forme liquideet lorsque leur forme solide est mise en solution. Les *forces intermoléculaires* sont des forces qui gardent les molécules attachées les unes aux autres. Les molécules forment les cellules qui forment les tissus qui á leur tour forment les organes. *Ainsi, toutes les entités, des protons et électrons au corps physique lui-même ont un potentiel électromagnétique.*

Le ferrimagnétisme est la forme de magnétismela plus forte qui implique les atomes; ceux du fer dans ce cas. C'est le seul type de magnétismeminéralqui produit une force suffisamment grande pour être sentie dans la vie de tous les jours.

Lorsque l'on se souvient que la principale composante du sang est la molécule d'hémoglobine dont le taux en fer est élevé ,son potentiel électromagnétique devient plusévident justifiant l'accent des rosicruciens sur le sang vitaliséou magnétisé. L'oxygène (O2) a sa propre force vitalisante indépendamment du fer.

Le pouvoir électromagnétique du sang pourrait expliquer pourquoi la Bible dit en Lévitique 17: 11 et 14 que le sang d'un animal contient sa vie et pourquoi le sang est utilisédans plusieurs rituelspour le bénéfice du peuple de l'Ancien Israël dans l'Ancien Testament. Vue la manière dont elles sont décrites, les méthodes de traitements connues comme Réiki et qigong font certainement intervenir l'énergie électromagnétique.

La théosophie décrit le prana comme la cause de l'électromagnétismeet des autres ondes éthériques comme le son et la lumière et donne la précision que les unités de ce prana [les étincelles] sont transmises á chaque cellule via le flux sanguin. Les enseignements des théosophes, des rosicruciens, de l'Ancien Israël, Jésus, le Réiki, ainsi de suite, se complètent entre eux pour rationnellement expliquer certains types de miracles.

Le fait que leurs méthodes ont besoin d'être raffinées ne signifie pas que tous leurs enseignements sont incorrectes ou dangereux. Il est de la responsabilité de la recherche de continuer le travail d'harmonisation de l'enseignement spirituel et des manifestations physiques.

Chercheur sait par expérience et comme décrit dans certaines formes de Réiki qu'un flux d'énergie peut pénétrer le corps par le chakra du sommet de la tête. Son expérience confirme aussi que les rosicruciens ont raison lorsqu'ils disentqu'une concentration sur le sang artériel conduit á de la libération d'énergie par les mains.

Ceci peut expliquer l'imposition des mains surtout dans les premiers cercles chrétiens afin que d'autres reçoivent le Saint Esprit [Actes 8: 17] et le genre de force qui quitta Jésus pour guérir la femme de Luc 8: 43-47.

Ceci confirme aussi la connection entre le Saint Esprit, l'électromagnétisme, le chi chinois, et le Shakti indien comme suspecté dans *Demeure des Divinités*. Moïse, le baptême de Jésus, Actes 10: 44-45, le Réiki, et les expériences de Chercheur aussi montrent que le Saint Esprit peut être reçu sans l'imposition des mains et sans aucun autre contact physique. Actes 10 ajoute que *le discours [l'enseignement] peut déclencher la réception du Saint Esprit par des personnes*.

Les chercheurs de toutes les régions du monde, aujourd'hui et dans le futur, doivent êtres encouragés á formuler de nouvelles théories basées sur les preuves qu'ils ont trouvés lors de leurs recherches et expériences dans tous les domaines de la vie y compris la médecine, la théologie, la psychologie, et la philosophie.

Les organes et systèmes prioritaires sont l'âme, le cerveau et le reste du systèmenerveux, le flux sanguin et le coeur, les organs génitaux, etc…L'ordre de priorité de Manly Hall comme exprimé dans son *Secret Teachings of All Ages[Enseignements Secrets de tous les Ages]*sont le coeur—le cerveau—et les organs génitaux. Celui de Chercheur est *âme—système nerveux—système cardiovasculaire—et organes génitaux*.

Description de la nature humaine utilisant principalement un langage philosophique, spirituel, et religieux

Esprit

Définition et preuves de l'existence de l'esprit humain

Dans *Demeure des Divinités*, il fut montré qu'un être humain a un corps physique qui est l'organisation de la substance physique sous une forme particulière percevable par les sens physiques et un second corps qui est l'organisation de la substance spirituelle sous la même forme percevable par les sens spirituels.

Cette seconde définition fut donc adoptée comme la principale définition de l'esprit tandis que d'autres significations du mot comme l'énergie spirituelle ou l'âme ont été considérées comme secondaires.

Il était alors dit que les preuves de l'existence du corps spirituel étaient scripturaires, logiques, et expérientielles. Il fut mentionné que les écritures de plusieurs religions et écoles spirituelles et philosophiques reconnaissent l'existence d'un second corps et que basésur l'existence des hologrammes qui n'ont pas de consciences individuelles, il est possible de concevoir que ce genre de corps avec une conscience existe réellement.

La première preuve expérientielle était le rêve dans lequel chacun peut se percevoir agissant, se déplaçant,parlant, entendant, voyant, touchant, sentant, et goûtant. Dans les rêves, les activités du corps physique et de la conscience sont considérablement réduites alors que celles du corps spirituel et de l'inconscient de l'âme augmentent. Se réveillant après un rêve, une personne est capable de se rappeler de ce qui s'y était passé et procéder á son analyse.

Ainsi, l'âme consciente en vient á mieux comprendre le monde spirituel et la sphère de l'inconscient et devient capable de prendre des décisions qui façonnent la forme et le contenu d'autres rêves. Alors, graduellemet, la conscience croît dans un environnement différent de l'environnement physique. La projection astrale est une manière de s'éveiller complètement dans la sphère subtile. A partir de ce point, une personne peut accomplir plus d'enquêtes utilisant la raison ou l'intelligence de la partie consciente de l'âme.

Le dessein animé *Naruto Shippuden* présente souvent ses personages se déplaçant dans des environnements divers comme la forêt, de manière semblable á ce qui se passe dans les rêves. Chercheur aussi fait ce genre de rêves. Il y fait souvent des bonds extraordinairement longs et hauts du sommet d'un arbre á un autre et se perçoit parfois simplement volant sans ailes.

Regardant *Naruto* et d'autres desseins animés et écoutant des émissions spirituelles comme celles de Patrick Nguemadon sur la radio Gabonaise

Africa n°1, Chercheur est convaincu qu'il n'est pas le seul á avoir ce genre d'expériences.

La deuxième preuve expérientielle de Chercheur est celui de la perception d'un corps d'énergie reprenant place dans le corps physique au réveil après un rêve. Cette expérience est semblable á d'autres reportéesdans des livres variés dans lesquels les corps spirituels des gens sont attirés vers un trou blanc et brillant comme dans le cas de Chercheur.

Cependant, alors que plusieurs ont rapportéêtre allé de l'autre côté du trou blanc, Chercheur dans son rêve refusa de faire de même craignant la mort physique et disant á Dieu de le laisser accomplir un certain nombre de choses sur la terre avant son passage de l'autre côté du trou. La force d'attraction qui le tirait vers le trou diminua donc et il commença á descendre et se réveilla pour être témoin de l'intégration de son corps subtile dans son corps physique de manière parallèle.

Mais après avoir consulté les experiences des autres, Chercheur sait que la prochaine fois, il déciderait d'aller á l'autre côté du trou blanc puisque plusieurs personnes sont revenues de ce genre de voyage.

Les livres qui rapportentce type d'expériencesont souvent des livres spirituels ou religieux; mais de plus en plus, des experts en psychogy et en medicine rendent publiques des études sur les experiences extra-corporelles fréquentes souvent lorsque les individus sont proches de la mort.

Une troisième preuve expérientielle de l'existence du corps spirituel réside dans les manifestations des chakras de ce corps [souvent le 1er, le 2nd, le 4ème, et le 5ème chakras] en Chercheur lui-même et comme décrit dans les écrits du bouddhisme, de l'hindouisme, du yoga etc...

Il est convaincu au-delá d'aucun doute que ces centres énergétiquesdu corps spirituelrespectivement situés au sommet de la tête, entre et légèrement au-dessus des deux yeux, et dans les régions du coeur et de l'estomac existent réellement parce qu'il peut les sentir comme il peut sentir les battements de son propre coeur quand il veut.

Il est certain que le 2ème chakra ou troisième oeil est associé á la glande pinéale et qu'une lumière couleur or apparaît vraiment autour d'elle. Mais la lumière or qu'il observa était une en flashs.

La quatrième expérienceque Chercheur peut mentionner pour supporter la réalité de l'existence du corps spirituel est le moment où son père fut sur le point de rendre l'âme.

Quelques jours et heures avant son départ, le père sur son lit d'hôpital commença á appeler les noms de plusieurs de ses parents déjà décédés. Au même moment, il était peu connecté aux personnes autour de lui dans la chambre d'hôpital. Il les regarda souvent comme s'ils étaient transparents avec l'attention portée sur des choses que personne d'autre ne voyait.

L'expérience était si vivante que Chercheur ne put s'empêcher de se rappeler des écrits d'Emanuel Swedenborg sur le fait que les proches parents apparaîssent pour accueillir une personne mourrante dans le monde spirituel. Il y a aussi une croyance populaire dans son village que les bébés sourrient sans cause apparente parce qu'ils voient des êtres spirituels. Chercheur sent que si les bébés pouvaient parler, ils enseigneraient des choses intérressantes á ceux plus agés qu'eux.

La plupart des religions et écoles spirituelles ou philosophiques admettent l'existence de deux corps et de deux plans d'existence seulement. Les noms donnés au corps non-physique sont: corps divin, corps éthérique, corps spirituelle, esprit, corps cosmique, corps subtile, corps astral, ainsi de suite. Chercheur préfère utiliser les expressions 'corps spirituel' ou 'esprit.'

Néammoins, la description théosophique présentée dans le chapitre 3 suggère l'existence de trois corps ou plus qui sont le corps physique, le corps de l'éthérique inférieur ou bas astral, et le corps de l'âme ou corps de l'éthérique supérieur ou haut astral.

Avec cette description, plusieurs questions importantes émergent. L' humain a-t-il au moins deux corps qui survivent dont un se désintègre quelque temps après la mort physique dans une forme de seconde mort comme la théosophie le dit? Dans ce cas, l'âme possède-t-elle un corps fait d'une substance fine ou est-elle sans substance et est juste de la raison, du désire, de la volonté, de la créativité, de la mémoire, du conscient, de l'inconscient, des idées, ainsi de suite? Quelque chose qui est non-substancielle peut-elle exister?

Ces questions seront abordées dans la prochaine sous section.

Puisque le corps spirituel est fait d'énergie pure [qui peut être de différentes sortes], il est évident qu'il y a un lien entre son étude et la physique quantique, la biologie, et la médecine comme montré dans la section précédente. Les particules élémentaires dans l'atome, la lumière et les autres radiations électromagnétiques, les champs magnétiques et électriques, les charges électriques, etc…sont les liens entres ces disciplines et la spiritualité.

Ces liens ont déjà été perçus et explorés par les rosicruciens, les théosophes, et d'autres qui ont fait de nombreuses descriptions étonnantes mais véridiques. Par exemple, les rosicruciens parlent de la sphère sous atomique comme la 4ème dimension ou sphère spirituelle ou sphère énergétique différentede la 4ème dimension de la théorie de la relativité.

Ce qui ne va pas dans les théories générale et spéciale de la relativité et pourquoi le voyage dans le temps apparaît comme de la fiction pure

La 4ème dimension des rosicruciens reste une dimension spatiale et est considérée sans hauteur, sans longueur, et sans largeur parce que le niveau sous atomique est si petit qu'il est difficile de parler de hauteur, de longueur, et de largeur.

D'un autre côté, la 4ème dimension dans la théorie de la relativitén'est pas une dimension spatialemais une dimensiontemporelle. Ce concept de 4ème dimension temporelle naquit des observations et des explications de scientifiques comme Hendrik Lorentz et Albert Einstein. Selon ces derniers, l'état d'un être tridimensionnel est perçu différemment lorsqu'il est influencé par la vitesse et la gravitation. Le changement est appelé une dilatation du temps parce que les horloges ralentissent sous une grande vitesse ou sous influence de la force gravitationnelle.

L'expérienceconcerne réellemt la relativité du temps. En effet, pour une personne percevant ou mesurant le temps dans ces conditions extrêmes, les données collectées sont différentes. Mais Chercheur doute sérieusement du concept de la dilatation du temps.

Pour lui, l'expérience est plutôt á propos de l'incapacité des êtres humains á convenablement mesurer le temps avec des instruments appropriés qui ne sont pas influencés par des circonstances extrêmes comme la grande vitesse et la gravitation.

Aussi longtemps que de tels instruments fiables ne sont pas inventés, les humains auront á utiliser les mêmes horloges pour mesurer le temps etles ajuster selon une table de correspondence. La déduction selon laquelle le temps mesuré est différent n'est pas correcte aux yeux de Chercheur.

En réalité, le temps est même plus relatifque dans les théories générale et spécialede la relativitéparce qu'il est basésur la relation entre le soleil et la terre. Une seconde mesuré par une montre n'est pas une valeur universelle mais un standard hélio-géocentrique. Ceci fut expliqué dans *Demeure des Divinités* pour supporter Hugh Ross dontle concept de relativité du temps est différent des deux justes mentionnés et implique Dieu qui est audelá du temps et de l'espace.

Une fois que la théorie d'Einstein est révisée, Chercheur pense que les physiciens et la science fiction prendront moins au sérieux l'idée du voyage dans le temps sur laquelle plusieurs romans et films sont basés.

Il s'est toujours posé des questions sur les implications morales et logiques de la théorie du voyage dans le temps sur les relations humaines et l'histoire et trouvé l'idée plus qu'étrange. Maintenant, il peut ajouter que la théorie de la relativité d'Einstein demeure rien qu'une théorie appartenant á la sphère de la philosophie spéculative de la science physique. Il ne s'agit pas d'un fait. Néammoins il veut poursuivre sa recherche et discuter avec plusieurs physiciens pour confirmer ou infirmer sa position.

Dans sa pensée, un genre de voyage dans le temps peut être créé lorsque des personnes ayant vécuen différentes époques reconstruisent un monde dans lequel ils avaient vécu basé sur leurs mémoires et laissent d'autres faire l'expérience de ce monde. Ceci peut être fait de deux manières: par la connaissance technologique des desseinsanimés et des films ou par le pouvoir spirituel.

La croissance du corps spirituel

Puisque le corps spirituel est fait d'énergie ou d'énergies, il est capable de croître et peut être en bonne santé ou malade. Il peut recevoir et donner de l'énergie d'en haut et d'en bas. Le fait que les humains deviennent conscients de ce corps aprèsplusieurs années ou decencies d'activités spirituelles particulières sur terre est un indicateur fort que le corps spirituel aussi croît graduellement et devient puissant au point où même le corps physique commence á percevoir sa présence.

Bien entendu, certaines personnes réalisent ceci á un âge très jeune et peuvent même utiliser ce corps. Chercheur pense que ce phénomène est le plus souvent dû au travail d'adultes qui ont maîtrisé des techniques de séparationpartielle ou de projection du corps spirituel et qui éduquent des enfants á faire de même. Par exemple, la molecule appelée DMT est de plus en plus connue comme capable de connecter les individus au monde spirituel.

Chercheur n' as pas encore suffisamment d'information sur la physiologie du corps spirituel pour dire si l' introduction des enfants dans le monde de l'énergie est prématurée et dangeureuse ou pas. Il n'a que des suspicions qui demandent á être confirmer.

Ce qui est sûr est que le monde spirituel et le corps spirituel ont un grand pouvoir. La question est de savoir s'il est bénéfique pour la société que des enfants et des personnes mal intentionnées utilisent ce pouvoir. C'est pourquoi certaines écoles spirituelles retardant l'initiation et pourquoi certains enseignants ne parlent que de méthodes lentes mais sans danger pour les étudiants et la société.Ces méthodes renforcent l'âmeavec la sagesse et l'amour qui rendent la personne capable de contrôleret d'orienter les phénomènesspirituels vers de bons buts plutôt que d'être submergée par eux.

L'aide primaire dans la recherchede la maîtrise du monde spirituel est donnéepar l'énergie venant d'en haut connu comme le Saint Esprit de Dieu qui peut prendre des aspectsvariés comme rapporté dans *Demeure des Divinités*. Cependant, l'énergie venant d'en bas participe aussi á la coissance de l'individu. Elle peut être obtenue á travers des rituels, des cérémonies d'initiations, et des sacrifices qui peuvent êtres bonnes, mauvaises, ou même maléfiques.

Sacrifices de sang d'animaux et de Jésus contre l'éducation et les bonnes actions pour la croissance spirituelle: la place du Saint Esprit et des rituels en spiritualité

L'auteur du livre des Hébreux[9: 13 et 22]est correcte en disant que les sacrifices du temps du Moïse avaient des effets positives et étaient utilisés pour purifier presque tout. Des explications sur le potentiel purifiant ou nettoyant du sang animal sont données dans certaines parties de la Bible.

Cependant, il est mieux de ne pas pécher que de pécher et d'être purifié par le sang des animaux. En plus, même si une personne pèche, le versement de sang n'est pas absolument nécessaire parce que la possibilité de répentance et de changement de comportement existe toujours. C'est la raison pour laquelle Esaïe 1: 10-13 dit que le Dieu de l'Ancien Testament était devenu malade á cause des sacrifices répétés pour traiter des péchés répétés.

La répentance et le changement d'attitude est une voie de purification certainement meilleure que le sacrifice de sang. Comme les professionels de la santé le savent, les maladies de certaines personnes viennent de la dépendence. Parfois des individus ne sont tout simplement pas capables de faire ce qui est juste même s'ils connaissent le bien en théorie et continuent de répéterdes habitudes nuisibles jusqu'á ce qu'une *force* externe les aide d'une manière ou d'une autre.

Il y eut une situation de dépendence générale au mal dans Genèse 6 qui entraîna le déluge. Le déluge était une mesure radicale. Le sacrifice d'animaux l'est moins certainement parce que les fautes commises sont moins importantes et moins généralisées comparativement au temps de Noé. Néammoins, il y a quelque chose d'étrange avec un systèmequi met l'accent sur la purification par les rituels.

Si le versement du sang animal n'est pas le meilleur moyen de reconciliation avec Dieu comme l'auteur d'Hébreux l'admet [10: 5], le versement du sang de Jésus est encore moins acceptable. Il semble que cet auteur en écrivant certaines parties du livre des Hébreux avait complètement perdu de vue l'Arbre de Vie et avait construit une théologieou plus précisément une *sotériologie* [doctrine du salut] basée seulement sur le sacrifice animal et la croix de Jésus.

Comme les unificationistes le soulignent, Jésus lui-même savait que quelque chose ne sonnait pas bien dans la théorie de la crucifixion et essaya d'éviter la croix en plusieurs occasions. Dans sa thèse de sortie de séminaire, Chercheur avait montré comment Jésus hésita jusqu'á la fin étant parfois très déterminé á être crucifié et d'autres fois souhaitant ou se comportant en favaeur d'une solution alternative.

La partie la plus dramatique de l'histoire de la crucifixion est que même en ses derniers moments, Jésus ne put percevoir les bénéfices de ses actions jusque lá demandant pourquoi Dieu l'avait abandonné. La conclusion de la vie pour Jésus était que Dieu l'avait abandonné.

Plusieurs dénominations chrétiennes connaissent ce fait, mais il est difficile aux chercheurs d'obtenir d'eux une explication. Même l'explication unificationiste que l'abandon de Jésus par Dieu était pour donner au premier la possibilité de restaurer l'abandon de Dieu par Adam n'est pas satisfaisante pour deux raisons principales.

La première demeure dans la persistance de l'erreur de Paul et d'autres que le monde á besoin d'une personne en particulier comme le Sauveur ou Messie. Cette erreur fut expliquée et corrigée dans *Demeure des Divinités*. La seconde raison principale est liée á la première et concerne une sorte d'infaillibilité du Sauveur ou Messie.

Cependant, quiconque lit les évangiles avec attention peut voir que bien que Jésus ait accomplit de nombreuses actions extraordinaires, il fit quand même des erreurs. L'explication de "l'abandon" de Jésus par Dieu réside dans ces erreurs et plus précisément dans ses limites.

Une chose qui est évidente dans les évangiles est que Dieu n'a jamais demandé á Jésus d'aller sur la croix. Il y a trois moments critiques pendant lesquels Dieu aurait pu clairement informé Jésus de sa volonté d'y aller ou pas: Luc 9: 21-36, Jean 12: 27-35, et Luc 22: 39-44.

Dans le premier passage tiréde Marc 8-9 avec des informations additionelles, Jésus apparaît très sûr qu'il doit mourir sur la croix même s'il n'y a aucun mot direct de Dieu allant en ce sens. Dans le second passage, les doutes de Jésus commencent á se manifester. En effet il explique que son âme est profondément troublée au point qu'il a envie de demander á Dieu de le sauver de la crucifixion. Néammoins il parvient á se maîtriser se "rappelant" qu'il était venu dans le monde pour être crucifié.

Dans le troisième passage, Jésus exprime clairement son opinion personelle de ne pas être crucifié et demanda sérieusement á Dieu de l'aider. A cette étape il ne considéra plus aucune prophécie qui ait pu prédire sa mort ou sa résurrection pour le bénéficedu monde. Il oublia qu'il avait appelé Pierre 'Satan' pour avoir exprimé la même idée [Matthieu 16: 23]. Un ange se manifesta á lui seulement pour lui donner de la force mais pas pour lui indiquer le choix á faire et il n'y eut pas de voix de Dieu comme aux temps de son baptême et de sa transfiguration.

On peut se poser la question légitime suivante. D'où Jésus a-t-il pris l'idée de mourir crucifié de toute façon? La réponse se trouve dans sa propre interprétation de l'Ancien Testament, sa compréhension ou philosophie ou sagesse sur Dieu, et son analyse de la condition physique et spirituelle de l'être humain. Cependant, ses conclusions n'étaient pas suffisemment fortes pour lui donner une confiance absolue. C'est pourquoi il continua de rechercher une réponse directe de Dieu.

Même ses disciples étaient en colère contre lui parce que le projet de sa crucifixion fut une surprise désagréable pour eux. Jésus ne les avait pas recruté sur cette base. Ils ne s'étaient pas engagés pour cela. Ce qui leur fut dit était que le Royaume de Dieu était proche et que les gens devraient se répentir.

Jésus expliqua á Pierre qui était tout d'abord contre la crucifixion qu'il voyait les choses simplement d'un point de vue humain et pas de celui de Dieu [Matthieu 16:23]. Mais comme déjà dit, il n'y a aucune place dans les évangiles où Dieu exprima directement son opinion. Donc dans ce passage, Jésus est en train de dire á Pierre que son opinion est celui que Dieu avancerait s'IL-Elle devait parler.

En plus, les disciples auraient pu comme de nombreux autres entrenenir l'idée que Jésus était venu comme un libérateur même s'il fallait utiliser des moyens militaries comme aux temps des Rois David et Ezéchias. Ils se sont probablement senti trahis par Jésus; surtout Pierre. Mais ils étaient trop engagés avec Jésus pour reculer et dépendaient de son pouvoir spirituel.

Donc la crucifixion n'était pas une volonté première de Dieu et en cela les unificationistes ont raison. Elle n'était pas non plus une solution que Dieu accepta faute de mieux comme ces derniers l'ont concédé. La crucifixion fut le résusltat de l'incroyance des juifs comme ils l'ont dit[18], mais aussi une situation causéepar les limites de Jésus lui-même. Puisque Jésus prit volontairement le chemin de la croix, Chercheur n'a pas hésité á appeler cette action un suicide rituel dans sa thèse de fin de séminaire.

Quelle est l'objectif que Jésus voulait atteindre par sa mort sur la croix? En Matthieu 16, il dit que sa crucifixion est nécessaire.Mais pourquoi? Il donna deux explications: le besoin de réaliser les prophécies de l'Ancien

---

[18]Sun, Myung, Moon, Divine Principle 1996, p 117.

Testament et l'espoir contenu dans sa résurrection. Mais les disciples ne comprirent jamais ces explications et eurent peur de lui avouer cela [Luc 9: 45 et 18: 34].

Lorsque le temps vint vraiment pour lui de choisir la croix ou pas, les deux raisons avancées ne l'influencèrent plus. La cause de cette faiblesse est qu'en réalité aucune de ces raisons n'est suffisamment forte pour justifier la crucifixion.

Demeure des Divinités démontra que la plupart des prophécies de l'Ancien Testament n'étaient pas á propos de Jésus mais concernaient d'autres personnes et furent réinterpretées de force pour lui convenir.Cette réinterpretation fut lancéepar Jésus lui-même ou au moins par le Jésus présentépar les évangiles. Mais *Demeure des Divinités* montra aussi que la prophécie de Daniel 9: 26 le concernait très probablement. Puisque cette prophécie contient les élémentsd'une mort sacrificielle, elle a dû influer beaucoup sur Jésus pour lui donner la conviction qu'il devait mourir sur la croix.

Mais il y a une règle concernant les prophecies [identifiée par Chercheur] que Jésus ne considéra pas et cela joua contre lui. L'essence de cette règle dit qu'*aussi longtemps que les humains peuvent exercer le libre arbitre, il n'y a pas de prophécie definitive pour façonner leurs vies*. Une prophécie est un futur possible révéléou perçu par un voyant selon des événements passéset les inclinaisons des personnes impliquées. Bien que cela soit difficile, ces acteurs peuvent changer leurs inclinaisons et actions changeant ainsi le futur annoncé en un autre. C'est une des leçons importantes que transmet le livre de Jonas où le Dieu de l'Ancien Testament épargna un royaume qui s'était détourné du mal.

Donc, Jésus aurait dû savoir qu'il était la dernière personne capable d'influencer son propre futur et celui du monde basésur ses observations, analyses, compréhensions, choix, et actions. Donc, Dieu voulait que Jésus fasse un choix mais Jésus croyait que c'était á Dieu de faire le choix. Finalement, il considéra que Dieu l'avait abandonné.

Chercheur est convaincu que Jésus aurait pu mieux aider l'humanité en ouvrant une école de spiritualité comme Hermès et Pythagore au lieu de laisser quelqu'un comme Paul élaborer une partie importante de la théologie chrétienne. Malgré les talents de Paul et sa dévotion, il n'aurait pas pu exprimer les opinions de Jésus comme lui-même.

Une différence fondamentale entre les histoires de Moïse, Hermès Trismégiste, et Jésus est que dans le cas des deux premiers, un ange puissant ou Dieu donna une guidance claire pour libérer un peuple et commencer un enseignement tandis que dans le cas de Jésus, la possibilité de déterminer le chemin á suivre lui fut laissée. Pour Chercheur, il apparaît qu'une plus grande responsabilité était donner á Jésus: trouver le chemin avec l'aide du Saint Esprit, le suivre, et guider d'autres.

Chercheur pense aussi qu'il n'est pas en position d'accuser Jésus de quoi que ce soit. Pour lui, Jésus fit ce qu'il put dans sa situation obtenant même des résultats extraordinairesen matière de guérison. Il n'est pas sûr du tout s'il aurait pu faire mieux que Jésus s'il était né á son époque même si celui-ci avait déclaré qu'il pouvait être surpassé.

Ce que les humains devraient faire n'est pas de passer tout le temps á se plaindre du passé ou vivre seulement basésur ce passé. Ils doivent plutôt contribuer au travail divin avec leurs meilleurs atouts pendant leurs vies terrestres.

Il semble que depuis le temps de Jésus, Dieu fait de plus en plus confiance á la capacité humaine d'utiliser le pouvoir du Saint Esprit pour s'unir á Lui-Elle et pour créer un monde meilleur. C'est pourquoi tout le monde est nécessaire et pas seulement une personne appelée Messie. *Tous doivent être les messies, les découvreurs de chemins qui peuvent créer la société la plus heureuse.* Néanmoins, l'humanité devrait rétablir une spiritualité dans laquelle les gens sont en relation consciente avec le monde spirituel.

La compréhension de Chercheur du meilleur sacrifice n'est pas le versement litéral de sang. La bonne éducation [sagesse, science physique et spirituelle]et les bonnes actions constituent la meilleure manière pour un corps spirituel d'être influencé par ce qui est d'en-bas ou par le monde physique. C'est la raison d'être des 10 commandements et de plusieurs autres lois.

Lorsque le corps spirituel est considéré, il existe un phénomène d'entréeet de sortie d'énergie. Chercheur pense que la bonne éducation et les bonnes actions influencent l'âme qualitativement et que l'âme en retour influence l'esprit á la fois qualitativement et quantitativement. L'âme gère la substance de l'esprit pour le rendre bon, puissant, et beau de la même manière qu'une bonne âme connaît ce qui est bon pour le corps physique.

Certaines activités physiques [bonne nutrition et sport] sont décidées par l'âme intelligente et permettent d'obtenir un corps en bonne santé, puissant, et beau. Dans ce processus, la matière physique et l'énergie sont bien organiséesdans le corps physique.

La même relation existe entre l'âme et le corps spirituel. Mais il y a deux différences majeures. Premièrement, les activités grâce auxquelles l'âme influence l'esprit sont moins égoïstes. Deuxièmement, le corps spirituel répond plus rapidement á la volonté de l'âme que le corps physique comme les théosophes l'expliquent.

L'âme humaine est aussi influencée par l'Ame Divine á travers le Saint Esprit qui transmet non seulement la substance et l'énergie spirituelle, mais aussi la Parole, la Compréhension, la Sagesse, la Détermination, l'Intelligence, et ainsi de suite comme le montre les narrations dans la Bible.

La manière dont l'âme est nourrie est différente de celle du corps spirituel. La nourriture de l'âme est mieux comprise sous le nom de philosophie [que ce soit la théologie ou la sagesse générale]ou l'Arbre de Vie comme expliqué dans la section consacréeá l'âme et dans le chapitre 10 avec plus de détails.

Les bons rituels sont des cérémonies dans lesquelles de l'énergie spirituelle est généréeet transmise pour le développement spirituel. Les bons rituels sont élaborés par l'âme sage pour soutenir le travail du Saint Esprit. Mais tous les rituels ne sont pas á recommender. La crucifixion malgré certains bénéfices est un exemple.

La question de la mort et de l'apparence externe du corps spirituel

Si le corps spirituel peut croître ou devenir malade, il peut bien mourir pourraient dire certains. Ceci supporterait l'affirmation théosophique que le corps astral inférieur se désintègre finalement et libère l'âme. Mais toujours selon la théosophie, l'âme a un second corps appelé kama rupa qui est différent du coprs astral inférieur. *Cette déclaration est une possibilité philosophique qui requiert une valadité expérientielle.* Néammoins, il n'est pas dit que le kama rupa tout comme le corps spirituel traditionnellement décrit dans d'autres mouvements meurt.

Les explications données sur la conception d'enfant dans la prochaine section sont en faveur d'une construction de l'esprit qui est parallèle á celle du corps physique et constituent par conséquent un argument qui rend la désintégration du corps d'énergie possible.

Puisque l'âme d'une personne donnée est très différente de la graine d'âme qui s'incarna [particulièrement en matière de conscience], Le retour de ce conscient á l'inconscient [Nirvana] pour fusionner avec Dieu n'est pas logique et philosophiquement utile. Il ne serait pas bon qu'un tel conscient mature, beau, et appréciable soit gaspillé de cette manière.

Ce qui est certain est que bien que le monde physique influence le monde spirituel, toutes ses lois ne sont pas applicables á ce dernier. Par exemple certaines actions peuvent tuer le corps physique mais pas l'esprit. Donc, jusqu'á ce que l'humanité connaisse mieux les lois du monde subtile, l'immortalité de l'esprit est la possibilité la plus logique.

La seconde mort par le Lac de Feu mentionnée dans le livre de Révélation a un sens symbolique comme expliqué dans *Demeure des Divinités*.

Ceux qui ont mis au point la chirurgie faciale esthétique et les personnes qui la subissent ont démontré qu'une décision prise dans l'âme peut changer l'apparence externe du corps. Puisque l'esprit comme expliqué dans la prochaine section est construit en parallèle et en connection avec le corps physique, il est influencé par les changements apportés á ce dernier.

Cependant, l'état des connaissances actuelles ne permet pas de dire le degré de transformation de l'esprit qui se produit. Mais parce que la personne continue d'exister, l'âme peut réparer les dommages causés á l'esprit d'elle-même ou avec l'aide d'autres. Ainsi, l'apparence externe peut continuellement changer si cela est souhaité. Les âmes sages peuvent certainement obtenir un degré élevé de beauté de l'esprit.

Ame, nous, psychisme, ouégo: sanature, ses constituents, fonctions, qualités, et problèmes

Tabula Rasa? Archétypes et Prototypes?

Selon la version de Jonas Hans du texte du *Poimandres*, 'Nous' est l'Ame Universelle tandis que 'nous' sans le 'n' capital est l'âme d'un être humain. Ceci est un niveau de la ressemblance entre Dieu et un humain. Cette déclaration est supportée par les théosophes du Temple du Peuple pour qui la substance de l'Ame Universelle et celle de l'âme individuelle sont de même nature.

En théosophie, kama est le 4ème principe et le plan de l'âme individuelle. Il comprend kama manas [manifestation des désirs dans la mentalité ou âme inférieure] et kama rupa [manifestation of désirs dans la forme]. C'est de cette définition qu'émerge l'idée d'un troisième corps ou corps de l'âme ou corps astral supérieur ou corps éthérique supérieur.

Kama manas est 'l'âme inférieure' ou 'âme individuelle' en comparaison avec Manas [le 3ème principe] qui est 'l'Ame Supérieure' ou 'Ame Universelle' ou Dieu. Ils correspondent respectivementau 'nous' et au 'Nous.' Donc, l'âme individuelle se manifeste á cause de la volonté de l'Ame Universelle. C'est une version *localisée, miniaturisée, représentative, ou microcosmique* de l'Ame Universelle.

L'Ame Universelle souhaite l'âme individuelle. On peut dire que le premier engendre **ou** crée le second.

En assimilant kama manas á l'âme inférieure ou individuelle, la théosophie montre que la philosophie spirituelle de l'Inde reconnaît l'existence de la pensée, de la volonté, et du sentiment en tant qu'éléments de l'âme humaine comme décrit par la définition du dictionnaire Merriam-Webster. C'est la partie fonctionnelle.

En présentant kama rupa comme la manifestation desdésires ou de la volonté dans la forme, la théosophie et la philosophie spirituelle indienne introduisent clairement la forme ou la structure dans la philosophie de l'âme. Cette notion de la forme de l'âme est seulement implicite dans la définition du dictionnaire qui dit que l'âme est 'un *complexe d'éléments*' et aussi dans la caractérisation de l'âme comme d'un principe vital . Cette définition ne précise pas si le principe vital á une forme ou pas.

Maintenant il est important de répondre á la question de savoir si la 'forme' dans kama rupa est aussi abstraite que 'complexed'éléments' ou que 'principe vital' ou si elle veut dire la 'forme comme au niveau du corps physique.' Dans un article sur internet[19], G de Purucker citant des théosophes fameux tels que Blavatsky Helena et William Q. Judge affirme que le Kama rupa est en effet un corps; le corps astral supérieur.

De tout ce qui précède, il apparaît que le kama rupa des théosophes est le corps spirituel mentionné dans les autres religions, écoles spirituelles, et par Chercheur et que le concept théosophique d'âme inclue á la fois les concepts d'âme et d'esprit des autres. Kama manas est ce qui est connu comme l'âme intelligente. Ainsi, il y a un accord entre toutes les écoles de pensée qu'il existe un corps d'énergie qui porte le conscient et qui est capable de vivre dans le monde spirituel après la mort physique.

19http://www.theosophy-nw.org/theosnw/death/de-gdp4.htm (accès le 8 Juillet, 2011).

Par conséquent, le corps astral inférieur des théosophes qui serait un corps spirituel transitionnel lourd dont la disintégration se ferait peut après la mort du corps physique reste á identifier par la recherche spirituelle en même temps que l'évidence pour le 5ème principe appelé prana.

'Psychisme' et 'égo' sont des termeséquivalents pour 'âme.' Platon et Descartes sont d'accord sur cela et le Temple du Peuple affirme qu' 'âme' et 'égo' sont des termes qui désignent la même réalité.

Manly Hall mentionna que toutes les choses existent spirituellement dans les êtres humains qui sont capables de les connaître naturellement en stimulant les pouvoirs et les images en eux-même jusqu'au point d'illumination.

Chercheur pense que l'âme ne doit pas être décrite de cette manière. Hall apparaît diamétralement opposéá l'idée de Table Rase défendue par Ibn Sina, Thomas d'Aquin, John Locke, et Sigmund Freud. Chercheur est aussi en désaccord avec cette idée. Donc, il pense que l'âme ne contient pas toutes les choses et n'est pas non plus dépourvu de tout contenu comme l'ont affirmé Emmanuel Kant et Sang Hung Lee.

Un nouveau-né humain ouanimal semble n'être gouverné que par des réflexes physiques. Mais en grandissant, le bébé humain développe une raison, une émotion, une volonté, une mémoire avancées alors que l'âme animale reste pratiquement la même. Les enfants humains grandissent pour devenir les gestionnaires du monde.

Le potentiel d'un "programme avancé" existait dans le nouveau-né humain dès le début. L'âme humaine est un ensemble de données qui graduellement se manifestent et deviennent plus complexes. Que plusieurs éléments de l'âme jeune soient non-manifestes ou non-perçus par les penseurs ne signifie qu'ils n'existent pas. Au moins l'instinct est toujours manifeste; donc la théorie de la Table Rase est totalement non fondée.

L'âme humaine a le potentiel d'apprécier progressivement la réalité de façon de plus en plus sophistiquée. Il y a une différence entre être capable d'apprécier et de connaître toutes les choses et avoir toutes ces choses spirituellement en soi.

Cependant, il est possible que la déclaration de Hall soit symbolique ou qu'il utilisa le terme 'spirituellement' au lieu de 'psychologiquement;' deux mots qui peuvent êtres plus facilement confondus en langage anglais. Le premier mot est relatif á l'esprit et le second á l'âme. Mais même l'usage de ce second terme ne serait pas précis parce que toutes les idées et les concepts n'existent pas dans l'âme dès le depart. Plusieurs idées sont progressivement apprises et intégrées dans l'âme. Dès le depart, l'âme a un potentiel qui se manifeste graduallement.

Ainsi, il est acceptable de dire que l'âme humaine contient des archétypes comme Carl Jung mentionna dans *The Archetypes and the Collective Unconscious [Les Archétypes et l'Inconscient Collectif]* ou des prototypes comme Sang Hung Lee affirma dans*The Unification Thought [La Pensée de l'Unification]*. Tous deux dirent que tous les archétypes ou tous les prototypesn'existent pas dans l'âme dès le début.

Pour Alfred Adler, comprendre l'être humain signifie comprendre son psychisme. L'opinion de Socrates et de Plato était que la connaissance de l'âme humaine est capitalepour établir des relations avec les êtres humains. Le point de vue d'Adler que la fondation du psychisme est posée au début de l'enfance et ne dépend pas des facteurs héréditaires n'est pas complètement vrai.

Un enfant vient en vie avec la foundation déjà existante en lui/elle. Les facteurs héréditaireset environnementaux [humains et naturels] influent sur l'expression complète de la fondation originelle de l'âme.

Pourquoi l'âme n'est pas un produit du cerveau et n'est pas détruite comme lui á la mort: origine de l'âme, préformationisme,épigenèse, jugement de l'âme,et justice

L'âme n'est pas un résultat de l'activité du cerveau comme Benedict de Spinoza [et aussi Paul Edwards, David Hume, J.J.C. Smart, Colin Mc Grinn, etc…][20]pensa á cause de trois raisons importantes.

Premièrement, la pensée n'est pas un processus chimique. Le mécanisme de l'ADNqui travail via les protéineset les neuromédiateurs est trop lent pour être responsable de ce processus. Seul le phénomène ondulatoire qui soutient par exemple les images TV peut expliquer les idées. Les ondes appartiennent á la fois á la science physique et á celle spirituelle et peuvent exister avec ou sans le cerveau.

Si l'âme était simplement un résultat du cerveau, elle n'aurait pas l'affection, l'amour, la compréhension, l'enseignement, etc…

L'âme se développe et fonctionne non-seulement parce que les sens physiques l'enrichissent par le bais du cerveau, mais de façon plus importante parce qu'elle existe en relation externe avec d'autres âmes humaines et en relation á la fois interne et externe avec l'Ame Universelle. *Ce qui conduit l'âme humaine vers la sagesse, la bonté, et la beauté est plus Dieu et d'autres humains qui ont des caractéristiques similaires que le monde physique. La folie, le mal, et la vilenie aussi sont plus le résultat de mauvaises influences humaines et spirituelles.*

Les idées et les mémoires sont stockées naturellement dans l'âme parce que c'est un "endroit" reservépour elles. La substance de cet "endroit" est similaire á celle des idéeset des mémoires; comme lorsqu'un petit lac devient plus grand en recevant plus d'eau ou lorsqu'un enfant grandit

---

[20]PaulEdwards, *Reincarnation: A Critical Examination* (Amherst, N.Y.: Prometheus Books, 2002), 279-80.

physiquement en ingérant pendant des années de la substance physique qui est semblable au corps physique.

Les mémoires [venant du conscient et des sens physiques ainsi que de l'inconscient et des sens spirituelles et mentales] sont présentes dans l'individu mais aucune dissection, analyse chimique, ou radiographie du cerveau ne peut les faire percevoir. L'humanité peut cependant découvrir un jour les moyens d'accéder aux mémoires.

L'âme est un complexe de substance[s] plus raffinée que la substance du corps spirituelle qui est déjà raffinée comme le disent les théosophes avec l'intellect ayant la fréquence vibratoire la plus élevée suivit de l'amour et de la volonté.

Pour mieux comprendre l'âme, les méthodes utiliséespour son investigation ne doivent pas être exactement les mêmes que celles utlisées pour étudier le cerveau. Les scientifiques des choses physiques devraient étudier á la fois le corps spirituel et l'âme qui sont *au-delá* du physique.

Deuxièmement, un matériel informatique est plus physique ou matériel qu'un logiciel informatique. Il sert de support á travers lequel le programme du logiciel est accompli. Mêmement, le cerveau est de la matière physique dense par lequel l'âme très raffinée s'exprime.

L'âme peut être retirée du corps physique tout comme un logiciel informatique peut être retiré d'un materiel informatique. Comme un logiciel, l'âme peut être améliorée ou dégradée. Ceci explique comment une personne peut devenir divine, bonne, folle, ou maléfique. Que l'âme ait besoin de nourriture comme le disent plusieurs religions et écoles spirituelles, philosophiques, et psychologique est alors compréhensible.

L'observation de David Hume que l'âme et le corps physique sont faibles dans l'enfance, deviennent vigoureux á l'âge moyen, et se dégradent dans la viellesse est acceptable même si plusieurs personnes âgées conservent une âme très performante jusqu'á la mort. Mais en déduire que la mort physique entraîne la dissolution á la fois du corps et de l'âme n'est pas correcte á cause des deux raisons évoquées plus haut.

Puisque qu'un corps d'énergie peut survivre á la mort du corps physique, le conscient et l'âme peuvent continuer á être portés par ce corps. C'est ainsi qu'on peut expliquer les mots du professeur Ian Stevenson que les mémoires peuvent exister dans le cerveau et ailleurs [voir le rapport de Paul Edwards lui-même].

Troisièmement, les concepts de *préformationisme* et d'*épigenèse* dans la direction opposée á la mort apportent plus d'éclaircissement sur la question de la survie de l'âme. Un bon article sur le sujet peut être trouvé dans l'*Encyclopedia of Philosophy*[21]. Il présente l'épigenèse comme l'idée selon laquelle un être humain est formé á partir d'un matériel non-formé contrairement au préformationisme qui déclare que l'existence d'une personne commence avec quelque chose qui est préformée.

Certains philosophes et scientifiques supportent l'épigenèse tandis que d'autres pensent que c'est le préformationisme qui a de sens. D'autres encore ont essayé de fusionnerles deux théories parce qu'ils voient une certaine logique dans chaque idée. Aristote par exemple reconnut qu'une personne commence avec des éléments non-préformésvenant des deux parents. Cependant, il ajouta que le développement de l'individu se fait sous la guidance de l'âme qui est présente lorsque le matériel de reproducetion des deux parents sont combinés.

Parce que l'âme selon Aristote apparaît seulement á ce moment, sa vision du début de la vie humaine fut classée comme épigénéticiste et parce que l'âme est le facteur qui guide le développement, son concept fut appelé une épigenèse vitale. Son facteur vital ou âme est différent de l'élan vital d'Henri Bergson qui est défini comme une simple impulsion créatrice.

Cependant, l'âme décrite par Aristote est différente de celle décrite par Chercheur parce qu'il ne fait pas de distinction entre l'âme et le corps

---

[21] Stanford Encyclopedia of Philosophy. http://plato.stanford.edu/entries/epigenesis/ October 11, 2005 (accès le 18 Juin 2011)

spirituel. Chercheur est quand même d'accord avec son idée d'épigenèse physique ou de synthèse et aussi avec son épigenèse vitale et l'appelle épigenèse spirituelle.

Qu'en est-il de l'Ame intelligente? Est elle preformée ou pas?

Etude de cas: Jérémie 1: 5.

Dans ce verset, le Dieu de l'AncienTestament dit qu'il connaissait Jérémie avant de le former dans le ventre de sa mère et l'avait consacréet nomméprophèteavant qu'il ne sorte de l'utérus.

Deux problèmes:

1er problème: cette déclaration semble paradoxale. En effet comment quelqu'un peut-il être connu avant d'être formé?

2nd problème: il n'est pas dit jusqu'àquel point Jérémie était connu et quelle part de lui fut formée. On peut se demander s'il existait comme âme-graine avec des caractéristiques qui ont servi de modèlepour pour construire son corps, une sorte de correspondence-attraction entre l'âme d'une part; le spermatozoïde et l'ovule de l'autre. On peut aussi envisagé la possibilité que le Dieu de l'AncienTestament ait "synthétisé" Jérémie complètement y compris son âme à partir de l'idée qu'il avait de lui.

Dans son état actuelle, l'humanisme divin ne peut dire quelle éventualité est réelle. Il ne peut encore dire si le préformationisme de l'âme plus l'épigenèse physique est une réalité ou si il y a épigenèse-complète avec préformationisme idéologique à savoir la "synthèse" totale incluant l'âme et les autre composantes d'un humain basée sur une idée ou archetype ou prototype.

La recherche théologique et spirituelle serait très utile pour éclaircir la situation.

Plusieurs scientifiques et chercheurs spirituels s'orientent déjà vers des informations très intéressantes comme l'influence positive ou négative de diverses ondes vibratoires [son, lumière, rayons X, rayons gamma, vibration de l'amour, vibration de la peur etc...] sur l'ADN[22].

Ainsi, ce qui pourrait se passer avant la naissance [l'âme humaine venant de l'Ame Universelle] et après la mort [une âme humaine relativement développée] montre que David Hume et Paul Edwards n'ont pas raison de dire que la destruction du cerveau implique celle de l'âme.

Sur la même base, l'affirmation du professeur J.J.C. Smart que les états mentaux sont identiques á ceux du cerveau ne peut être acceptée. Il est aussi évident que l'âme ne dépend pas seulement du fonctionnement des différentes parties du cerveau comme l'a suggéré Colin Mc Grinn. L'âme ne dépend pas seulement du cerveau pour exister. Le cerveau est le canal d'expression temporaire de l'âme. *Au-delá du cerveau, l'âme á un passé et un futur.*

Montrer qu'il existait un programme ou âme en développement longtemps avant la formation du cerveau á pour but de prouver par l'affirmation l'existence d'une âme qui n'est pas le produit du cerveau. Ainsi, l'âme peut aussi bien exister après la destruction du cerveau; n'étant plus inconsciente et immature mais consciente et mâture.

Une réponse affirmative á la question de la survie de l'âme ouvre la porte á une autre question: celle du *jugement de l'esprit et de l'âme.*

Il y a un phénomène très intéressant que ceux qui nient la survie de l'âme devraient attentivement considérer parce qu'il possède un potentiel fort pour leur faire changer d'avis.

Pendant la vie terrestre, il arrive souvent que l'être humain fasse une certaine expérience et l'oublie totalement plutard. Ensuite, une nuit, après

---

[22] The DNA phantom effect. http://www.youtube.com/watch?v=1H7szhBgyVA(accès le 19 Juin 2011).

une vingtaine d'années par exemple, le film de l'évènement est joué dans un rêve exactement comme il s'était produit. Lorsque la personne se réveille, il/elle se rappelle vraiment de l'évènement et est étonné(e) positivement ou négativement selon la nature de l'expérience.

Que la personne l'admette ou pas, le fait indéniable est que l'enregistrement de l'expérience a toujours été avec lui/elle. Les scientifiques pourraient un jour réussir á localiser "le site-d'ondes" ou "endroit de l'âme" où se trouvent les mémoires et trouver le moyen de les convertir en images et en sons et de les télécharger. Il est très possible sinon certain que les ondes responsables des images et du son au niveau de l'âme ont une nature différente de celles responsables de la transmission des images et sons physiques. Lorsque ceci sera confirmé, la correspondance entre les deux formes d'ondes deviendra aussi claire.

Une mémoire ne dépend plus des cinq sens physiques pour exister. Comme déjà dit, ce qui voit, entend, sent, et goûte n'est plus les yeux physiques, le nez, etc…Les rêves apportent aussi des expériences jamais vécues dans le monde physique montrant qu'il y a une vie et des expériences qui se déroulent dans une autre sphère ou dimension indépendamment du monde physique et du cerveau.

En fait, des phénomènes comme les ondes et les radiations sont restés longtemps inconnus de la science des choses physiques.

Si les ondes qui supportent la mémoire venaient á être découvertes grâce á une nouvelle technologie quelconque, ou si des machines capables de percevoir les esprits venaient á être inventées, certains pourraient être tentés de classer les esprits dans la catégorie des entités physiques. Mais en réalité, les esprits demeureraient des êtres spirituelles. Ce qui aurait changéserait l'établissement de moyens pour connecter différentes dimensions et cela a déjà commencé.

Certains phénomènes appartiennent au domaine physique et d'autres au domaine non-physique. Chaque type de phénomènes peut traverser une sorte de frontière et se manifester dans l'autre dimension. *Lorsque les éléments du monde de l'âme se manifestent á une personne sur terre par* *exemple dans les rêves ou visions, ceci s'appelle un enseignement divin. L'opposé s'appelle une préparation pour la vie dans l'<u>au-delà</u>.*

Le physique peut percevoir le physique et se connecter á l'âme pour "comprendre" les phénomènes du plan mental. Similairement, l'âme perçoit ce qui se passe sur le plan mental et se connecte au physique pour comprendre ses phénomènes. *Tout comme une existence physique pure est possible, une existence mentale pure est aussi possible. Une telle existence conserve les mémoires qui constituent la base pour le "jugement."*

Il est fréquent de rencontrer des personnes si effrayées du mot "jugement" qu'ils/elles nient son existence possible. Voici une manière mois effrayante de présenter le jugement.

Prenons á nouveau l'exemple de projection de mémoire donné plutôt. Supposons que la mémoire concerne un évènement qui n'avait pas suscité un sentiment de culpabilité au moment où il s'était produit. Supposons ensuite que cet évènement fut oublié suivi de nouvelles expériences pendant lesquelles l'individu devient convaincu qu'une certaine action est mauvaise. Enfin imaginons que la mémoire perdue revient montrant á cet individu qu'il/elle avait fait quelque chose qu'il/elle désapprouve en ce moment.

Qu'une personne particulière en soit au courrant ou pas, *il y a des lois universelles selon lesquelles les pensées, les paroles, et les actions sont bonnes ou mauvaises. Lorsque l'ensemble des mémoires est confronté á ce standard dans le monde mental et spirituel, ceci est le jugement.* C'est pourquoi la religion et la spiritualité mettent si tant l'accent sur la bonne intention, la bonne parole, et la bonne action.

Parfois les gens font des choses mauvaises juste parce qu'ils/elles croient que personne ne regarde ou que personne ne peut les faire payer.

Imaginons une société humaine qui vécut sur terre il y a 1000 ans. Plaçons des caméras partoutsans informer cette population de leur fonction. Il y aurait-il moins de crimes? La réponse est non. Mais aussitôt la fonction des caméras connue, les crimes diminueraient significativement dans les endroits surveillés.

Maintenant, prenons la présente société du 21^{ème}siècle dans laquelle plusieurs croient que la caméra est la seule façon d'observer quelqu'un. Le constat serait toujours une fréquence élevée de crimes dans les endroits sans caméras.

Imaginons ensuite que cette population du présent soit mise au courant de l'existence d'un mécanisme qui permet de savoir ce qui se passe partout y compris dans les chambres á coucher. Il est clair qu'il y aura une panique générale si un groupe d'individu déclarait être capable de rendre public ce qui s'est produit partout dans les cinq années précédentes.

Comme un dicton fameux le dit: *"Si chacun savait ce que chacun disait de chacun, les gens ne se salueraient plus."*Chercheur est convaincu que les conséquences ne se limiteraient pas aux salutations surtout si on découvre que certains ne se sont pas contenter de mal penser et mal parler d'autres mais sontallés jusqu'á poser des actes contre eux/elles.*L'observation et l'enregistrement de faits constituent un aspect du jugement.*

*Le deuxième aspect du jugement est l'existence d'une force coercitive pour assurer l'ordre.*Supposons que des caméras aient été capables d'enregistrer plusieurs actes d'injustice sans qu'il y ait personne de suffisamment innocent et fort pour maintenir l'ordre. Le résultat serait une négligence des caméras et la persistence d'un système régi par la *Loi de la Jungle* où le droit est déterminé par la force ou la puissance. La situation la plus dangereuse s'installe lorsque le politique, le judiciare, et le militaire deviennent des sanctuaries du crime sans oublier le système religieux.

Dans le concept religieux et spirituel du jugement les "caméras" et la "force coercitive juste" existent. Une idée sur la manière de fonctionnement des "caméras" a déjà été donnée avec l'exemple de la projection de mémoires.

Que peut-on dire alors du maintien de l'ordre sur les plans de l'âme et de l'esprit?

Les écritures religieues et spirituelles foisonnent de descriptions sur les gardiens du mondes appelés anges qui supportent les idéaux de l'Ame Universelle ou Dieu.

En dehors de ces écrits, ce qui peut convaincre une personne de l'existence d'une force coercitive juste [qu'elle soit angélique ou pas] dans les dimensions situées <u>au-delà</u> du physique est que si une telle force était complètement absente ou plus faible que le pouvoir de l'injustice, du mal, ou de la folie, les choses qui doivent êtres construites ne le seraient pas et celles qui l'ont été serait complètement détruites.

De plus, dans le monde physique et comme l'a dit Socrate, la vie de l'âme est lourdement influencée par le corps physique. Aussi longtemps que ce corps trouve satisfaction á travers des plaisirs de tout genres [mêmes les plaisirs auto-destructrices]; une mauvaise personne peut ne pas se préoccuper de la bonté, de la justice, de l'altruisme, etc…

Mais après la séparation entre l'âme et l'esprit d'un côté et le corps physique de l'autre, la mauvaise personne vit alors dans une sphère plus proche de l'Ame Universelle ou Dieu. Puisque l'âme de cet individu est injuste, maléfique, et destructrice, elle est oppose á Dieu qui est Bon, Juste, et Constructeur.

Pour exister confortablement sur le plan physique, le corps physique est nourri par le monde physique. De manière identique, une vie plaisante dans le monde de l'âme et dans le monde spirituel requiert de la nourriture venant de l'Ame Universelle et de l'Esprit [Energie] Universelle encore appelé Saint Esprit. Puisque la mauvaise âme ne s'était pas éduquée pour être en harmonie avec Dieu, la nourriture reçue devient toxique. La volonté de survivre et de vivre confortablement *force* alors cette âme á s'éduquer á nouveau; mais il n'y a pas de garantie que ce processus de redressement soit joyeux et rapide. *C'est l'autre aspect coercitif du jugement en dehors des anges scripturaires.*

La raison est une faculté naturelle de l'âme qui lui permet de trouver et de suivre un chemin juste. La Loi du Talion de Moïse fut donnée pour aider les personnes qui ne possédaient pas suffisamment cette raison á se tenir de toute façon aussi éloignées que possible de l'injustice.

Puisque certaines personnes décident de vivre comme des animaux, une reconnection avec la raison doit commencer á partir de la chair. Par conséquent, par une douleur équivalennte infligée au corps physique, la loi de Moïse visait á inculquer l'idée qu'il est mauvais de causer de la peine á d'autres. Ceci est aussi le but de certaines lois islamiques.

Le système judiciaire moderne est moins rigoureux que la loi de Moïse parce qu'il semble que le mérite de l'âge a amené une avancée significative dans la capacité générale de l'humanité á raisonner. Ainsi, en dehors de la prévention d'un mal supplémentaire, la prison est destiné á offrir du temps pour de la méditation, la répentance, et le changement.

L'opinion personnelle de Chercheur est que la Loi du Talion et la prison moderne ont chacune des forces et des faiblesses.

La Loi du Talion est moins coûteuse et certainement plus efficace pour réduire le crime prémédité. En infligeant intentionnellement de la douleur physique, un criminel cause une douleur inhumaine á une victime. Une justice qui ne considère pas ce fait est limitée. Etablir par exemple une relation d'équivalence entre la perte d'une main dans la douleur et des années de prison n'apparaît pas juste. Ce qui le serait est une coupure de la main du criminel dans les mêmes conditions plus de la peine de prison. Donc, l'avantage de la prison est de soutenir la Loi du Talion lorsque le crime commis n'est pas un homicide volontaire.

Le problème avec la Loi du Talion est qu'il semble aussi inhumain que les criminels. Mais le rejet de cette loi ne considère pas suffisamment les victimes pas seulement á cause de ce qu'ils/elles ont souffert mais á cause de la nécessitéde dissuader de nouveaux crimes. La prison seule n'est pas suffisamment décourageante. *La façon pour l'humanité d'éviter cette nécessité temporaire est d'augmenter le niveau théorique et pratique de la sagesse.*

Deux exemples, l'une du domaine militaire et l'autre du secteur médical permettent de supporter la Loi du Talion. La possibilité pour un pays disposant de l'arme nucléaire d'être attaquépar un autre pays est faible parce que le pays attaquant est certain de subir aussi des dommages très sévères.

Tout comme un pays dotéd'arme nucléaire ne bombarde pas un autre ayant le même arsenal étant sûr de ne pas rester impuni et de souffrir aussi, de nombreux criminels pensent deux fois avant de heurter un innocent lorsqu'ils/elles ont l'assurance qu'au moins une douleur équivalente leur sera infligée.Les organismes ont en général un instinct de survie et d'auto-préservation.

Quelle est la dissuasion nucléaire d'un innocent face á un criminel? C'est un système judiciare qui reconnaît la Loi du Talion. Pourquoi la dissuasion serait-elle autorisée au niveau national et pas au niveau de l'individu?

Autoriser chaque citoyen á porter des armes peut favoriser le crime et l'anarchie. Un monde dans lequel certaines personnes sont suffisament déraisonables pour causer volontairement du tort á d'autres á besoin d'une *police, d'une armée, et d'un système judiciaire fiables. Cela signifie que ces trois secteurs sont très précieux et doivent être sérieusement protégéscontre la corruption. Seules les personnes avec la plus grande sagesse, moralité, et compassion doivent être autoriséesá être des membres de l'effectif de la police, de l'armée, et du système judiciaire.*

La sagesse devrait être largement enseignée et pratiquée afin que l'humanité puisse un jour vivre sans les trois systèmes juste mentionnés. *Donc, l'enseignement de la sagesse est même plus importante que la police, l'armée, et la justice.* Les personnes qui servent dans ces secteurs ont sûrement de meilleures choses á faire que de contenir des individus destructifs. Un objectif majeur de l'enseignement de la sagesse est de leur apporter du soulagement et de la libération. Les gouvernements des USA et de la Russie comprirent ceci suffisamment bien pour vouloir réduire leurs réserves d'armes nucléaires.

Dans le domaine médical, le cancer est une altération sévère d'un tissu qui entraîne une dysfonction et des douleurs atroces á partir d'un certain stade de développement. Dans de nombreux cas, des vies humaines sont sauvées parce que les tumeurs cancéreuses sont enlevées malgré qu'elles soient des tissus vivants comme d'autres. Mais il est préférable d'utiliser la médecine préventive qui est une partie de la sagesse pour éviter le développement du cancer.

Si la mort de tissus dangereux pour le corps est acceptable, pourquoi celle d'un meurtrier ne le serait-elle pas? Que gagnerait le monde en laissant vivre une telle personne alors qu'une vie innocente qui aurait pu être heureuse est détruite? En plus, il n'y a aucune garantie que personne d'autre ne serait victimede ce meurtrier. Assurément, il est mieux pour les criminels de ne même pas naître alors que le monde attend la naissance de grandes âmes.

Lorsque le nombre de personnes sages augmente, le nombre de prisons et l'utilisation de la Loi du Talion diminuera. C'est un autre objectif de la philosophie de l'humanisme divin.

Les personnes qui méditent sur les rêves et livres et écoutent la bonne parole augmentent leur connaissance et leur sagesse. Ils/elles évitent l'apprentissage des choses par des erreurs douloureuses et dangereuses ou par le mal. En étant bons sur terre, ils/elles apprennent á positivement dominer la matière avec l'âme pour réaliser leurs désirs.

La matière dans le monde physique requirt beacoup d'effort de l'âme pour lui obéir. Moins d'effort est dépensé pour mouvoir les liquides comparativement aux solides et encore moins d'effort est requis pour utiliser l'air. Il est plus facile de respirer que de boire de l'eau. Similairement et comme l'expliquent les théosophes, l'ether est plus subtile que l'air et répond encore plus vite á la commande de l'âme. L'akasha est décrite comme la substance qui répond le plus rapidement á la volonté de l'âme.

Lorsque plusieurs religions et écoles spirituelles enseignent que les désirs dans le ciel sont accomplies aussitôt qu'ils sont exprimés, la justification se trouve dans la capacité de la bonne âme á influencer la substance du plan spirituel plus rapidement que la respiration.

Raison, moralité et vertues, lois, passions, amour, bonté, mal, et liberté

Le principal élément de l'âme est la *raison* comme montré dans le chapitre sur la Paternité et la Maternité de Dieu dans *Demeure des Divinités* et par des penseurs tels que Platon, Aristote, Augustin, d'Aquin, Locke, et Kant.

Chercheur a décidé de ne pas placer la *moralité ou les vertues* avant la raison comme Schopenhauer et ne suit pas Hall et Blavatsky en les mettant sur la même ligne. La justification est que la droiture et la moralité n'apparaissent que lorsque la raison a déterminé ce á quoi il faut être fidèle.

La raison, l'intelligence, la créativité, la vérité, ou la sagesse est cependant inutile sans la volonté morale ou la force morale de la suivre. De l'autre côté, être moral ou vertueux basé sur l'ignorance ou des mensonges est soit une perte de temps soit un danger dépendant de la situation.

De surcroît, la manière dont la raison peut aider la volonté et donc la moralité est de loin supérieure á la manière dont la volonté peut aider la raison. Il n'est pas très difficile de *vouloir* raisonner. Mais lorsque la raison réussit á découvrir des vérités importantes, la volonté peut devenir si dopée que des individus et des sociétés deviennent capables d'accomplir de grandes choses pour atteindre le bonheur.

A la lumière de ces explications, on peut voir qu'Hermès Trismégiste, l'auteur de Jean 1, et celui de Proverbes 8 ont eu raison d'appeler la Raison ou la Parole ou la Sagesse le premier-né de Dieu, donneuse de vie, ainsi de suite. Ces explications montrent aussi le caractère incorrecte de la déclaration de Schopenhauer que la moralité au lieu de la raison est l'élément fondamental de la nature humaine. De plus, sa théorie ne peut trouver personne qui soit parfaitement morale.

La moralité parfaite n'est possible que s'il y a la raison ou la vérité parfaite. Si Schopenhauer avait laissé la raison développer son potentiel entier, il aurait découvert la manière d'obtenir sa personne morale parfaite.

De même, la position de Hume, de Freud, et de Darwin que les passions et les impulsions sont les dirigeants du psychisme humain et qu'elles sont incontrôlables par la raison n'est pas admissible. L'exemple de Hume que les gens sont plus attachés aux membres de leurs familles et les favorisent par rapport á des étrangers malgré la raison á une faiblesse importante.

En effet, ce qu'il ne semble pas percevoir est que la raison de traiter les étrangers équitablement n'est pas apparente tandis que la raison de favoriser les parents l'est. Hume n'a pas constaté que les gens favorisent leurs familles pour certaines raisons et qu'en fin de compte la raison est a la racine de ses observations.

Il aurait dû savoir que lorsque certaines raisons sont plus fortes que d'autres, avec l'exception de la folie et du mal, ces raisons supérieures prévalent. Il est possible d'assister á l'émergence d'une raison si forte qu'elle permet aux individus de pratiquer l'égalité. C'est l'un des buts fondamentaux du présent ouvrage car *l'égalité est un déterminant majeur de la société la plus heureuse.*

Les principes légaux sont des instruments déterminés par la raison[ou la parole]pour aider á l'établissement de la moralité et des vertues. C'est l'origine des lois; du Code d'Hammurabi aux 10 commandments, aux constitutions modernes, et aux lois secondaires. L'éducation, l'apprentissage, la pratique, la prière, la méditation, la religion, la spiritualité, la psychologie, la philosophie, la théologie, etc… sont d'autres instruments importants de la raison.

L'amour et les plaisirs sont les buts ultimes de la raison, de la moralité, des vertues, et de toutes les disciplines juste mentionnées. *La raison démarre la vie et l'amour fondamentalement permet sa jouissance.*

La théosophie est correcte lorsqu'elle dit que la raison façonne les désires et la volonté. P.M.S. Hacker formula la même vue en affirmant que les humains agissent á cause de certaines raisons et pas simplement en suivant l'instinct [passions] et sont ainsi des êtres moraux et légaux qui connaissent le bien du mal. Ils sont donc soient en bonne santé soient malades de corps ou dans l'âme ou les deux. L'esprit est aussi impliqué dans le bien être individuel en tant que le troisième élément de la *nature triadique humaine*.

La bonté comprend la raison, les lois, la moralité, et l'amour. Elle á plusieurs niveaux. Le plus grand bien possible est la perfection. Aristote avait vu juste en associant la bonté et le *bonheur*. Le bien le plus grandprésuppose la raison, les lois, la moralité, et l'amour les plus grands. Il est stuppéfiant de voir dans le livre de la Genèse que chaque fois que le Dieu de l'Ancien Testament crée, il ajoute que cela est bon et même très bon dans le cas des humains.

Le *mal* est l'opposé du bien [mauvaise raison, lois injustes, immoralité, et amour peinant]. Il a aussi plusieurs niveaux. Les e*rreurs* constituent la frontière entre le bien et le mal. Les personnes responsables d'erreurs sont celles qui causent des dommages involontairement, á cause d'une raison sous développée, ou parce qu'elle sont ignorantes de la loi divine.

Ceux qui causent des dommages en étant intelligents ou en connaissant la loi sont ceux qui sont maléfiques. Les plus maléfiques sont ceux qui créent plus de dommages avec une grande intelligence. Le mal est une sorte de '*cancer de l'âme.*' C'est la raison pour laquelle un ange de grande sagesse fut appelé le Diable lorsqu'il devint corrompu [Ezéchiel 28].

La narration de la Bible sur le Diable résumée par Chercheur en conjonction avec d'anciens mythes en particulier celui de Mésopotamie et de Babylone dans *Demeure des Divinités* montreque l'affirmation théosophique que la jalousie est le principe de base du mal est véridique. Une compréhension profonde de la nature de l'humanité, de l'univers, et du Divin a le pouvoir d'éliminer la jalousie destructive laissant seulement un désir sain pour le progrès individuel et collectif.

La notion religieuse du péché comprend á la fois les erreurs et le mal. Les erreurs sont des péchés mineurs et le mal englobe les péchés majeurs.

La liberté est la possibilité de progrès dans le bien sans obstacles. Toute opposition á la raison, á la moralité, á l'amour, aux lois, á l'éducation, á la spiritualité etc…, au niveau individuel ou social est une violation de la liberté. Les humains devraient êtres libres d'être intelligents, libres d'êtres vertueux, libres d'aimer, et libres d'apprendre.

La liberté peut être élargie aux erreurs mais pas au mal car aucune personne maléfique n'est libre. Puisque cette dernière n'apprécie pas d'être victime d'autres individus maléfiques [avec l'exception de la folie], cela signifie que les personnes maléfiques sont prisonnières du mal.

Parce que les gens ne peuvent pas être libres d'être mauvais envers d'autres selon le dicton *"Votre liberté s'arrête lá où commence celle d'autrui"* et parce qu'être maléfique envers soi-même est inconcevable ou de la pure folie, il n'y a rien de telle que la liberté d'être maléfique. La liberté vraie est contenue dans la Règle d'Or qui stipule de traiter les autres comme on aimerait être traité [fin de Lévitiques 19 : 18, Matthieu 22 : 39], et dans plusieurs autres écritures].

Le reste de la description de l'âme sera présentée dans les sections suivantes.

Réincarnation, résurrection, ciel, et enfer

La réincarnation est la théorie acceptée et promue par de nombreuses écoles spirituelles comme le Temple du Peuple [de la théosophie], le rosicrucianisme, l'hindouisme, ainsi de suite. Elle inclue la théorie de la résurrection. Aussi longtempts que le processus de résurrection n'est pas achevé disent-elles, l'âme a besoin de se réincarner. Plusieurs savants en religions et en spiritualité soutiennent cette doctrine. Manly Hall est l'un d'eux.

Néammoins, il y a aussi d'autres religions, écoles spirituelles, et des individus qui rejettent le concept de réincarnation et le remplacent par une pure théorie de la résurrection qui stipule que l'âme ne revient pas sur terre mais reste dans le monde spirituel pour récolter les conséquences de sa vie terrestre. De nombreuses dénominations chrétiennes, l'Islam, et le Mouvement de l'Unification ont cette croyance même si ce dernier combine deséléments de la réincarnation et de la résurrection.

Du point de vue de Chercheur, la doctrine de la réincarnation a plusieurs défauts. Il est vrai qu'elle peut apparaître non-sectaire, juste, et révélatrice comme le disent les rosicruciens. Mais, la résurrection peut être présentée comme étant plus logique, plus compréhensible, plus juste, et encore moins sectaire.

Avant de jeter une nouvelle lumière sur la résurrection, il est important de mettre en relief les défauts de la théorie de réincarnation.

Premièrement, l'argument de la perte de la mémoire des incarnations passées n'a pas encoreété indubitablement vérifié. Certains considèrent les résultats des thérapies des vies-passées comme la preuve expérientielle requise.

Centré sur les cas d'altération de la mémoire comme dans la maladie d'Alzheimer, on peut accepter la possibilité que les mémoires puissent être altérées ou bloquées. Lorsque les thérapies des vies-passées sont ajoutées, l'argument devient plus fort. Mais il y a une différence significative entre l'Alzheimer et des maladies du même genre d'un côté et la réincarnation de l'autre.

Dans le premier cas, une écrasante majorité d'humains est d'accord qu'il y a eu une perte de mémoire et peut expliquer a peu près "le pourquoi et le comment." Dans le cas de la réincarnation, seules quelques personnes sont d'accord sans pouvoir la justifier de manière satisfaisante. La plus grande preuve expérientielle jusqu'ici est celle donnée par le cas Jiddu Krishnamurti de la théosophie. Mais cet exemple s'est montré non valable.

Certains leaders de la théosophie comme Annie Besant et Charles Leadbeater avaient affirmé publiquement au début du 20ème siècle que Krishnamurti était la réincarnation d'une figure messianique, précisement de Jésus. Mais Rudolph Steiner, un autre leader théosophique du temps ainsi que d'autres théosophes désapprouvèrent fortement. La situation alla jusqu'á amener une division interne dans la théosophie. Quelques temps plutard, Krishnamurti lui-même nia être un messie réincarné.

Si des défenseurs avancés de la réincarnation comme Besant, Leadbeater, et leurs supporters ont fait ce genre d'erreur, qui d'autre peut-on croire sur ce sujet surtout lorsque de nombreux et sérieux arguments sont en sa défaveur?

Une autre manière répandue de présenter l'argument de la perte de mémoire est l'affirmation qu' *'entraîner la perte de mémoire est un acte de bienveillance et de compassion de Dieu qui aide l'âme réincarnée á éviter l'influence négative des mémoires d'une vie précédente lorsque cette âme essaye une nouvelle vie.'*[23] Ainsi, pour Steven Rosen, si l'accès aux mémoires des vies passées n'était pas bloqué, les personnes développeraient difficilement des relations avec de nouvelles familles et de nouveaux amis et apprendraient difficilement les leçons nécessaires.

Cette justification de la perte de mémoire n'est pas non plus valide. Si la société est bien organisée, les gens peuvent apprendre toutes les leçons nécessaires en une seule vie terrestre. Il est plus logique d'accepter le développement humain grâce á l'établissement d'une meilleure société [théorie a] qu'á travers la réincarnation [théorie b]. La théorie a est plus réaliste que la théorie b qui est nébuleuse.

Dans une seule vie, une personne peut établir un grand nombre de relations. C'est le cas des vedettes de pop qui sont en contact avec leurs familles, des amis rapprochées, et des millions d'admirateurs. La difficulté que plusieurs artistes fameux rencontrent n'est pas due au besoin de perte de mémoire par rapport á certaines de ces relations. Leur problème est qu'ils/elles ne savent pas comment établir des relations qui sont toutes en

---

[23]Steven Rosen, *The Reincarnation Controversy: Uncovering the Truth in the World Religions*(Badger, CA: Torchlight Pub, 1997), p 13.

harmonie et comment complètement supprimer tout danger qui pourrait venir d'elles.

De plus, il y a des cas d'adoption dans lesquels l'enfant se souvient de ses premiers parents sans devenir un problème pour la société. Plus encore, il est possible d'enseigner aux gens une façon de concevoir la vie qui dissiperait toutes les craintes des défenseurs de la réincarnation.

En effet, une nouvelle philosophie peut apparaître et renforcer les âmes des êtres humains avec une vérité, une sagesse, et un amour si puissants qu'ils deviendraient capables de gérer n'importe quelle relation. La réincarnation ne devrait pas être une réponse au déficit de philosophie ou de créativité.

Mieux encore, toutes les incarnations ne sont pas supposées donner nécessairement de mauvais résultats. Il peut y avoir des situations dans lesquellesles personnes n'atteignent pas la perfection mais vivent une vie positive avec beaucoup de leçons apprises. Pourquoi les mémoires de tels individus seraient-elles aussi bloqueés? Pareilles mémoires seraient des atouts plutôt que des sources de problèmes. Dans ces conditions, provoquer des pertes de mémoires ne serait pas un acte de gentillesse de la part de Dieu mais quelque chose de pas sage ou une caprice qui prive des gens de qualités et habiletés utiles á tout le genre humain et á l'univers.

Pour toutes les raisons précédentes,la perte de la mémoire ne peut être utilisée pour supporter la réincarnation.

Un *second argument* contre la réincarnation réside dans l'argument de la *double analogie supportée* par une preuve scripturaire que Chercheur á aussi élaboré basé sur des informations déjà existantes et la méditation.

La première analogie est celle de l'huile et de l'eau qui est semblable á celle des moutons et des chèvres utiliséedans le livre d'Hénoc, par les anciens prophètes d'Israël, par Jésus, et par les chrétiens. Elle est aussi similaire á la parabole du blé et de l'ivraie de Jésus [Matthieu 13: 24- 30]. D'autres versions pourraient être intitulées: moutons-loups, moutons-bêtes féroces, agneau-dragon, enfant-dragon, etc…

Lorsqu'une certain pression est utilisée pour introduire des gouttes d'eau et d'huile dans un récipient á partir du bas, les gouttes d'eau forment une couche et celles d'huile une autre couche au-dessus. Avec le temps, la couche d'eau devient plus épaisse et chaque nouvelle goutte d'huile traverse une distance plus longue pour atteindre la couche d'huile.

Mêmement, les chèvres, les loups, l'ivraie, les bêtes féroces, et le dragon posent un problème respectivement aux moutons, au blé, á l'agneau, et á l'enfant. Mais après une période de temps donnée, ils sont séparés. L'analogie de l'huile et de l'eau explique pourquoi la mer et les vagues jouent parfois un rôle négatif dans la Bible comme dans les psaumes et l'histoire de Jonas et pourquoi l'huile est utilisée pour l'onction divine. Ceci produit aussi, comme l'expliquent certains enseignants, une explication pour Marc 4: 35-40 où Jésus calma la mer enragée et pour Marc 6: 47-48 où il marcha sur l'eau.

De la même façon, après un certain temps de vie sur la terre, les bons esprits et les mauvais esprits sont séparés et vivent dans deux sphères différentes dans le monde spirituel: le ciel et l'enfer. Chercheur pense que certaines descriptions du ciel et de l'enfer sont symboliques tandis que d'autres sont litérales et que la philosophie, la méditation, et l'expérience aideraient á les rendre plus précises.

La seconde analogie contre la réincarnation est la version détaillée de la première. Il s'agit de l'analogie des poids des particules qui correspond á la parabole du semeur de Jésus [Matthieu 13: 1-9].

Lorsque des particules de poids variés sont mises dans de l'eau, les plus lourdes vont au fond et les plus légères á la surface. Mais le nombre de couches n'est pas limité á deux. En fait il y a plusieurs couches. Les couches supérieures représentent le ciel et celles inférieures représentent l'enfer. Le Coran enseigne sur l'existence de sept cieux [41: 12] et Paul dans le Nouveau Testament parle d'au moins trois cieux [2 Corinthiens 12: 2] .

Dans la parabole de Jésus, les différentes sortes de sols recevant les grains du semeur [sentier, le terrain rocailleux, le sol avec des épines, et le sol fertile] correspondent aux couches multiplesde particules. Additionnellement, certains sols sont plus fertilesque d'autres.

Les supporters de la réincarnation pourraient dire que la double analogie supporte la résurrection mais ne contredit pas la réincarnation. C'est pourquoi il faut ajouter le passage biblique de 1Pierre 3: 18-20 qui montre comment les pécheurs du temps de Noé n'ont pas été réincarnés mais ont attendula Parole de Dieu qui pourrait les transmuter ou les ressusciter á un niveau plus élevé.

Il y a un *troisième argument* contre la réincarnation. Selon cette vue, *une graine qui est devenue une plante ne peut être plantée á nouveau.* Une ancienne graine retourne au sol seulement á travers les nombreuses nouvelles graines que la plante produit.

Ceci introduit le concept d'hérédité qui explique pourquoi certains passages de la Bible parlent des *vies des ancêtres influençant celles de leurs descendants*et pourquoi les religions traditionnelles africaines, celle des indiens natifs des amériques, le shintoïsme, le bouddhisme, et le Mouvement de l'Unification pensent que *la manière de vivre des descendants peut influencer les ancêtres déjà décédés.*

Ceci est aussi la base pour l'adoption, l'enseignement, et la vénération d'anciens maîtres dans les religions orientales et africaines et de la considération des saints et prophètes dans le Judaïsme, le catholicisme, et l'islam.

Cependant, la même Bible enseigne aussi en Ezéchiel 18: 2-4 qu'á un moment donné, le Dieu de l'Ancien Testament n'a pas tenu certains descendants responsables des péchésde leurs parents.

Chercheur ne pense pas que les arguments centrés sur la croissance de la population et l'identité individuelle doivent être utilisés contre la réincarnation. En effet, le nombre total d'âmes est très élevé et les âmes s'incarnent les unes après les autres. Donc, avec ou sans les réincarnations, il pourrait y avoir une croissance de la population mondiale. La croissance ou la réduction de la population est plutôt une conséquence des philosophies et des politiques de la société humaine.

La raison humaine peut élaborer une philosophie de la vie qui peut aider á garder le nombre de personnes qui vivent sur terre en un temps donné dans une limite raisonable. Le 21ème siècle par exemple est une période où cette philosophie est requise.

L'argument de l'identité n'est ni pour, ni contre la réincarnation parce que même sans cette réincarnation, l'apparence externe et la nature de l'âme correspondante peuvent changer rendant l'identification de la personne très difficile.

Néammoins, il y a un *quatrième argument* contre la réincarnation qui sera présenté après une revue des différentes théories sur la résurrection. *Son but est de montrer que la résurrection est encore plus morale et plus juste que la réincarnation.*

Il est important de noter que les défenseurs de la réincarnation ne rejettent pas la résurrection mais la considèrent comme un élément de la réincarnation en même temps que son but final. Par exemple, pour le Temple du Peuple, la vie terrestre est utilisée pour la transmutation ou la résurrection de l'âme vers le stade supérieur de divinité.

A cause de tous les arguments donnés contre la réincarnation, seule une théorie pure de la résurrection ou de la transmutation ou d'alchimie tient. Puisqu'il n'y a pas suffisamment de raisons pour justifier la réincarnation á ce moment de l'histoire humaine, elle reste juste une hypothèse avec une tendance plus vers l'infirmation que vers la confirmation. Mais les chercheurs doivent toujours garder une ouverture d'âme et considérer toute explication ou expérience nouvelle mentionnant la réincarnation.

Les personnes et les religions qui défendent la résurrection ne sont pas toujours d'accord sur les détails. Ce qui ressuscite est souvent un élément de division. Paul en 1 Corinthiens 15: 42-54 pense que les corps physiques ressuscitent, pas pour être des corps physiques comme ils étaient mais transformés en corps spirituels. Mais pour l'islam, les corps physiques réscussitent en tant que tels [Coran 41: 39 et 79: 10-14].

Dans les chapitre 14 et 20 de *Vous Pouvez Vivre Eternellement*, Les témoins de Jéhovah affirment qu'une petite partie de l'humanité, les 144

000, règnera avec Jésus des cieux et sera dotée de corps spirituels. Parmi le reste, ceux qui auront vécu une bonne vie recevront de nouveaux corps physiques identiques á ceux qu'ils avaient tandis que ceux qui ont été mauvais ne ressusciteront pas du tout á cause de l'enseignement contenu dans Jean 17: 12, Matthieu 23: 33, Matthieu 12: 32, Hébreux: 4-6, et Hébreux 10: 26-27.

Les unificationistes dans le chapitre 5 de leur *Principe Divin* et dans d'autres documents expliquent que la résurrection á lieu lorsqu'une personne vie encore sur terre dans la chair et qu'elle ne peut se produire sans la présence du Messie qui est l'antidote du péché originel qu' Adam a amené dans le monde selon Paul.

Par conséquent, la première venue de Jésus était l'opportunité pour le peuple de ce temps de ressusciter complètement tandis que les personnes qui ont vécu avant lui, qu'elles soient bonnes ou mauvaises, retournent á la terre pour ressusciter aussi en aidant ceux qui avaient encore des corps physiques á accomplir leurs missions. Mais il est plus facile aux gens qui ont été bons de recevoir des opportunités de coopération.

Les unificationistes ajoutent que puisque Jésus a été mal compris, il n'a pas pu donné á l'humanité tout ce qu'il avait et doit revenir. Ainsi, malgré le fait que son premier travail ouvrit la voie pour la résurrection á un niveau supérieur, ce travail doit être amélioré á sa seconde venue.

Pour le Mouvement de l'Unification, le corps physique est nécessaireá la résurrection parce qu'il aide la construction ou la croissance du corps spirituel en lui envoyant des éléments vitaux obtenus par les bonnes actions.

Cependant, cette insistance unificationiste sur le corps physique n'est que relative puisque dans un développement ultérieur du mouvement sont apparus des enseignements que des séminaires et conférences sont conduits dans le monde spirituel pour aider les gens á élever leurs niveaux spirituels.

Dans la théologie de Paul, le problème est qu'en réalité, les corps spirituels ne sont pas le résultat de la transformation des corps physiques comme il le dit. La transfiguration de Jésus l'a probablement mal inspiré. Paul n'a pas été en mesure de savoir quelle partie de lui a visité le ciel pendant sa vie terrestre [2 Corinthiens 12: 2-4]. Augustin est un géant du christianismeaux côtés de Paul, mais sur le sujet de la résurrection, son point de vue qu'il exprima dans la *Cité de Dieu*[24] est différent de celui de Paul.

A partir de toutes les informations données sur l'esprit et l'âme, les Témoins de Jéhovah, les musulmans, et tous ceux qui ont admit la résurrection du corps peuvent voir qu'en fait c'est l'esprit qui ressuscite ainsi que l'âme.

Lorsque l'opinion islamique est analysée, elle apparaît difficile á croire, puisque plusieurs philosophes ont notéqu'il serait difficile que les anciens corps physiques reviennent á la vie. En effet des éléments qui avaient composé un certain corps sont ultérieurement assimilés par d'autres corps humains et même par des animaux et des plantes sur des millénaires. En plus, la science moderne montre que les éléments du corps sont renouvelés tous les sept ans.

Les Témoins de Jéhovah ont perçuce problème que la croyance dans la résurrection des corps pose. C'est pourquoi ils ont affirmé dans leur théologie qu'á la resurrection, les personnes reçoivent de nouveaux corps physiques grâce á la puissance de Dieu. La difficulté ici est que ce point de vue *"force"*Dieu á accomplir un miracle á l'échelle mondiale en ressuscitant des milliards de corps physiques.

Evoquer des miracles pour supporter une idée alors que des explications raisonnables et naturelles existent ne peut être une position acceptable. La plupart de la description de l'âme et de l'esprit offerte dans le présent volume n'a pas été considérée par les Témoins de Jéhovah ou a été mal

---

[24]Augustine, and Marcus Dods,*The City of God, (Translated <And Edited> by Marcus Dods.* 1949), p 326.

comprise par eux. Si cette information est bien analysée, ils pourraient éventuellement revoir leur position.

Voici une analyse orientée qui s'addresse aux arguments majeurs mis en avant par les Témoins de Jéhovah pour justifier une croyance dans la résurrection du corps. Dans cette analyse, les arguments basés sur les '*si*' ou '*dans des conditions idéales*' ou '*miracles*' ne seront pas considérés parce que n'importe quelle système philosophique ou théologique peut utiliser ces expressions pour défendre n'importe quelle position.

Par conséquent, l'explication qui suit collera á ce qui est réel, ce qui est raisonnable, et á comment les écritures peuvent être associées á la réalité et á la logique pour supporter un point de vue. Les prochains paragraphes analyseront et commenteront les passages bibliques mis en relief par les Témoins de Jéhovah.

Ces passages sont organisés autour de thèmes comme: '*Preuves que les humains sont supposés vivreéternellement sur terre,*' '*Il y a t-il un au-delá pour les humains et les animaux?*' '*Exemples de résurrection du corps,*' '*Scheol, Hades, Géhenne, Lac de Feu, et Enfer,*' '*Les 144 000,*' '*La résurrection de du juste et de l'injuste,*' et '*Le cas des personnes mauvaises.*'

Raisons additionnelles pour ne pas croire en une vie éternelle sur terre

1- Il ne peut être dit que la terre fut crée pour subvenir á tous les besoins des humains parce que cela rendrait le ciel et le reste de l'univers inutiles. Croire aussi que les autres étoiles et systèmes planétaires existent juste pour être observés ne serait pas non plus approprié.

2- Psaumes 115: 16
Ce verset ne signifie pas qu'un être humain particulier vivrait éternellement sur terre. Il concerne l'espèce humaine en général et serait véridque tant que des humains naîtraient sur la terre; pas nécessairement lorsque des humains particuliers ne meurent pas. La succession des généra-

tions est confirmée par Job 14: 1-2 qui déclare que la vie de tout individu né de femme est courte [temporaire].

3- Psaumes 139: 14
Etre une créature merveilleuse n'est pas synonyme de vie éternelle

4- Esaïe 45: 18 et Psaumes 37: 29
Aussi longtemps qu'il y a des personnes qui sont justes sur terre, ce verset garde son sens; pas nécessairement lorsqu'une personne juste particulière comme Mr. Y ou Mdme X ne meurt jamais.

A propos des exemples bibliques de résurrection

Toutes les personnes ressuscitées dans la Bible sont des morts frais [depuis quelques jours au maximum]. Elles n'étaient pas mortes depuis des millénaires, décomposées, et massivement réssuscité par le Dieu Invisible.Si des investigations médicales et spirituelles rétrospectives et prospectives étaient sérieusement conduites, les actions de Jésus appelées miracles pourraient être accomplies.

Versets confirmant l'existence de l'esprit et du monde spirituel

Zacharie 12: 1: Dieu *forme* un esprit au sein de chaque humain
1 Pierre 3: 18: existence du monde spirituel où Jésus alla prêcher
Luc 9: 30 et Deutéronome 34: 5: Moïse qui était mort continua d'exister en tant qu'un esprit. Il n'était pas seulement son corps physique
Ecclésiaste 9: 5 et 10, Ecclésiaste 3: 19-20, et Psaumes 146: 3-4 semblent indiquer qu'il n'y a pas de pensées après la mort et pas de différence entre humains et animaux dans la mort. Lorsque l'on lit comparativement

Ecclésiaste 9: 10 et Ecclésiaste 3: 20, il apparaît que l'attention de l'auteur est sur la tombe et la poussière.

Apparemment, l'auteur d'Ecclésiaste n'était pas au courant que Moïse qui était mort continua d'exister et qu'il apparaitrait á Jésus. Plus encore, le livre entier de l'Ecclésiaste ressemble au travail de quelqu'un de découragé et de déprimé dontla sagesse est emousséepar une vie de plaisirs. Il semble mieux apprécier les joies des sens physiques. Comment la sagesse divine peut-elle demeurer en une telle personne?

La question de l'âme animale sera abordéedans les prochaines pages. Les défenseurs de l'idée selon laquelle il n'y a pas de mémoire après la mort devraient se souvenir que Jésus n'a jamais enseigné pareille chose.

Au contraire, il dit dans Matthieu 22: 30 qu'à la resurrection, les gens seront comme des anges dans le ciel impliquant le caractère spirituel et non-physique de la resurrection. Dans le verset suivant il insinua que bien qu'Abraham, Isaac, et Jacob soient physiquement morts, ils sont quand même vivants confirmant 1 Pierre 3: 18 qui affirme que les gens du temps de Noé ont continuer d'exister dans le monde spirituel de même que l'apparition de l'esprit de Moïse après sa mort physique.

Jésus a ressuscité physiquement des morts frais, mais sa vision sur la resurrection globale est spirituelle.

Scheol, Hades, Géhenne, Lac de feu, et Enfer

Les noms par lesquelles certaines réalités sont appeléespeuvent varier d'une personne á une autre et d'une philosophie ou d'une religion á une autre. Ce qui est important ici est que les tombes existent comme les Témoins de Jéhovah l'affirment; que l'enfer existe comme expliqué dans l'argument de la double analogie plus le verset biblique précédemment présenté;et que le Lac de Feu est purificateur, pas destructeur [voire *Demeure des Divinités*].

Comme le Temple du Peuple l'a déclaré et comme le montre la Bible, il y a un Feu Saint Divin encore appelé le Saint Esprit qui ne consume pas mais purifie.

Les 144 000

Manly Hall explique dans *The Secret teachings of All Ages [Enseignements Secrets de tous les Ages]* que ce nombre est un code, un symbole de l'humanité représenté par le chiffre 9. Une addition de ses éléments montre que 144 000 est 9. Comme Hall l'a souligné, l'auteur du livre de Révélation était certainement familier avec le langage esotérique crypté. Le prophète Daniel était aussi une personne de ce genre [Daniel 12: 9]. Les deux auteurs ont communiqué avec les anges selon les écritures.

La résurrection du juste, de l'injuste, ou de l'individu maléfique a déjà été expliquée par la double ananlogie contre la réincarnation. La purification par le Lac de Feu est renforcée par l'idée de l'enseignementde Jésus aux esprits mauvais du passé.

Avant d'aborder la compréhension unificationiste de la résurrection, il est important de mieux décrire le nombre 144 000. Ce nombre est composé de 144 et de trois zéros [000]. Puisque l'addition des chiffres de 144 donne 9 et puisque 9 représente un être humain pour d'autres raisons encore qui émergeront dans les prochaines paragraphes, 144 000 signifie 1000 humains ou 10 000 humains …..ou toute l'humanité. Donc c'est toute l'humanité qui sera sauvée.

Dans l'ordre d'apparition des nombres, 144 est le deuxième á avoir le plus de diviseurs après 120 et cette seconde place est seulement dûe au fait que 12 est un diviseur qui se répète donnant un total de 15 diviseurs pour 144 contre 16 pour le nombre 120. En effet, les diviseurs de 144 sont 1, 2, 3, 4, 6, 8, 9, 12, 16, 18, 24, 36, 48, 72, et 144 et ceux de 120 sont 1, 2, 3, 4, 5, 6, 8, 10, 12, 15, 20, 25, 30, 40, 60, et 120.

Il faut attendre le double de 120 [240] pour trouver un nombre qui a clairement plus de diviseurs que 144. L' attention est portée sur les diviseurs de 144 pour plusieurs raisons.

La première est que le nombre élevé de diviseurs autorise une grande variété de structurations et de fonctionalités ou d'expériences sur une petite échelle. Les nombres 12, 9, 3, 24, 36, 72, et144 lui-même doivent être particulièrement analysés.

Puisque $144 = 12^2$, 12 peut être considéré comme un de ses diviseurs fondamentaux ou une de ses unites fondamentales. En effet, 144 "apparaît" parfaitement centrésur 12 de façon interne comme externe.

Sur le plan interne, 12 correspond á un carré ou á une maison ou á une ville ou á l'univers avec un perimeter de 12, une surface de 9 et un côté de 3. Une connection avec la ville céleste de Jérusalem du livre de la Révélation [21: 1-26 et 22: 1-5] est ainsi établie. La ville est une représentation de sa population ou de l'humanité tout comme le nombre symbolique de cette population qui est 144 000. Une maison symbolise aussi un humain juste comme Jésus et Paul l'ont affirmé.

Le passage biblique juste mentionné montre que la ville de Jérusalem qui vient du ciel est le symbole d'un nouveau ciel et d'une nouvelle terre; une *nouvelle humanité*, un nouveau monde qui est bon et où tous seront heureux satisfaisant leurs besoins et étant comptés parmi les vivants puisque leurs noms seraient dans le Livre de Vie. Ainsi, la vie est connectée non seulement á une personne, mais aussi á la maison, á la ville, au monde, et á l'univers.

Révélation 21: 17 montre que la mesure de la muraille de la Nouvelle Jérusalem est 144 qui est une mesure d'homme confirmant que 144 symbolyse l'homme, la ville, et l'humanité.

Le périmètre 12 représente les 12 portes [3 de chaque côté] qui entourent la surface 9. Ceci est la première indication que 12 est externe et que 9 est interne. La ville du livre de Révélation á 12 portes. Cette indication est liée á l'espace.

La seconde indication que 9 est interne et que 12 est externe est liée au temps. Un être humain passe globalement 9 mois au sein de l'utérus maternel avant de prendre une des 12 portes de l'année [le mois] pour naître dans le monde extérieur.

Troisièmement, le spermatozoïde en forme de 9 est interne en comparaison á l'ovule. Le sytème nerveux central ainsi que le foetus ont aussi cette forme tout comme l'humain lui-même.

Il est presque certain que plus d'information sur la réalité de 12 et de 9 sera founie par la recherche. Par exemple, le rapport de Samael Aun Weor que le corps physique á 12 portes est digne d'investigation.

L'analyse précédente permet une connection avec les utilisations de 12 dans la Bible et particulièrement á propos de l'ancien peuple d'Israël. Puisque le mot 'Israël' signifie 'victorieux', il va au-delá du peuple historique d'Israël et englobe toute l'humanité ramenant au vrai sens de la cité de Jérusalem du livre de Révélation et aux 144 000.

Le nombre 3 est une unité structurelle et fonctionnelle de 12 et de 9. Ces trois nombres sont fondamentalement interconnectés. En effet, $12 = 9 + 3 = 3 + 3+3+ 3/ 1 + 2 = 3$, et $9 = 3 \times 3 = 3 + 3+3$.

Le nombre 12 introduit le nombre 24 comme un autre diviseur important de 144. Il y a 24 heures dans *un jour d'un jour et d'une nuit* [2x12; noter la relation au temps]. Dans la zone équatoriale, et aux moments des équinoxes dans la zone intertropicale [noterla relation avec l'espace], le jour dure 12 heures tout comme la nuit.

Avec 144, se manifestent aussi 36 et 72. Ces deux nombres sont internes parce qu'ils sont connectés á 9 par[3 + 6]et [7 + 2]et aussi par $36 = 9 \times 4$ et $72 = 9 \times 8$. Ils sont aussi externes car $36 = 12 \times 3$ et $72 = 12 \times 6$. 36 et 72 sont interne-externe comme 144.

La partie interne d'un cercle [l'espace] ou sa surface est liée á la fois á 36 et 72. Cette surface correspond á 10 fois 36 degrés ou 5 fois 72 degrés.

Les nombres 36 et 72 sont connectés á l'espace mais aussi au temps.

En effet 1 heure est divisible en 3600 secondes avec les degrés d'un cercle établissant une relation espace/temps ou cercle/heure ou 1degree pour 10 secondes. Le nombre 72 est connecté á 2 heures ou 7200 secondes.

Aussi un jour de 24 heures comprend 36 fois 2400 secondes, 72 fois 1200 secondes, et 144 fois 600 secondes. Un jour de 12 heures correspond á 720 minutes et un jour de 24 heures á 1440 minutes.

Si la connection entre l'humanité et le nombre 144 est évident dans le livre de Révélation dans la Bible, elle l'est moins dans le livre de la Genèse. En effet la Genèse informe que le Dieu de l'Ancien Testament a crée l'humanité au 6ème jouret 6 fois 24 heures donne 144.

Sur le plan externe, $144 = 12^2$ ouvrela voie pour analyser $12^3 = 1728$, $12^4 = 20736$, $12^5 = 248832$, $12^6 = 2.985.984$, $12^7 = 35.831.808$, $12^8 = 429.981.696$, $12^9 = 5.159.780.532$ etc…Si la géométrie montre que 12 est externe et 9 interne, á partir 144, les nombres sous forme de 12^x … montrent qu'ils sont des expressions internes de 9 á travers l'addition de leurs chiffres tout en étant des expressions externes de 12.

Il est intéressant de regarder de plus près 12^9 parce qu'il est sous la forme de l'externe elevé á la puissance de l'interne. Il semble que les nombreux progrès spirituels á un moment où la population mondiale a dépassé $12^9 = 5.159.780.532$ ne sont pas de pures coïncidences.

Revenant á l'analyse des différentes versions de la résurrection, celle des unificationistes cette fois, elle semble correcte [en dehors de la partie sur le retour des esprits qui a besoin de confirmation] jusqu'á ce que la notion de Messie soit introduite. Une explication détaillée de cette notion avec plusieurs passages bibliques a été offerte dans *Demeure des Divinités*. En bref, historiquement, 'messie' signifie une personne ointe pour sauver qu'elle soit roi, prophète, ou prêtre.

Dans la société contemporaine aussi, n'importe qui peut sauver et être messie après avoir reçu l'esprit ou la raison ou la sagesse. Il est possible que les unificationistes aient été mal guidés par les chrétiens qui á leur tour avaient été mal orientés par Paul. Une étude de la théologiede Paul révèle de profondes malcompréhensions et incohérences á propos de Jésus. La manière dont certaines paroles et actions de Jésus ont été rapportées dans les évangiles peut aussi tromper.

La thèse de Chercheur á la sortie de séminaire porta sur ces passages trompeurs, ces malcompréhensions, et ces incohérences de Paul et du Nouveau Testament en général. Certaines de ces découvertes ont été exposées dans *Demeure des Divinités* á cause du besoin de clareté. D'autres, pas tous, sont présentées dans le présent volume lorsque nécessaires.

Maintenant, comment peut-on prouver [*quatrième argument*] que la théorie de la résurrection est au moins aussi juste et morale que la théorie de la réincarnation? La base pour la réincarnation est que des opportunités additionnelles sont données aux gens pour leur permettre d'atteindre la perfection. Ceci donne l'avantage á la réincarnation sur la formulation de la théorie de résurrection qui stipule que les niveaux de spiritualité atteints sur terre sont fixés pour l'éternité et que certaines personnes brûleront pour l'éternité dans l'enfer tandis que d'autres se réjouiront pour toujours au ciel.

Cependant, dans la Bible, 1 Pierre 3: 18-20 démontre qu'il est possible á des esprits mauvais d'améliorer leurs natures et conditions. Emanuel Swedenborg mentionna aussi des cas d'intervention divine dans l'enfer.

Si la situation des morts peut s'améliorer comme le suggère 1 Pierre 3: 18-21, la résurrection est au moins aussi juste et morale que la réincarnation. La résurrection se montre même une meilleure théorie puisque les personnes répondent immédiatement de leurs actions et de façon consciente. Au contraire, dans la théorie de la réincarnation, les gens ne sont même pas certains d'être en train de payer pour des fautes commises dans une vie antérieure. Ceci á un relent d'irresponsabilité et n'est certainement pas la meilleure manière d'apprende une leçon.

Nature interne des animaux, des plantes, des minéraux, et des particules de la physique quantique; sens du panthéisme

Dans les écrits des penseurs majeurs résumés brièvement dans le premier chapitre, il apparaît que pour le professeur Bikhu Parekh, les animaux ont certaines caractéristiques en communs avec les humains. Ces propriétés communes pour Peter Hacker et plusieurs autres sont des pensées, émotions, volonté, et conscience rudimentaires. Ce sont des caractéristiques de l'âme; par conséquent l'opinion de Chercheur est que les animaux ont des âmes rudimentaires.

L'analogie du logiciel et du matériel informatique confirme que l'âme de l'animal est un logiciel moins sophistiqué que l'âme humaine. Peter Hacker mentionna á juste titre que la différence fondamentale entre l'âme humaine et l'âme animale est que les notions humaines avancées de raison et de conscience confère á l'humanité la possibilité de connaître le bien et le mal ainsi qu'un statut moral et legal auxquels les animaux ne peuvent prétendre.

Hermès Trismégiste[25] contrairement aux théosophes du Temple du Peuple et aux rosicrucians de l'AMORC supporta la théorie de la transmigration selon laquelle les âmes animales peuvent se réincarner dans des corps humains et inversement selon les conditions.

L'humanisme divin jusqu'ici s'est montré en désaccord avec la réincarnation. Il n'accepte pas non plus la transmigration comme une théorie valide. Cependant, son désaccord n'est pas basé sur le fait que les humains sont des êtres spirituels comme les rosicruciens et les théosophes l'ont affirmé.

---

[25] Clement Salaman and Hermes, *The Way of Hermes: Translations of The Corpus Hermeticum and the Definitions of Hermes Trismegistus to Asclepius* (Rochester, VT: Inner Traditions, 2000), p 47.

Chercheur pense que l'idée selon laquelle les animaux ont des âmes et des esprits est philosophiquement fondée comme le montreront les lignes suivantes. Il n'accepte pas la théorie de la transmigration parce qu'il a déjà trouvé celle de la réincarnation indéfendable. Il trouve la transmigration encore moins défendable et pense que le panthéisme ne doit pas être décrit de cette manière.

Il est évident que les animaux ont des âmes. Mais ont-ils aussi des esprits? Si oui, est-ce-que ces esprits et ces âmes animaux survivent après la mort physique comme dans le cas des humains?

Les animaux ont des corps physiques et des âmes rudimentaires qui ont des interactions avec les humains. Si les humains ont des corps spirituels qui vivent dans le monde spirituel après la mort physique, il n'est pas incongru de penser que les animaux aussi ont des corps spirituels qui ont des interactions avec les esprits humains dans le monde spirituel. Par conséquent le postulat de l'existence d'esprits animaux á une base logique [ayant du sens] et est téléologique [ayant un but].

Chercheur pense que les animaux ont des corps spirituels qui supportent leurs âmes comme leurs corps physiques de la manière dont un matériel informatique supporte un logiciel informatique. L'argument majeur qui lui manque pour valider complètement cette opinion est celui qui est expérientielle ou empirique: une observation directe de l'esprit animal tout en se souvenant que des courants spirituels comme celui des indiens natifs des amériques ont affirmé avoir cette preuve expérientielle. La recherche spirituelle devrait se développer pour permettre á tous les humains de faire cette observation.

Avant cette étape, on peut ajouter plus de preuves philosophiques et théologiques.

La différence fondamentale entre l'humain et l'animal n'est pas que le premier est spirituel [énergétique] alors que le second ne l'est pas. La différence réside dans le pouvoir transformateur de l'âme humain qui est supérieur de loin á celui de l'animal.

Grâce á leurs âmes, les humains influencent significativement leurs corps physiques ainsi que le monde physique. De la même manière, ils sont capables de se transmuer ou de ressusciter en augmentant le pouvoir de l'âme pour atteindre le niveau d'êtres divins. La conséquence pour l'esprit humain est qu'il se développe harmonieusement, puissamment, et avec beauté. C'est l'explication derrière l'enseignement selon lequel les corps spirituels des humains avancés sont glorieux, lumineux, et impressionnants comme le montre la transfiguration de Jésus.

Tout comme les animaux, les plantes et les minéraux ont des corps physiques, des esprits, et des âmes de plus en plus primitives. L'âme est le programme, le logiciel qui influence profondément le développement des deux sortes de corps. Les programmes ou âmes selon lesquels les plantes et les minéraux se développent viennent aussi de Dieu.

La définition du panthéisme selon Chercheur est que tous les êtres ont des corps [physiques et spirituels] qui interagissent les uns avec les autres et des âmes ou programmes ou logiciels qui interagissent également. L'âme d'un être sur un plan donné d'existence peut influencer les âmes, les esprits, et les corps physiques d'autres êtres vivants dans le même plan ou dans un monde différent.

Similairement, les corps aussi influencent les âmes. L'idée panthéiste de Chercheur est une communauté ontologique [existentielle] et téléologique [avec but] d'êtres de plans divers [humain, animal, végétal, minéral, quantique, angélique, Divin] en Dieu. Le mot 'Divin' ici est en rapport avec Dieu, la Superconscience ou Supraconscience [voir Samael Aun Weor]ou l'Ame Universelle. L'expression *'en Dieu'* signifie *'en Dieu dans le sens de la plus large définition de Dieu'* qui inclue l'Ame, les autres êtres, les énergies ou substances spirituelles, et les matières physiques.

La question des jumeaux

La question des jumeaux peut apparaître difficile mais elle est en faite simple. Plusieurs catégories de jumeaux existent philosophiquement parlant. Les jumeaux sont des corps physiques et/ou des esprits et/ou des âmes qui se ressemblent. Ils peuvent se manifester durant la même époque et dans le même lieu ou appartenir á des temps et lieux différents.

Par exemple, une personne née dans la Grèce ancienne peut avoir l'apparence d'un américain et deux personnes nées de parents différents et dans deux pays différents peuvent avoir le même état d'âme. Aussi, deux jumeaux nés des mêmes parents ont des âmes différentes comme le montre leurs différences en matière de goûts et de choix. Dans certains cas, ces âmes ont beaucoup de caractéristiques en communs.

Hérédité, culture, et nature humaine

L'hérédité et la culture déterminent et sont déterminées par les êtres humains. Toutes deux font partie de leur nature. La culture est est une forme d'hérédité et l'hérédité est une forme de culture. Donc, dans le sens le plus large, la folie, le mal, et la maladie sont naturelles. En d'autres mots, elles font partie des expressions possibles de la nature humaine. La question fondamentale ici est de savoir quelle nature les humains veulent-ils exprimer?

Lorsque la raison est mise á contribution, elle détermine que les humains veulent exprimer leur nature d'une manière qui conduise au bonheur. Ceci exclu la folie, le mal, et la maladie. Conséquemment, la nature humaine est fondamentalement la raison ou la vérité, l'amour, la bonté, la santé, et le bohneur.

La culture et l'hérédité sont des instruments ou des systèmes de contrôle á courte ou longue portée qui façonnent et sont façonnés par la nature humaine dans son sens fondamental comme dans son sens large.

Astrologie, prophécie, prédestination, destin, déterminisme, non-déterminisme, et le caractère non nécessaire de la peine

La prédestination, le destin, la prophécie, et l'astrologie sont des concepts qui sont utilisés dans des écritures, des religions, des écoles spirituelles, et des philosophies diverses pour décrire le fait que certains facteurs [lois, événements, etêtres] influencent les vies des êtres humains sur terre.

Par exemple, Clement Salaman dans *The Way of Hermes* rapporte que pour Hermès Trismégiste et ses disciples, l'astrologie est basée sur la notion que les étoiles et les planètes sont guidées par des êtres spirituelles ou énergétiques de la catégorie des anges qui influencent la nature [éducation de l'âme et constitution du corps] des humains sur terre selon leur dates de naissance.

Ces dates de naissances correspondent á des périodes d'influence ou de positionnement ou de visibilité d'étoiles et planètes particulières. Le lieu de naissance á aussi une importance astrologique parce qu'il intervient dans la détermination du signe ascendant et du signe lunaire. Daniel 10: 20-21 dans la Bible montre clairement que certains anges sont assignés á certaines régions. L' astrologie est logique [*logique des astres*] et de nombreuses prédictions et descriptions *astrologiques* se sont montrées correctes. Ceci est l'évidence que l'astrologie n'est pas une théorie vide.

Cependant, Hermès lui-même reconnut que les humains sont gouvernés par des étoiles ou des anges seulement lorsque leur âmes individuelles ne sont pas suuffisamment puissantes pour s'auto-diriger dans un monde où de nombreux élémentssont utiles mais peuvent aussi nuire lorsque mal compris ou mal utilisés.

Dieu, les anges, les animaux, les plantes, les minéraux, et les particules de la physique quantique servent temporairement de guides et donneurs de leçon pour l'humanité. C'est le *déterminisme ou prédéterminisme fonctionnel* dans son sens le plus large. *Le prédéterminisme structurel* s'explique par le concept du préformationisme idéologique ou préformationisme de l'âme.

Connaissant la manière dont les anges, les animaux, et autres types d'êtres fonctionnent et influencent, une personne doit devenir libre de ces influences en particulier de celle des anges et être guidée uniquement par Dieu [la connaissance infinie] pour librement et personnellement faire des choix dans la vie. C'est le *déterminisme restrictif ou intrinsèque* qui introduit la notion de *non-déterminisme* et l'exercice élevée du libre arbitre.

Si les anges en charge de différentes régions du monde peuvent se combattre les uns les autres comme décrit dans le passage du livre de Daniel mentionné plus haut, les êtres humainsne ne doivent pas répéter ces combats sur la terre sous l'influence des esprits. Les humains doivent savoir ce qui est bon pour eux et éviter les combats, les guerres, et la violation des droits d'autrui. Comme Paul l'a affirmé dans Ephésiens 3: 10 et comme l'histoire d'Adam dans le Coran le montre, les humains peuvent et doivent enseigner les anges.

Des êtres données peuvent arrêter de déterminer le futur d'une personne á un moment ou á un autre. Mais ils peuvent rester en association avec cette personne pour jouir de la vie et de l'amour dans ses formes variées [voir chapitre 7]. Donc, se libérer d'une influence angélique négative n'est pas un conflit avec les esprits angéliques. C'est une manière de les aider á régler leurs propres problèmes.

Un humain ayant une âme puissante peut influencer les vies d'autres avec beaucoup de bénéfices pour eux comme le gain en temps et l'éviction de douleur. La douleur n'est pas nécessaire pour que les gens apprennent des leçons comme semble le suggérer Sylvia Browne en disant que lorsque les temps sont bons, les gens n'apprennent pas beaucoup[26].

---

[26]SylviaBrowne and Lindsay Harrison,*Phenomenon: Everything You Need to Know About the Paranormal*(New York: Dutton, 2005), pp 60-3.

La seule douleur nécessaire est celle de l'effort physique comme dans le sport ou la douleur mentale lors des études. Cependant, même ces douleurs sont évitables si les humains développent leurs âmes, leurs philosophies, théologies, morales, et sciences. Les personnes souffrent non parce que cela est nécessaire mais parce que le niveau actuel de développement de l'humanité n'est pas encore optimal.

Lorsqu' une société humaine dispose des récits des vies, des faits, et des dires d'êtres humains avancés, le pouvoir de l'astrologie et de la douleur diminue. La situation est meilleure lorsqu'il existe des exemples vivants d'âmes bonnes et puissantes au sein de la société.

Définition d'un être humain

Basé sur les idées développées jusqu'ici, on peut dire qu'un être humain est une entité faite d'une âme, d'un esprit, et d'un corps dont les structures et fonctions sont comme présentées.

L'âme est le plus important de ces éléments qui peuvent être tous influencés par la culture, l'hérédité, l'astrologie, les lois, et des êtres variés. D'autres noms pour l'âme sont le psychisme et l'égo. La ressource la plus importante de l'âme est la raison. La raison détermine les lois, la moralité, la dignité, l'amour, aussi bien que le bohneur individuel et social. L'âme, l'esprit, et le corps physique de l'être humain peuvent être masulins ou féminins.

Chapitre 5

Sur l'origine de l'humanité

Une des choses les plus tristes sur la surface de la terre est le fait que les êtres humains en général ne savent pas d'où ils viennent. Les communautés religieuses et spirituelles disent que les humains sont une création de Dieu alors que celles qui sont séculières rejettent cette idée et pensent que l'humanité est le produit d'un processus hazardeux d'évolution. D'autres encore, ne sachant quoi croire, décident simplement de vivre leurs vies sans se troubler avec cette question.

Quelque soit la position adoptée, la triste observation est que personne n'a été capable de produire une preuve de l'origine de l'humanité autrement que par la théologie ou la philosophie. Bien que la science des choses physiques proclame avoir la réponse, ses découvertes archéologiques qui affirment que l'humanité est une espèce venant du singe ne sont pas concluantes. Ces découvertes par la même occasion rendent difficile l'acceptation de la déclaration de l'Archevêque James Ussher [1581-1656] selon laquelle le premier homme fut créé durant la nuit avant le Dimanche 23 Octobre 4004 av N.E.

Devant une telle incertitude, la meilleure attitude est d'abord d'évaluer les arguments de chaque partie [celles des philosophes religieux et séculiers] et ensuite de développer la recherche physique et spirituelle.

L'argument le plus important des créationistes jusqu' á présent est celui de la conception intelligente qui stipule qu'un monde avec des lois, des structures, et des fonctions synergiques n'aurait pu avoir été le résultat du hazard et que la création émergea á cause de l'intelligence, de la volonté, et de l'amour d'un Etre Originel appelé Dieu. Cet argument constitue en même temps le Tendon d'Achilles ou le point faible de la théorie de l'évolution pour laquelle l'apparition de l'humanité sur terre est une pure coincidence.

Inversement, l'argument majeur des évolutionistes est que l'humanité n'aurait pu avoir été créée en un jour par Dieu. Cet argument est renforcé par les découvertes archéologiques et par le fait que lorsqu'une photographie du monde est prise en un instant t, certains êtres apparaîssent supérieurs á d'autres. Le point faible de l'argument religieux et spirituel est que contrairement á la philosophie séculière, il n'a pas d'évidence matérielle á présenter et il y a des versions variées et contradictoires.

Avec le passage du temps, des voix émergent et essayent de réconcilier les deux sortes d'arguments. Le Créationisme par Conception Intelligente [CCI] ou Intelligent Design Creationism [IDC] en langue anglaise est l'un des mouvements qui ont procédé a cette intégration. Ce mouvement affirme que Dieu a créé tous les êtres par un processus évolutif.

Dans le livre, *Demeure des Divinités*, Chercheur a présenté une série d'arguments qui supportent l'idée que Dieu est l'origine de l'humanité. Le Dieu dont il parla n'est pas le Dieu nébuleux dontla nature change d'un philosophe religieux á un autre, mais un Dieu logique et expérientiel dont la trace apparaît ici et lá dans les écritures. Pour lui, la polémique sur l'origine des humains ne peut pas décroître significativement si la nature de Dieu n'est pas clarifiée.

L'argument le plus important de Chercheur en dehors de l'Intelligence qui crée différentes sortes d'existences est une contre proposition à l'idée de la philosophie séculière selon laquelle l'univers matériel est Dieu au mieux et qu'il n'y a pas de Dieu comme décrit dans les écritures religieuses et spirituelles. Selon ce contre argument, le Corps Universel est l'origine du corps physique humain et l'Ame Universelle est l'origine de l'âme humaine.

On ne peut accepter l'existence d'une âme dans de la matière organisée appelée être humain et nier l'existence d'une Ame dans l'Univers entier. Nier Dieu revient á nier sa propre âme. Néammoins la preuve de l'existence de l'Ame Universelle doit être produite. Puisque l'Ame Universelle est une Ame qui n'est pas simplement la somme des âmes individuelles, Elle ne peut être analysée comme une simple chose en laboratoire ou dans les burreaux de la science des choses physiques.

Respect et amour sont essentiels dans les relations humaines á cause de l'existence d'âmes au sein des humains. C'est pourquoi l'approche religieuse est différente. Malgré les problèmes des religions et des écoles spirituelles, leur attitude envers Dieu est plus raisonable et plus á même de conduire á une meilleure connaissance de l'Ame Universelle.

Le deuxième argument majeur pour Dieu vient de l' art de la recherche. Dans *Demeure des Divinités*, Chercheur a expliqué comment des arguments, des expériences, et des observations ont conduit un chercheur comme Wilhelm C. Röentgen á découvrir les rayons X vers la fin du 19ème siècle. Il a argumentéque la découverte des rayons X seulement á l'aube du 20ème siècle ne signifie pas que ces rayons X n'existaient pas depuis des millénaires.

Similairement, il pense que Dieu sera de plus en plus connu lorsque l'humanité se dotera d'outils et de méthologies d'investigation contenus dans les écritures religieuses et spirituelles qu'ils aient été rendu publiques ou pas.

L'argument scripturaire le plus important de Chercheur est que l'idée de l'Ame Universelle n'est pas nouvelle et que des personnes religieuses et spirituelles comme Hermès Trismégiste, Moïse, Jésus, et l'auteur du verset du Nouveau Testament 1 Timothée 6: 16 avaient posé la fondation pour un consensus sur Dieu depuis des temps anciens.

Du point de vue expérientiel, Chercheur a été en mesure de reéllement sentir la présence du Saint Esprit de Dieu et a vécu des expériences spirituelles qui ne sont pas des produits d'hallucinations mais d'authentiques expériences. Ces choses que Chercheur a personnellement perçues ne sont décrites dans aucun document de la science des choses physiques mais plutôt dans des textes religieux comme ceux de l'hindouisme, du boudhisme, et du yoga. Contrairement á l'hindouisme, le boudhisme rejette l'idée de Dieu, mais les deux religions admettent l'existence d'êtres surnaturels ou spirituels.

Pour Chercheur, si les expériences spirituelles décrites dans les textesreligieux sont en train d'être confirmés dans sa propre vie, il n'y a pas de raison qu'il préfère la théorie de l'évolution qui est poreuse [problème du lien manquant] á la philosophie religieuse. Il n'y a pas de raison qu'il doute qu'il existe un Dieu surtout lorsqu'il se rappelle de tous les arguments qu'il a développé. Pour lui, l'enseignement spirituel selon lequel Dieu se révèle graduellement est correcte.

Il pense qu'il est sur la voie qui lui donnera toutes les évidences nécessaires á propos de Dieu. Sa décision est donc de poursuivre la recherche spirituelle et physique et l'application de la science spirituelle et physique. Il est convaincu que le jour viendra où l'humanité sera capable d'avoir une relation plus directe avec Dieu, âme intelligente á Ame Intelligente et coeur á Coeur.

Certains comme lui-même sont déjà en contact conscient avec le Saint Esprit ou Energie de Dieu; une présence qu'il peut percevoir chaque jour même dans son corps physique et qui accomplit plusieurs des choses que la religion et la spiritualité disent qu'elle accomplit. Chercheur pense que ses expériencessont semblables á celles de Newton; expériences qui l'ont conduit á formuler la loi de la gravité.

Donc, l'argument expérientiel renforce l'argument logique basé sur la recherche. Le fait qu'á la fois Wilhelm Röentgen et Isaac Newton étaient des chercheurs spirituels qui ont admit l'existence de Dieu n'a pas été suffisamment souligné.

Qu'il existe des êtres intermédiaires extraterrestres intelligents ou des anges de qui ou par qui les humains ont été créés comme le suggèrent les écrits babyloniens et des érudits comme Erich Von Daniken est une question que l'archéologie, l'histoire, l'astronomie, la science spirituelle, et la recherche aideront á résoudre.

L'existence d'extraterrestres intelligents comme les Annunaki que Zecharia Sitchin dit venir de la planète Nibiru ne serait pas en contradiction avec celle des anges ou celle du Dieu Suprême ou Ame Universelle. Cependant, le cas requiert une investigation poussée qui prouverait les histoires déchiffées par Sitchin vraies ou fausses.

Ce qui est certain est que tous les êtres y compris les humains sont les créatures du Dieu Imprégnant Tout dont l'Energie est le Saint Esprit. Logiquement et selon les écritures il est acceptable que les anges dont le Dieu de l'Ancien Testament, les électrons, les atomes, les planètes, les molécules, les plantes, et les animaux sont nécessaires á l'existence et la survie des humains. On peut donc être certain que le "comment" de la création de l'humanité comprend la création antérieure de ces êtres.

C'est lorsque l'on rentre dans les détails du processus de la création que les idées contradictoires commencent á apparaître. Et c'est en ce moment que la question de l'existence des hommes pré-adamiques surgit. Il est aisé d'accepter que Cain aurait pu avoir marié une de ses soeurs et que la construction d'une ville par lui aurait pu avoir duré des décennies; ce qui permet d'éviter de dire qu'il y avait des hommes avant Adam.

L'obstacle le plus sérieux de la théorie selon laquelle Adam et Eve sont les premiers ancêtres se trouve dans Genèse 4: 14-15 où Cain dit au Dieu de l'Ancien Testament qu'il avait peur d'être tué par quelqu'un alors que personne d'autre en dehors de lui et de ses parents n'était supposé vivre sur terre en ce temps.

Deux hypothèses différentes peuvent expliquer ce passage. L'une est en faveur du fait qu'Adam était le premier homme et l'autre en défaveur.

L'hypothèse en faveur est que le quelqu'un dont Cain parla était un ange qu'il soit déchu ou pas.

En effet, les contacts avec les anges étaient fréquents dans les temps bibliques anciens. Des anges influencèrent physiquement des humains dans l'histoire de Lot dans laquelle ils exercèrent une force capable de tirer Lot dans sa maison pour lui éviter d'être molesté par certains habitants de Sodome [Genèse 19: 10]. Un ange brisa la hanche de Jacob [Genèse 32: 25]; un destructeur envoyé par le Dieu de l'Ancien Testament tua tous les premiers-nés d'Egypte [Exode 12: 23], et un ange de ce Dieu tua 185000 soldats de l'armée assyrienne qui était en guerre avec le roi Ezéchias en une seule nuit [2 Rois: 35]. Donc si Cain avait eu peur d'être tué par un des anges [apparaissant souvent comme des hommes], sa peur serait justifiée du point de vue logique et selon les écritures.

L'idée d'une existence humaine avant Adam prévaudrait seulemet si le quelqu'un que mentionna Cain était en réalité un autre être humain dont la Bible ne parle pas. Certains peuvent se baser sur les découvertes archéologiques pour dire que l'homme existait avant Adam. Le problème avec ceci est l'utilisation d'argument non-biblique pour expliquer une histoire biblique qui ne serait pas logique dans son propre contexte. De plus, il ne faut pas oublier que l'archéologie n'a jamais pu retrouver les restes d'Adam lui-même pour les comparer á d'autres et dire s'ils sont plus anciens ou pas.

Puisque que personne sur terre aujourd'hui n'était lá lorsqu'Adam fut créé et puisque la probabilité que Cain soit en train de parler d'autres humains n'est pas 0%, la meilleur attitude est de considérer qu'il parlait *probablement* des anges tout en restant ouvert á toute révélation qui mentionnerait l'existence d'hommes avant Adam. Ceci signifie qu'il faut accorder un crédit de cohérence á la Bible sur cette question tout en poursuivant la recherche surtout celle spirituelle pour confirmer ou pas si aucun autre humain n'existat avant ou en même temps qu'Adam.

De récentes recherches et livres datant surtout du 20ème siècle ont ouvert la voie á une troisième hypothèse pouvant expliquer l'existence de gens avant Adam. Cette hypothèse est la création de l'espèce humaine par des extraterrestres lors d'expérimentations comme semble l'indiquer le mythologie mésopotamienne. Dans ce cas,il serait concevable qu'il ait existé d'autres êtres physiques intelligents en dehors d'Adam, Eve, et Cainqui seraient des exrtraterrestres ou des résultats d'expérimentations antérieures á Adam.

Deuxième partie

HUMANISME DIVIN POUR L' ETABLISSMENT DE LA SOCIETE LA PLUS HEUREUSE

Chapitre 6

L'humanisme séculier

DEPUIS des temps immémoriaux, les êtres humains ont compris la nécessité d'une philosophie sur laquelle baser la vie individuelle et la vie collective. Originellement, cette philosophie était une série de lois de nature religieuse le plus souvent. Le Code d'Hammurabi, les lois de l'Egypte Ancienne, celles de l'Inde Ancienne, celle de la Chine Ancienne, ainsique les Dix Commendements et lois secondaires de l'ancien Israël sont quelques unes des plus anciennes lois ou philosophies connues. La plus part de ces philosophies dans leurs aspects les plus élevés étaient codées en langage symbolique accessible seulement á quelques initiés.

Avec le passage du temps, les penseurs grecques se hissèrent au sommet de la réflexion humaine allant au-delá du symbolisme et offrant des règles de vie plus accessibles au commun des humains. Les plus fameux parmi ces penseurs étaient Pythagore, Socrate, Aristote, et Platon. Ces nouveaux philosophes voyagèrent beaucoup, étudièrent des disciplines variées de la science physique et de la science spirituelle, et amassèrent des expériences-

pendant de longues années. Leurs idées allèrent au-delà du symbolisme religieux et de la mythologie.

A partir de ce moment, le monde assista á l'émergence de philosophies diverses surtout en Asie et en Europe. Cependant, quelle que soit la brilliance de ces idéologies, l'humanité continua á en chercher de meilleures pour résoudre les problèmes comme la guerre et la maladie. La philosophie religieuse et l'humanisme religieux continuèrent leur développement jusqu'á l'avènement de l'humanisme séculier autour du 14ème siècle de notre ère.

L'humanisme séculier tout comme l'humanisme religieuxou l'humanisme spirituel cherche le bohneur de l'humanité. Cependant, le centre de cette nouvelle façon de prendre soin de l'être humain vira de Dieu et des dieux pour aller vers des valeurs déterminées seulement par la raison humaine ou plus exactement par les raisons de quelques penseurs remarquables.

Avant l'introduction de l'humanisme divin de Chercheur dans le prochain chapitre, il est important de jeter un regard sur la définition, l'histoire ainsi que les idées et acteurs majeurs de l'humanisme séculier.

Définition del'humanisme séculier

Une des définitions les plus précises de l'humanisme est donnée par l'*Encyclopedia Britannica*comme suit: *'Une attitude de l'âme qui attache une importance primordiale aux êtres humains et á leurs valeurs et souvent regardée comme le thème central de la civilisation de la Renaissance.'* Cette définition confirme que l'humanisme est un système d'idées élaboré par la raison humaine commençant aux environs du 14ème siècle même si le terme 'humanisme' fut forge seulement au début du 19^{ème}siècle selon Jeaneane Fowler[27].

Comme le dit l'*Encyclopedia Americana*, dans l'humanisme, la plus haute autorité pour la gestion des affaires humaines est la raison humaine et pas une source extérieure. Ainsi donc, il est clair que l'humanisme fut une philosophie développée en réaction á la philosophie religieuse ou spirituelle avec leurs divinités. C'est pourquoi il est encore appelé humanisme séculier.

Les valeurs de cet humanisme sont la sécularité, la liberté, la tolérance, la méthode, et l'éducation.

Selon les deux encyclopédies, la philosophie de la Renaissance débuta avecPétrarque en Italie et se répendit dans toute l'Europe Occidentale. Auguste Comte [1798-1857] fit une contribution remarquable á l'humanisme et établit une religion non-théiste avec une liturgie, des sacrements, des prêtres, etc...

Croyance et pratiques de l'humanisme selon Jeaneane Fowler

Le livre de Jeaneane Fowler offre de grands détails sur la philosophie humaniste. Selon cet ouvrage, l'humanisme séculier rejette la notion de vie après la mort, traite l'immortalité comme un mythe, et considère la personne qui met son espoir dans l'au-delà comme vivant seulement une moitié de vie[28].

L'humanisme séculier veut développer les considérables capacitésindividuelles et collectives des humains pour enrichir la vie de chaque personne, famille, la société, et le monde[29]. Il veut construire une société

---

[27]Jeaneane D. Fowler, *Humanism: Beliefs and Practices*(Brighton [England]: Sussex Academic Press, 1999), 12.
[28]Ibid., 37-8.
[29]Ibid., 43.

positive dans laquelle les gens agissent, réagissent, interagissent, et font des affaires avec considération, sensibilité, connaissance, modération, et habileté constructive.

Concernant la nature humaine, le point de vue de l'humanisme séculier est moniste [corps] au lieu de dualiste [âme-corps] ou triadique [âme-esprit-corps]. L'âme et le corps sont le résultat généré par l'interaction entre l'héritage génétique et l'environnement physique et social. Pour l'humaniste séculier, l'âme n'existe pas parce qu'*elle n'est pas différente de ce qui se passe dans le cerveau et qui dépend complètement des sens.*

Fowler affirme que lorsque les sens de la vue, du goût, de l'odorat, du touché, et de l'audition sont supprimés, une personne ne peut plus penser. Pour elle, la pensée est un fonctionnement du cerveau et il n'y a rien au-delà du corps naturel.

L'égo est la part la plus fondamentale de la nature humaine. Il ne doit ni être nié ni considéré comme objet de la volonté divine. L'*égo* pour l'humaniste séculier est la partie du psychisme qui est responsable des réactions d'un individu. Par conséquent, l'égoïsme est acceptable tandis que le reniement de soi et l'humilité personnelle ne le sont pas.

L'égo est le moteur du progrès. Vivre sans l'égo est impossible. Les humains n'ont pas de passions mais sont les passions et ceux qui choisissent de ne pas l'être deviennent différents d'eux-mêmes. Pour Fowler, les gènes déterminent les émotions.

D'autres valeurs de l'humanisme séculier sont pour elle l'auto-direction, la valorisation de soi, l'auto-affirmation, la dignité personnelle, le respect de soi, et l'auto-contrôle combinés á la philosophie de '*agit envers les autres comme tu aimerais qu'ils agissent envers toi.*' Ceci ne signifie pas qu'une personne doit être sous l'autorité de Dieu, d'une institution, d'un gouvernement, ou d'une tradition. Les individus doivent coopérer entre eux pour établir des lois et des régulations sociales.

L'opinion de Fowler sur la spiritualité est qu'elle ne doit pas être niée mais expliquée de manière séculière. La spiritualité pour elle est proche de la définition de Robert Ashby qui décrit le concept comme '*des états d'être faits d'émotion, d'imagination, et de mémoire qui d'une façon ou d'une autre emmènent les personnes au-delà de la conscience de tous les jours.'* Cependant, l'expression *'pics d'expériences'* du psychologue Abraham Maslow définit mieux ce qu'est la spiritualité, ajoute-t-elle.

Les pics d'expériences sont des éléments de la vie naturelle et pas surnaturelle et ne doivent pas être monopolisés par les personnes religieuses. La religion devient alors un état d'âme atteignable dans presque toute les activités de la vie.

Pour les humanistes séculiers, il n'y a pas de Dieu, ni de ciel, ni de vie après la mort, ni d'anges, ni de miracles. Le bonheur dépend de l'action des gens et pas de la grâce d'un être quelconque qui interviendrait dans leurs vies. Il n'existe pas de Dieu accepté par tous et l'ordre dans l'univers ne signifie pas nécessairement qu'il existe un ordonnateur. De plus, le soi-disant ordre dans l'univers n'a pas été démontré. Plus encore, il existe de nombreuses anomalies, illogismes, et verités historiques partielles dans la Bible et le Coran par exemple.

Les humanistes séculiers croient qu'une femme a le droit d'avorter si elle ne désire pas son enfant ou lorsque les circonstances ne sont pas favorables. Ils défendent aussi le droit des personnes á utiliser la contraception, á être homosexuels, et á demander l'euthanasie.

En matière d'égalité des sexes, Fowler déclare que les hommes et les femmes ne sont pas égaux mais complémentaires. Pour elle, leurs gènes, leurs histoires psychologiques, leurs possibilités pour le travail, et leurs interprétations des expériences de la vie sont différentes mais ne doivent pas servir á justifier une discrimination contre les femmes. Elle croit comme Polly Toynbee que ce qui importe n'est pas *ce que la nature a donné* aux hommes et aux femmes mais ce qu'ils/elles choisissent d'en faire.

Fowler s'inscrit en désaccord avec la manière avec laquelle le mythe de la création du livre de la Genèse présente Eve comme inférieure á Adam avant qu'elle ait mangé la pomme en recherche de la connaissance.

L'égalité pour Fowler et les humanistes réside dans le bien commun qui inclue des gens qui ont des habiletés, des natures, et des personnalités différentes. Ceci implique la discrimination qui est acceptable envers les criminels ou lorsqu'elle est orientée positivement vers les catégories socialesexclues comme les *Dalits* en Inde.

La vision sociale de l'humanisteséculier est un monde dans lequel la bonne vie est disponible pour tous. La bonne vie ici signifie liberté, démocracie, paix, santé, travail satisfaisant, éducation, prospérité, créativité, développement, jouissance culturelle, et recréation suffisante.

Les humanistes croient dans le concept de l'*utilitarisme* selon lequel chaque personne doit participer au bien être de la communauté sans mettre en péril la satisfaction personnelle: le plus grand bonheur pour le plus grand nombre maintenant et dans les temps á venir. L'individu donne á la société et vice versa. Pour Fowler, l'humanisme séculier ne promeut pas un matérialisme égoïste pour une minorité.

Les humanistes séculiers croient aussi que les être humains peuvent changer leur nature selon le dicton qui dit que l'on naît avec un cerveau mais aquiert une âme. Fowler affirme que tous les humains ontune tendance au succès dans la vie lorsqu'ils ont un minimum de bien matériels et lorsque l'oppression évidente ou subtile est absente.

Retournant á la notion de bien être, Fowler emprunte l'idée de Bertrand Russell selon laquelle la vie est inspiréepar l'amour et est guidée par la connaissance. L'amour implique l'intégrité, la sincérité, la bonne volonté, la gentillesse, la compassion, la confiance, la justice, la paix, la tolérance, l'impartialité, ainsi de suite. Le concept de bonne vie n'est pas utopique au point de croire en la perfection des êtres humains. Chaque caractère malgré qu'il soit rempli d'évolutions potentielles possibles a ses limites. La bonne vie ne peut être réduite á l'hédonisme á cause de son altruisme.

L'humanisme séculier n'offre ni des certitudes ni des guidances précises pour chaque personne. Il encourage plutôt les gens á rechercher leurs propres voies tout en se souvenant que la vérité des humains réside dans ses nuances. Ses éthiques sont basées sur le rationalisme.

La puissance de l'humanisme séculier comme expliqué par Paul Kurtz

Un autre éminent avocat de l'humanismeséculier est le professeur Emérite de Philosophie Paul Kurtz. Kurtz est considéré par beaucoup comme le père de l'humanisme séculier. Par conséquent, ses idées ne doivent pas être négligées dans une tentative pour comprendre l'humanisme séculier.

Dans *Embracing the Power of Humanism*[*Embrasser la Puissance de l'Humanisme*], Kurtz pose et répond á la question fondamentale du sens de la vie en l'absence d'une croyance en Dieu, en cas de déni de l'immortalité de l'âme, et en situation de non- reconnaissance d'un but immanent dans la nature[30].

Kurtz ne voit pas de logique dans la position des croyants religieux qui acceptent une dépendance de l'humanité par rapport á un Dieu tout puissant en même temps que l'existence du mal. Il ne peut admettre que les humains soient les esclaves de Dieu qu'ils implorent pour leur nourriture de tous les jours et pour obtenir l'immortalité. Il pense qu'il n'y a pas de vraie liberté si les êtres humains ne peuvent pas désobéir á Dieu sans punition. Pourquoi Dieu condamnerait-il une personne qui satisfait un penchant naturelle que lui-même a mis dans la nature humaine? Demande-t-il.

Paul Kurtz n'accepte pas non plus la punition d'enfants innocents par le cancer pour les péchés de leurs parents. Pour lui, la responsabilité de l'humanité de trouver le remède du cancer signifie que Dieu a en fait une puissance limitée et est un être fini qui n'est donc pas digne d'adoration.

---

[30]PaulKurtz,*Embracing the Power of Humanism*(Lanham, Md: Rowman & Littlefield Publishers, 2000), pp 17-23.

Kurtz rejette la peur théiste du barbarisme et de l'exploitation de l'homme par l'homme en l'absence de Dieu sur la base qu'il n'y a pas de relation logique entre la paternité de Dieu et la fraternité des hommes et sur l'observationque l'Eglise a supporté l'établissement de societés marquées par l'inégalité dans le passé avec des classes sociales et des privilèges pour certains.

Il continue son illustration avec les nombreuses guerres et massacres perpétrées par les théistes de religions variées et ajoute comme Fowler que les préoccupations pour l'au-delá ne permettent pas de vivre pleinement la vie sur terre. Kurtz cite ensuite certains penseurs comme Spinoza, Kant, et Sartre qui ont développé un grand sens de moralité sans être religieux.

Essayant de répondre á une autre question fondamentale, celle de savoir si la vie vaut la peine d'être vécue, Kurtz déclare que les humanistes séculiers ne font pas comme les théistes des revendications universelles et que ce qui est évident pour eux est que la majorité de l'humanité dans des conditions normales trouve la vie précieuse[31]. Puisqu'il n'y a pas de vie éternelle, la protection contre les blessures et la mort est essentielle.

Kurtz reconnaît l'importance de la famille et de l'amitié[32]. Il souligne le besoin pour l'intimité avec au moins une personne dans le mariage ou en dehors. Il affirme aussi que les parents doivent donner le meilleur d'eux-mêmes á leurs enfants tout en leur laissant la liberté de choisir qui ils veulent devenir selon leurs personnalités uniques. L'investissement parental en un enfant devrait être limité s'il est mesquin, inattentif, ou bon-á-rien.

Sur l'amitié, Paul Kurtz pense que les personnes sont limitées par le nombre de vraies amies qu'elles peuvent avoir. Pour lui, les amis ne construisent pas des barrières mais les éliminent.

---

[31] PaulKurtz,*Embracing the Power of Humanism*, 23.
[32] Ibid., 113-120.

L'amitié dit-il implique l'amabilité, la convivialité, l'affinité, la cordialité, l'harmonie, l'égard pour l'autre, l'attention, l'honnêteté, la sincérité, la confiance, la fidélité, l'égalité, et l'amour en dépit des fautes. Un ami pour Kurtz peut être du même sexe ou du sexe opposé.

Chapitre 7

Humanisme divin

Humanismes religieux et spirituel

COMME l'humanisme séculier, l'humanisme *religieux* place les êtres humains au centre de son attention. La différence réside dans les valeurs qui soutiennent ce soin. Alors que l'humanisme séculier est fondé sur une raison et un amour non-religieux, l'humanisme religieux est principalement basé sur des valeurs religieuses telles que Dieu et/ou les dieux, la foi, les rituels et secondairement seulement sur la raison "humaine".

En effet, la plupart des doctrines et traditions religieuses est souvent á accepter et ápratiquer sans questionnement avec autorisation du croyant á utiliser sa raison seulement pour des affairs secondaires qui sont le plus souvent la propagation et la gloire de sa religion. De temps en temps, un théologien ou deux émergent et utilisent la "raison" pour questionner des dogmes centraux.

Lorsqu'ils arrivent á un point de désaccord majeur, la voix est alors ouverte pour l'apparition d'autres mouvements. Lorsqu'un nouveau mouvement ne se débarasse pas complètement des dogmes et continue de se baser sur des suppositions et pas suffisamment sur des preuves, le nouveau mouvement est appelé une nouvelle religion qui est á son tour questionnée par une nouvelle génération de théologiens.

Cependant, compter les bonnes actions de l'humanisme religieux est une tâche presque impossible tant les exemples sont nombreux. L'histoire du christianisme seule est jallonnée de mouvements divers organisés autour de besoins humains spécifiques depuis le temps même de la première communauté chrétienne [Acts 2: 45].

Le monde est bien informé des nombreuses contributions de personnes comme Jésus, la Mère Theresa, ainsi de suite. Il est aussi bien connu que les pères pèlerains qui posèrent la fondation de la nation américaine étaient religieux et que le système de santé américain fut fondé par des organisations religieuses.

Malgré le caractère véridique de certaines objections de l'humanisme séculier á la religion, les personnes religieuses ont aussi beaucoup contribuer au bien être de l'humanité. On peut argumenter que ceci est compréhensible puisque l'histoire humaine a été dominée par la religion sur une longue période. Cet argument serait recevable surtout si on ajoute que de nombreux scientifiques, philosophes, et dirigeants avant et même après la Renaissance avaient une religion donnée.

L'humanisme séculier devrait essayer de trouver pourquoi la *raison religieuse* a prévalu sur la *raison séculière* pendant si longtemps avant la Renaissance et pourquoi la majorité de l'humanité aujourd'hui reste religieuse désapprouvant la sécularité. Mais l'humanisme séculier peut offrir deux réponses sérieuses.

Un premier contre argument pour la sécularité réside dans la théorie de l'évolution qui considère l'âme séculier comme développée comparativemt á l'âme religieuse qui accepte des concepts "étranges et non vérifiés." Un deuxième contre argument pour l'humanisme séculier est le fait qu'en Europe, le "Vieux Continent;" les personnes religieuses ne représentent plus la majorité de la population. Les pays européens en grand nombre reconnaissent et respectent la religion mais ils basent leurs décisions politiques plutôt sur la raison séculière qui est la valeur fondamentale de l'humanisme séculier.

Néammoins, ces deux contres arguments ne sont pas absolus parce que la théorie de l'évolution n'est pas correcte comme Chercheur l'a montré dans *Demeure des Divinités*. Additionnellement, la raison séculière n'est pas vraiment une amélioration parce que la raison religieuse est plutôt une version immature et biaisée de la *raison spirituelle* qui est meilleure que la sécularité.

Bien que Paul mérite d'être désavoué pour le caractère incorrecte de plusieurs de ses affirmations, il doit cependant recevoir encore une fois le crédit d'avoir trouver qu'il existe une sorte de raison qui opère dans les personnes spirituelles [1 Corinthiens 2: 6-7, et 13-15].

Dans les deux premiers versets du passage juste cité, il distingue le croyant mature du croyant immature. Pour lui, le croyant mature comprend et possède la sagesse ou la raison; pas la raison humaine ordinaire, mais la raison humaine améliorée par la connaissance de la réalité spirituelle et de Dieu. Chercheur appelle cette seconde catégorie de croyants 'les *connaisseurs*.'

La raison spirituelle est la raison qui interprète la réalité spirituelle mieux que la raison religieuse. La raison religieuse a moins d'expériences spirituelles qu'elle comprend d'ailleurs peu. Donc en terme de comparaison, l'humanisme séculier utilise la raison mieux que l'humanisme religieux tandis que ce dernier a l'avantage de ne pas négliger Dieu et le spirituel. La raison spirituelle est supérieure aussi bien á la raison religieuse qu'á la raison séculière. Donc, l'humanisme spirituel est mieux que l'humanisme religieux ou l'humanisme séculier.

L'humanisme spirituel est moins dogmatique et possède une raison supérieure á celle de l'humanisme religieux. Ses origines remontent á Hermès Trismégiste et aux Mystères de l'ancienne Egypte *et certainement au-delá*. En effet, le texte hermétique *Poimandres* est l'un des rares textes qui présentent Dieu de manière très logique.

Les écoles ésotériques de spiritualité comme le yoga, le rosicrucianisme, la franc-maçonnerie, la théosophie, etc…ont toutes été influencées par cette raison spirituelle avancée. Cependant, Chercheur a trouvé un moyen d'améliorer les humanismes séculier, religieux, et même spirituel qu'il appelle *humanisme divin*.

Comparaison des formes traditionnelles d' humanismes

Type d'humanismes Caractéristiques	Spirituel	Religieux	Séculier
Valorise et aime les humains	Oui	Oui	Oui
Basé sur des expériences personnelles et la manifestation du monde spirituel	Oui	Souvent Non	Non
Existence deDieu	Oui	Oui	Non
Admet l'existence d'une vie après la mort	Oui	Oui	Non
Valorise la raison	Oui	Souvent Non	Oui
Valorise la foi	Un peu	Oui	Un peu
Valorise le dogme	Un peu	Souvent	Non
Valorise les écritures	Modérément	Hautement, souvent une en particulier	Un peu
Plus haute autorité	Dieu	Dieu	Raison
Compréhension et tolérance des autres	Souvent Oui	Un peu	Un peu

Connaissance de la nature humaine	Avancée	limitée	Plus ou moins avancée
Valorise la science matérielle	Oui	Un peu	Oui
Valorise la science spirituelle	Oui	Un peu	Pas encore
Grande importance de maîtres et de messies	Souvent	Oui	Un peu
Valorise l'enseignement	Oui	Oui	Oui
Peut être et a été corrompu	Oui	Oui	Oui
Considère les femmes comme commplémentaires des hommes	Oui	Oui	Oui
Liberté individuelle	Un peu avancée	limitée	Trop
Valorise le mariage monogame	Souvent	Souvent	Un peu
Valorise le lignage	Oui	Parfois trop	Oui
Valorise l'amitié	Oui	Oui	Oui

L'humanisme séculier comparé á l'humanisme divin

Dans un monde dans lequel il est difficile de prouver l'existence des divinités [Dieu et dieux], de l'au-delà, et du surnaturel; l'humanisme séculier fait bien d'accorder beaucoup d'attention aux êtres humains. Cependant, ceci ne devrait pas être un mouvement statique qui rejette éternellement Dieu et le surnaturel et explique la spiritualité de manière séculière.

La philosophie de l'humanisme séculier est si remplie de sagesse qu'il est préférable de ne pas utiliser la majeure partie de cette sous section pour admettre tous les bons éléments qu'elle contient. *En soulignant ici deux aspects sur lesquels il est en désaccord, Chercheur espère que le lecteur sera à même de qualifier le reste de la philosophie séculière de globalement valeureux.* D'autres points de désaccord émergeront dans les prochains chapitres.

Le premier désaccord entre l'humanisme divin de Chercheur et l'humanisme séculier est sur l'existence de Dieu. Ses raisons se trouvent en détail dans *Demeure des Divinités* et de façon condensée dans les 4ème et 5ème chapitres du présent volume.

Il espère que ses explications ont répondu á l'objection qu'il n'y a pas de description de Dieu qui fasse l'unanimité. L'identification d'un concept de Dieu acceptable par tous fut le principal but de *Demeure des Divinités*. Contrairement aux humanistes séculiers, il n'accepte pas que ce soit la "nature" qui donne des choses aux humains pour la simple raison que la nature n'a pas de personnalité propre.

Si une volonté était identifiée dans la nature, ce serait ce qui est appelée la volonté de Dieu. Un scientifique au courant du fait que la physique admet l'apparition de particules dans le "vide" selon le principe d'incertitude d'Heisenberg peut y voir une raison pour ne pas vite nier l'existence de Dieu qui est considéré comme étant partout, non perçu par le monde matériel et parfois même par le monde spirituel ou énergétique.

Le second point de désaccord est celui du surnaturel et de la vie après la mort; en d'autre mots, le sujet de l'immortalité. Chercheur a montré dans les trois premiers chapitres comment plusieurs penseurs, religions, et mouvements ésotériques ont accepté ces concepts comme décrivant la réalité.

Dans *Demeure des Divinités* et dans les chapitres 4 et 5, il a également expliqué comment des réalités autrefois connues comme étant surnaturelles sont devenues naturelles á cause du progrès scientifique. Il montra aussi comment de nombreux faits restent toujours inexpliqués par la science des choses physiques alors qu'ils ont été bien décrits dans la littérature religieuse et spirituelle.

Chercheur pense que les humains devraient éviter de tomber dans des pièges linguistiques et transcender les barrières que les mots peuvent représenter. Ce qui est important est ce qui est réel et pas sa qualification de naturel ou de surnaturel.

L' humanisme divin est une philosophie réellement globale qui reconnaît les phénomènes spirituels et matériels pour ce qu'ils sont et ne force pas une compréhension moniste de la vie même si á partir d'une cetaine perspective, il existe une connection entre les différentes sortes de réalités qui autorise le monisme.

Cependant, une philosophie moniste pure serait trop simpliste et ne prendrait pas suffisamment en compte la réalité spirituelle. La distinction entre l'âme et le cerveau et le fonctionnement de l'âme sans les sens physiques [dans les rêves par exemple] a été montré dans le chapitre 4.

Les tentatives de Robert Ashby et Abraham Maslow pour séculariser le terme 'spiritualité' sont intéressantes mais elles n'ont pas réellement abouti. En effet, on pourrait se demander ce que les expressions *"au-delá de la conscience de tous les jours"* et *"pics d'expériences"* respectivement d'Ashby et de Maslow signifient réellement.

La religion et la spiritualité peuvent répliquer au sécularité que la conscience de tous les jours est á propos de la réalité physique et qu'au-delá de cela ainsi que les pics d'expériences concernent la réalité spirituelle.

Plus encore, l'origine du mot 'spiritualité' aurait dû inciter les humanistes séculiers á plus de prudence dans le tentative de le séculariser. Le mot vient de 'esprit' que Chercheur á expliqué comme le monde d'énergie et les corps d'énergie. Par conséquent, le vrai sens de la spiritualité est '*la vie consciente et la compréhension de la nature et de la fonction des corps et du monde d'énergie.*' Un aperçu de cette vie et de cette compréhension est donné par les rêves; mais les écoles spirituelles offrent plus.

La spiritualité est le développement et la conscience du monde d'énergie comme la physicalité par rapport au monde physique. L'âme ou psychisme opère sur les deux niveaux selon la maturité de chaque personne. Dans la première partie du présent volume et dans *Demeure des Divinités*, de nombreuses preuves de l'existence du monde et des corps d'énergie ont été données.

Par conséquent, les interprétations d'Ashby et de Maslow du concept de spiritualité sont incomplètes. Peut-être qu'avec les explications de Chercheur les humanistes séculiers peuvent arriver á comprendre ce que la spiritualité signifie pour les personnes religieuses et spirituelles et abandonner sa sécularisation forcée surtout lorsque la recherche dans ce domaine est si prometteuse.

Le point de vue de Chercheur sur l'avortement, l'égalité, les sexes et genres, l'homosexualité, le mariage, la famille, l'amitié, la bonne vie, la politique, la culture, l'éducation, la paix, la justice, la santé, l'adoration, etc...seront abordés dans les prochains chapitres.

Qu'est-ce-que l'humanisme divin?

L'humanisme divin est une philosophie qui reconnaît l'existence d'un cosmos fait du monde physique et du monde spirituel créés pas par hazard ni par la "nature", ni par l' "évolution", mais par Dieu. Cette philosophie encourage les *humains* á devenir des êtres *divins* le plus rapidement possible en utilisant leur *raison* et leur *amour* pour l'*harmonie* et le *bonheur* dans le cosmos entier.

Dans cette définition, il faut comprendre la raison comme un attribut de l'âme humaine qui aide a analyser et expliquer les phénomènes vécus tout en se développant pour céer ses propres phénomènes.

Les expériences sont perçues pas seulement par les sens physiques, mais aussi par les sens spirituels. Qu'il y ait des sens au-delá des sens physiques est prouvé par le fait qu'aucun des sens physiques liés á la mortalité ne participe á la perception de ce qui se passe dans les rêves et les rappels de mémoires et il est indéniable que des événements sont bien perçus dans les rêves et enregistés dans la conscience et la mémoire tout comme les événements physiques.

Dans l'humanisme divin, les humains utilisent leurs raisons pour admettre qu'il y a des phénomènes qui n'ont pas encore été découvertes ou expliquées et que des découvertes et explications intermédiaires conduiront á une compréhension globale de l'existence. *Par conséquent, cette philosophie encourage la recherche.* L'humanité á besoin de mieux comprendre Dieu et la spiritualité et la recherche sera très utilile pour cela.

Dans la première declaration de cette sous section, l'amour mentionné est guidéepar la raison et présente des aspects variés selon le partenaire considéré qu'il s'agisse d'une chose, d'une plante, d'un animal, d'un être spirituel éventuel, d'un humain, ou de Dieu.

L'humanisme divin est un système d'idées développé pour l'univers sur une base qui essaye de comprendre le divin. Donc il est centré sur l'humanité. Puisque cette philosophie reconnaît Dieu, cela signifie que le centre du centre est Dieu.

L'harmonie signie une relation propre entre tout les êtres guidée par la raison et le savoir. Par exemple, si en un moment $m1$ un humain á un comportement $c1$ selon sa raison et son amour les plus élevés basé sur l'information disponible, et si un meilleur comportement $c2$ devient possible á un moment $m2$ [$m2 = m1 + temps$] basésur une nouvelle information; le comportement $c2$ devrait remplacer le comportement $c1$.

Par conséquent, il y a une place importante pour la créativité et le progrès dans l'humanisme divin qui est ainsi une philosophie qui s'auto-renouvelle, s'auto-développe, toujours dynamique, et toujours jeune. De cette manière, les humains vont graduellement devenir des êtres divins qui manifestent de nouveau pouvoirs significativement supérieurs á ceux qu'ils avaient.

Un humain est donc quelqu'un qui n'est pas encore rendu puissant philosophiquement et spirituellement et un *humain divin* est un humain avec de nouveaux pouvoirs énergétiques gérés par une raison, un amour, et un savoir ou sagesse élevés. L'humanisme divin n'est pas complet sans la moralité ou acquisition large et profonde de vertues. Ainsi, l'humain divin ou le divin humain est plus qu'un dieu qui est généralement très fort mais manque de l'intelligence et de la volonté additionnelles pour être complètement vertueux ou droit.

Donc l'humain divin est plus proche de Dieu que ne le sont les dieux. Les personnes maléfiques comme dans Genèse 6ne sont pas morales, ou vertueuses, ou droites; donc leur resemblance á Dieu est significativement endommagée.

L'humain divin est beaucoup plus que le superhumain de Nietzsche qui brûle de l'envie de dominer les autres. Il/elle utilise sa grandeur personelle pour la coopération et le bonheur social. Le superhumain de Nietzsche a donc besoin d'apprendre de l'humain compatissant de Rousseau pour se rapprocher de l'humain divin.

L'humain divin est différent du dieu humain du jaïnisme dans le sens qu'il/elle dispose d'un ensemble de preuves logiques et scripturaires qui lui permette d'affirmer l'existence de l'Ame Suprême Universelle Consciente Imprégnant Tout [Dieu]. L'humain divin peut aussi être un dieu du jaïnisme qui fait des recherches sérieuses sur l'Etre Supreme incapabable d'accepter l'idée que des êtres puissants comme des dieux humains sont venus de nulle part ou qu'il n'ont pas de cause ou d'origine. Le Dieu qui est l'objet ou le sujet de l'humanisme divin est l'Ame Universelle que l'individu ne peut comprendre sans sa propre âme, sagesse, raison, logique, philosophie, ou théologie.

A présent, quelques mots doivent être écrits sur le superhumain de Samael Aun Weor [1917-1977]. Aun Wear est fameux pour avoir créé le mouvement chrétien gnostique universel et pour avoir écrit plusieurs ouvrages sur la 'Gnose' ou 'Connaissance'. Il a été l'un des plus importants successeurs modernes des anciens gnostiques.

Selon l'évaluation rapide de Chercheur, Aun Weor est un important penseur gnostique dont l'enseignement figure parmi les plus élaborés. Il classe les idées d'Aun Weor en trois catégories: celles qui ont besoin d'être confirmées scientifiquement, celles avec lesquelles il est en accord, et celles avec lesquelles il est en désaccord.

Le superhumain d'Aun Weor est un homme né de nouveau grâce á la magie sexuelle ou Arcane AZF ou *Mariage Parfait* enseigné selon lui par Jésus en Jean 3: 1-21[33]. Le mot 'magie' ici et dans les travaux sérieux est souvent synonyme de 'science spiritual.' Cela ne doit pas par conséquentrendre le lecteur inconfortable.

Selon Aun Weor, le *Mariage Parfait* est une science dans laquelle le sperme masculin n'est pas émis durant les rapport sexuels afin de conserver l'énorme énergie sexuelle générée pour rapidement accomplir les désirs exprimées dans les prières et pour se développer jusqu'á l'état angélique.

Dans ses écrits, Aun Weor déclare que le peuple du continent perdu de Lémurie qui vivait dans le Jardin d'Eden évitaitl'orgasme sexuel et l'éjaculation et connaissait comment créer un enfant avec seulement un spermatozoïde quittant le corps masculin pour féconder une ovule.

La nature obéissait á l'humanité en ce temps lá et les femmes accouchaient sans douleur ajoute-t-il. Le commendement d'être fructueux en Genèse 1: 28 pour Aun Weor signifie sublimer et transmuer l'énergie sexuelle pour grandir spirituellement.

Pour ce penseur gnostique du 20ème siècle, le péché originel des premiers parents était l'émission de sperme qui oriente le développement humain vers un état de démon au lieu de celui d'ange. Selon Aun Weor, c'est comme cela que les fils de Dieu et les fils des hommes sont créés dans la Bible.

Malgré son affirmation que l'amour est la meilleure religion disponible á l'humanité, il déclare aussi que le superhumain n'est pas un produit de l'évolution mais un produit d'une grande révolution de conscience.

Il exprima aussi l'idée que *le réveille des facultés internes devrait s'accompagner d'un développement culturel, intellectuel, et spirituel de*

---

[33] Samael Aun Weor, The Perfect Matrimony (Australia: The Gnostic Movement, 1998).

l'individu parce que par exemple un voyant a besoin de la pensée logique, du sens puissant de l'analyse, et de concepts exacts pour éviter d'être responsable de divorce, d'assassinat, d'adultère, de vole, etc…

Quelle évaluation Chercheur peut-il faire des idées d'Aun Weor?

Il est vrai que pour parvenir au Royaume de Dieu, il est nécessaire de naître de nouveau comme Jésus en Jean 3: 3 et Aun Weor l'ont dit. Puisque Nicodème ne comprit pas la signification de ceci, Jésus trouva nécessaire d'ajouter que la seconde naissance n'est pas du ventre maternel mais de l'eau et de l'esprit. Lorsqu'une personne familière avec la Bible croise cette précision donnée par Jésus, un souvenir de l'histoire de la création dans Genèse 1 peut se produire.

Selon Genèse 1: 1-2: '*Au commencement Dieu créa les cieux et la terre. La terre était informe et vide, l'obscurité couvrait les eaux profondes. Et l'<u>Esprit</u> de Dieu se mouvait au-dessus des <u>eaux</u>.*' L'esprit et l'eau dont Jésus parla en Jean 3 figurent tous deux dans ce passage. Il est possible d'expliquer Genèse 1: 1-2 au moins de deux manières.

La première est que l''Esprit ou énergie' se mouvait au-dessus des 'eaux ou H2O sous forme liquide ou gazeuse.' La deuxième explicattion est que l'esprit en question est l'Ame de Dieu qui interagit avec les eaux qui constituent l'énergie primordiale. La première explication est plus terrestre tandis que la seconde est plus spirituelle. Puisque c'est l'explication la plus spirituelle qui est la plus importante dans les écritures spirituelles, on peut arriver ainsi á mieux comprendre les propos de Jésus en Jean 3.

Dans ce passage, Jésus est en train de dire á Nicodème que la seconde naissance se fait á partir de l'âme et de l'énergie; en d'autres mots de la vérité ou sagesse qui aide á la croissance d'un corps spirituel en bonne santé. L'âme et l'énergie comme point de départ est ce qui est aussi enseigné par Hermès Trismégiste lorsqu'il rapporte les propos suivants de *Poimandres*: '*Moi ton Dieu suis la Lumière et l'Ame qui était avant que la substance soit divisée.*'

C'est exactement ce qu'Aun Weor enseigne dans le *Mariage Parfait*. La preuve est son insistance sur la révolution de la conscience ou pensée logique et le besoin d'énergie.

Mais le problème avec cet enseignement est qu'il met trop l'accent sur la sexualité au point de recevoir le nom de *Mariage Parfait*. Aun Weor alla jusqu'á affirmer que le sens sexuel est plus rapide que les ondes de pensée. Il considéra l'âme logique comme une pierre d'achoppement au sens sexuel et déclara que l'amour est la meilleure religion disponible á l'humanité.

Cependant, la raison est l'élément premier dans tout processus de création y compris la seconde naissance d'un humain. La raison ou la logique appartient á l'âme et se meut au dessus de l'énergie [interagit avec elle] pour la manifestion de la nouvelle création ou du nouvel être humain. C'est le sens des propos de Paul en Romains 12: 2.

L'énergie, quelque soit sa qualité vient en seconde position. L'âme réfléchit sur comment utiliser l'énergie pour créer. Ainsi donc, tout processus de production d'énergie y compris le *Mariage Parfait* est subordoné á la sagesse ou á la philosophie. Comment peut-on agir positivement sur le corps physique ou le corps spirituel si des décisions n'ont pas été préalablement prises dans l'âme?

Aun Weor sous-estima l'âme et surestima l'énergie sexuelle. L'énergie sexuelle n'est même pas la totalité de l'énergie qui existe. Assimiler le Saint Esprit á l'énergie sexuelle montre une limite d'expérience avec cet Esprit de même qu'une limite dans la compréhension de la structure et du fonctionnement du corps spirituel.

Les descriptions dans les écritures montrent que le Saint Esprit est une *énergie "totipotente"* qui peut se différencier en d'autres formes d'énergie pour jouer des rôles variés. Il semble qu'Aun Weor n'a pas vécu l'expérience pentecôtiste avec le Saint Esprit durant laquelle le Saint Esprit entre dans le corps humain par le sommet de la tête et qu'il a oublié ou n'a pas suffisamment considéré les passages des écritures qui mentionnent ce phénomène.

Donc, il existe dans le cosmos une formidable énergie qui n'est pas générée par l'acte sexuel mais librement disponible au sein de Dieu. En plus, le Saint Esprit est connu pour sa capacité á guérir, á revitaliser, á transformer en prophète, á rendre sage etc…

C'est pourquoi Jésus résuma 'esprit et eau' par 'Saint Esprit' montrant á Nicodème qu'á la fois la sagesse divine et l'énergie peuvent être obtenu par le Saint Esprit. Le Saint Esprit est un Enseignant qui transmit la Parole, la Science, le Logos, ou la Sagesse et le consolateur qui guérit, appaise, revitalise, et aime.

Une autre déclaration qu'Aun Weor fit et qui requiert une enquête scientifique est que l'énergie sexuelle est la meilleure qu'un couple humain peut générer. Chercheur n'est pas si sûr et exprime même une opinion différente basé sur l'expérience.

La Sagesse et l'Amour sont les deux pôles qui donnent la vie éternelle et façonnent un humain á l'image de Dieu. La Sagesse est le pôle + tandis que l'Amour est le pôle — . Le Saint Esprit de Dieu nourrit les êtres humains avec de nombreux nutriments dont l'Amour et la Sagesse. Les humains qui ont été faits á l'image de Dieu peuvent aussi générer la sagesse et l'amour ainsi que plusieurs autres choses.

L'amour humain n'est pas limité á l'énergie sexuelle du 7ème chakras. Il existe un amour différent produit dans d'autres sphères comme le 4ème chakra ou chakra du coeur. Bien que la langue grècque distingue quatre types d'amour : agape [amour inconditionnel], éros [souvent assimilé au désir sexuel], philía [amour amical], et storgē [affection]; Chercheur pense que agape est un stade avancé de philía et de storgē parce que l'amour inconditionnel inclue l'amitié et l'affection.

Cependant, ces termes grecs ne décrivent pas bien l'amour dans la philosophie de l'humanisme divin bien qu'ils aident á sa compréhension.

Premièment, l'amour peut être classé en deux catégories générales: le *bon et le mauvais amour*. La première est associée á la sagesse divine et la seconde avec l'amour démoniaque. Des détails seront donnés dans le chapitre 10.

Deuxièment, l'amour bon n'est pas complet á la naissance et est characterisé par un processus de croissance. *Il y a donc plusieurs niveaux de maturité de l'amour bon.*

Troisièmement, l'amour bon ou amour tout court se développe dans deux domaines fondamentales: l'âme d'un côté et les corps [physique et spirituel] d'un autre. Donc il y a *l'amour qui vient de l'âme et l'amour corporel.* Les manières dontl'âme et les corps apprécient et sentent l'amour sont différentes. L'amour venant de l'âme correspond á agape tandis que l'amour corporel inclue et n'est pas limité á éros.

Quatrièmement, il y a une interaction et un enrichissement mutuel entre l'amour venant de l'âme et l'amour corporel. L'amour originaire de l'âme est élaboré par la sagesse et s'exprime á travers les corps. La réaction des corps est appréciée en retour par l'âme.

Parfois l'âme n'exprime pas son amour en premier mais réagit á une stimulation par un élément donné. Il existe donc aussi *l'amour stimulant et l'amour stimulé.*

Cinquièmement, le genre d'amour juste mentionné dépend des natures des êtres engagésen interaction. Il y a des manières propres d'interaction, d'enrichissement mutuel, ou de stimulation mutuelles selon que le partenaire impliqué soit un chat, des enfants, des parents, des amis, un conjoint ou une conjointe, etc…*L'amour prend un aspect différent dans chaque cas dans l'âme comme dans les corps.*

L'âme oriente le corps á ne pas se comporter devant un ami de la même façon que devant une épouse. C'est une manière de naître de l'esprit et de l'eau.

Revenant au troisième aspect de l'amour [amour venant de l'âme et celui venant du corps], il faut ajouté que seul un époux ou une épouse devrait stimuler le centre énergétique sexuel ou 7ème chakra du corps spirituel qui est en relation directe avec la sphère génitale physique. Ce but est atteint par une éducation théorique et pratique correcte.

Le 4ème chakra ou chakra du coeur peut grandement être stimulé centré sur le cinquième aspect de l'amour, c'est á dire en fonction du type de partenaire en face. Les rayons qui émergent du coeur sacré de Jésus sont réels. Il est donc important de profondément aimer toutes sortes d'êtres. Puisque plusieurs personnes ont conservé un amour du sexe opposé, tomber amoureux aujourd'hui peut être une voie rapide pour éveiller et développer le centre énergétique du coeur.

Il y a une manifestation spéciale de l'amour á travers le 1er chakra ou chakra du sommet de la tête. Il s'agit de la relation entre un humain et la Cause de l'Univers qui est Dieu. Dieu stimule et est stimulé. Le véhicule d'expression de l'amour de Dieu est le Saint Esprit qui rend aussi sage. C'est une autre façon de naître par l'esprit et l'eau; la meilleure façon.

Donc, le troisième aspect de l'amour dans sa dimension corporelle concerne le réveille et le développement de tous les centres énergétiques surtout celui du sommet de la tête en relation avec Dieu, celui du coeur en relation avec tous les êtres, et celui de la région sexuelle en relation avec l'époux ou l'épouse [1er, 4ème, et 7ème chakras].

Le réveille et le développement de ces centres énergétiques ou centres du corps spirituel a des conséquences sur l'âme tout comme sur le corps physique. Chercheur sait par expérience que les sensations que l'on reçoit du fonctionnement de ces centres sont en rapport avec l'énergie mais présente des différences selon le centre considéré.

Samael Aun Weor semble aussi ne pas avoir eu d'expérience impliquant le sacré coeur ou avec le centre énergétique du sommet de la tête, au moins á un certain degré élevé. Si cela avait été le cas, il aurait découvert que ces deux chakras sont extrêmement intéressants; pas en terme de voltage comme pour l'énergie sexuelle, mais en termes de joie et de plaisir que certains appellent *béatitudes*.

Le centre énergétique sexuel est bruyant comparé aux deux autres. Chercheur pense qu'il aura dans le future de nouvelles expériences merveilleuses au niveaux mental, du corps spirituel, et du corps physique. Même á son niveau actuel, il médite avec une joie anticipée sur ce que donnera le fonctionnement á un niveau élevé á la fois des 1er, 4ème, et 7ème chakras. Il pense que le meilleur moment pour que ceci se produise est le moment de la rencontre sexuelle entre deux conjoints qui ne négligent pas d'optimiser les autres centres énergétiques.

La *Cantique des Cantiques* de la Bible dit qu'éros ou l'amour sexuel ne doit pas être réveillé avant le bon moment. L'obejctif derrière ce conseil est le bon fonctionnement sexuel mais aussi la communion universelle. Si les 2ème, 3ème, 5ème, et 6ème chakras sont associés aux trois déjà mentionnés, la communion ou la joie ou la béatitude deviendrait encore plus complète.

Pour conclure l'analyse sur le *Mariage Parfait* d'Aun Weor, sa déclaration que l'éjaculation de sperme est un péché doit être considérée. Il est possible qu'il existe des documents qui enseignent que l'énergie sexuelle peut être utilisée pour des actions magiques. Mais au moins sept raisons vont contre les idées qu'il avance dans le *Mariage Parfait*.

Premièrement, les animaux éjaculent sans que cela ne soit considéré comme un péché et certains parmi eux vivent même très longtemps. Deuxièment, un corps physique qui emmagasine trop d'énergie peut être endommagé. Troisièmement, selon le livre d'Ezéchiel, un démon naît principalement de la corruption de la sagesse, pas à cause de l'éjaculation. Quatrièmement, le Saint Esprit peut aider les gens á atteindre n'importe qu'elle but sans utilisation de la magie sexuelle.

Cinquièmement, l'électromagnétisme du sang peut guérir et rajeunir aussi. Sixièmement, le plaisir orgasmique n'est pas une mauvaise chose. C'est une bonne chose qui se produit au moment de l'éjaculation de sperme. Certains enseignants spirituels sont allé jusqu'á demander de formuler des prières ou des voeux en ce moment lá. La recherche devrait comparer cette méthodeet celle proposée par Aun Weor.

Bien que son *Mariage Parfait* ait besoin d'une révision sérieuse, certaines de ses idées comme l'éducation sexuelle des filles sont recommandables.

Centré sur les informations á sa disposition, Chercheur, utilise sa raison pour établir la philosophie de l'humanisme divin au moment $m = 2012$. Il est donc clair que certaines de ses idées pourraient être des vérités éternelles reconnues dans le passé et le présent tandis que d'autres sont d'anciennes idées améliorées et d'autres encore des idées nouvelles.

Il est important pour Dieu d'utiliser des prophètes et enseignants particuliers pour instruire de temps de en temps les êtres humains sur les merveilles du monde grâce aux merveilles qu'IL/Elle accomplie á travers ces prophètes et enseignants.

Ces signes sont comme des évidences scientifiques, des manifestations et des pensées qui receuillent l'assentiment général plutôt que des suppositions individuelles responsables de conflits. Le temps présent est particulièrement important car Dieu est entrain d'utiliser plusieurs personnes comme signes. Le développement des moyens de communication permet aux citoyens du monde de se tenir informés et de faire des progrès. Dieu veut vraiment utiliser l'époque actuelle pour accélérer la guérison cosmique.

Chercheur est l'un des signes que Dieu est entrain d'utiliser pour ce but. Les détails sur sa façon de toujours rechercher et créer une meilleure existence pour tous figurent dans les prochains chapitres. Une chose importante concernant la philosophie de l'humanisme divin qu'il développe est que cette idéologie veut inclure tous les autres signes le plus tôt possible pour un travail plus efficace. L'humanisme divin en son stade actuelle sera amender par d'autres philosophes.

Les grandes lignes de cette philosophie montrent que le bonheur pour tous est vraiment possible. Ainsi les humains atteindront finalement un point de maturité philosophique qui constituera le fondement pour la maturité de l'amour et sa jouissance.

Chapitre 8

Education pour la société la plus heureuse: généralités

Définition de l'éducation

L'EDUCATION dans un sens large et positif est un processus á travers lequel á la fois la nature manifeste et la nature potentielle de l'être humain sont influencées par les facteurs environnementaux, organisés ou pas, afin que cet être humain aquiert continuellement de la connaissance, de l'habileté, des vertues, la santé, la force, l'amour, ainsi de suite.

Il y a donc une éducation négative dans laquelle les éléments gagnés sont contraires á ceux de l'éducation positive. Une partie de l'éducation positive porte sur l'éducation négative, ses conséquences, et comment les éviter.

Facteurs environnementaux qui influencent l'éducation

Les facteurs environnementaux en question sont la société humaine, la nature, et le monde au-delá du physique; particulièrement Dieu. Leur influence commence avant même la conception d'un enfant. Par exemple, un spermatozoïde ou une ovule dans le corps d'un père ou d'une mère peut être protégé contre une mutation génétique dangereuse qui conduirait après conception á un enfant malade et souffrant.

Basée sur la nature humaine, l'éducation peut être divisée en trois branches: l'éducation *du* corps physique, l'éducation *du* corps spirituel, et l'éducation de l'âme. Lorsque les facteurs influençants sont considérés, l'éducation á également trois aspects: éducation *á propos de* lanature, l'éducation *á propos de* l'humanité, et l'éducation *á propos du* surnaturel et Dieu.

Education formelle et informelle

Le degré d'organisation des facteurs influençants permettent d'établir une distinction entre l'éducation formelle ou institutionalisée et l'éducation informelle. Pour que la société la plus heureuse émerge, l'éducation formelle doit continuellement s'élargir grâce á ses acquis antérieurs et aux contributions de l'éducation informelle.

En d'autres termes, les gens devraient porter á l'attention publique la connaissance accumulée de façon privée pour leur donner une validité sociale et améliorer l'éducation formelle. Ceci permettrait aux futurs apprenants de gagner du temps et d'amener la connaissance publique, les vertues, l'amour, etc… á des stades plus élevés.

L'éducation informelle est parfois inutilement lente et douloureuse. Des millions de personnes meurent sans accéder á l'information vitale qui aurait pu significativement améliorer leurs vies en termes de longévité et d'éviction de la souffrance. Ceci est un grand gâchis.

Lorsque la connaissance est publique, elle permet aux êtres humains de se concenter sur les éléments prioritaires. De nombreuses fois, des individus passent leur temps a essayer de découvrir ce qu'au mois une autre personne á déjà découvert alors que leur précieux temps aurait pu être consacré á d'autres situations et phénomènes afin que l'humanité en général et chaque individu en particulier gagne en fin de compte.

Lorsque l'éducation est centrée sur le but, on distingue: la biologie, la géologie, la botanie, la zoologie, la médecine, l'histoire, la géographie, la philosophie, la théologie, la spiritualité, la psychologie, l'astronomie, la chimie, ainsi de suite.

L'éducation comme un processus graduel

L'éducation en tant que processus signifie que les personnes acquierent la connaissance, l'habileté, l'intelligence, l'amour, la beauté, etc...*progressivement*. Il y a tant de chose á savoir. C'est pourquoi l'éducation nourrit avec des informations et des pratiques plus complexes après l'assimilation de prérequis.

Ceci signifie que la complexité du processus éducationnel devrait correspondre au niveau de maturité des personnes concernées. L'éducation doit être un processus flexible capable de s'adapter aux besoins particuliers des individus doués ou handicapés. Elle doit être á la fois standard et considérer le concept d'intelligences multiples qui reconnaît des talents divers de personnes différentes á des moments précis.

Tout ce qu'unindividu á besoin de savoir ou d'être n'est pas enseigné en un jour. La plupart des gens comprennent ceci lorsqu'il s'agit de l'éducation portant sur les choses physiques. Mais lorsqu'on en vient aux choses spirituelles ils sont impatients et veulent tout savoir immédiatement. Ceci montre leur faim et leur soif pour les questions divines et spirituelles qui sont en effet essentielles.

Cependant, malgré cet empressement pour accéder á l'information concernant l'âme et l'esprit, il faut éviter de confondre vitesse et précipitation. Un certain temps est aussi nécessaire pour l'assimilation des théories et pratiques de l'éducation spirituelle aussi. Le problème avec la science spirituelle est qu'elle est absente de l'éducation séculière, diluée ou déformée dans la religion, et souvent cachée dans les écoles spirituelles.

Problèmes de l'éducation cachée

Les écoles spirituelles et des spiritualistes comme Manly P. Hall affirment que la connaissance spirituelle doit être cachée parce que la majorité des gens est immature et ne peut l'utiliser á de bonnes fins. Jésus dit la même chose lorsqu'il demanda de ne pas donner ce qui est saint aux personnes malsaines ou de jeter des perles á des "porcs" [Matthieu 7:6].

Chercheur admet la justesse de ces observations et de ces recommendations. Mais il pense que plus d'effort devrait être consacré á la transformation de gens simples en des personnes matures et saintes afin qu'elles deviennent dignes de recevoir des enseignements extraordinaires. Ainsi donc, la connaissance cachée deviendrait publique dans un système d'éducation unifié. C'était l'idée que Jésus avait [Matthieu 10: 26].

Cette stratégie á une avantage double: aider á l'amélioration de la vie de millions de gens et faire disparaître les problèmes liésá la connaissance cachée.

L'éducation cachée pose cinq grands problèmes. Le premier est que parfois la connaissance est si protégée qu'elle finit par être perdue. Il y a de nombreux rapports sur des humains spirituellement avancés qui ne trouvent pas de successeurs dignes á qui confier leurs savoirs avant de mourir. Ces connaissances "meurent" donc avec eux.

Le deuxième problème de l'éducation cachée en dehors de la perte d'information précieuse est la conduite d'expériences dangereuses et nuisibles. Une grande partie de l'éducation concernant les choses physiques est publique. La population est souvent au courant de situations dangereuses lorsqu'elles sont crées. Il y a donc des lois, des régulations, des pénalités, qui essayent de protéger la société entière. Cependant, lorsque l'éducation est cachée, personne n'est au courant de ce qui se passe et des expériences dangereuses peuvent facilement être développées et causer des dommages importants.

Un troisième effet négatif est que puisque l'éducation est cachée et en même temps utile á plusieurs personnes, certains essayent d'infiler les organisations qui sont censés veiller sur ces secrets. C'est ainsi que l'espionnage et les espions sont créés. Mais personne n'aime être espionné y compris l'espion lui/elle-même.

Un quatrième problème de l'éducation cachée est qu'elle ne correspond vraiment pas á la nature humaine. Les êtres humains aiment marcher sur des terrains connus et sûrs en plein jour et tendent á éviter des mystères qui pourraient abriter des dangers potentiels. Manly Hall a beaucoup loué les anciens mystères et Helena Blavatsky fut particulièment dure contre le christianisme même si elle avait de bonne raisons.

Cependant, le christianisme avait remplacé les mystères dans plusieurs cités du monde ancien pas seulement á cause de puissant dirigeants comme l'empereur Constantin de l'Empire Romain. Il y avait des choses dans le message chrétien qui séduisit les populations au point de leur faire abandonner les mystères cachées. Une des raisons était le désir de ne plus se cacher.

De nombreux nouveaux chrétiens ont dû aimer le message de Jésus en Matthieu 10: 26 et Luc 8: 17 mentionné plus haut: *'Car tout ce qui est secret sera éventuellement amené á découvert et tout ce qui est caché sera amené á la lumière et porté á la connaissance de tous.'* Cette déclaration de Jésus était un écho de celle de Job en Job 12: 22: *'Il améne á découvert ce qui est caché dans l'obscurité.'* Le même message fut également délivréavant Jésus par le prophète Jérémie [31: 33-34] et était cher á l'auteur du livre des Hébreux [8: 10-12].

Certaines écoles spirituelles et certains spiritualistes comprennent les désavantages de l'éducation cachée. *Chercheur suspecte que c'est une des raisons derrière le livre de Dan Brown, The Lost Symbol [Le Symbole Perdu]. Dans le livre, la franc-maçonnerie, une des plus grandes écoles spirituelles est décrite comme reconnaissant la nécissité de mettre le savoir á la disposition de tout le monde.*

Par conséquent, la population générale devrait se préparer á gérer une grande connaissance en assimilant autant de prérequis que possible, en théorie comme en pratique. Ceci montre la l'importance de la philosophie de l'humanisme divin.

Le cinquième problème est qu'il existe une catégorie de gens qui cache les choses parce qu'elle croit qu'il n'y en as pas assez pour tous. Cette façon de voir est incorrecte. La matière et l'énergie dans l'univers est abondante et si la raison humaine était suffisamment libre et forte, elle trouverait un moyen de rendre tout le monde heureux.

Il y a un égoïsme qui caractérise le monde animal *[loi de la jungle]* dans lequel la panthère se bat contre le renard pour attraper le lapin. Mais les humains devraient prouver qu'ils sont au-dessus du niveau animal en vivant en harmonie. C'est une autre objectif éducationnel de l'humanisme divin.

Titres et curricula vitae

Il fut un temps où Chercheur lors de ses études n'arrivait pas á comprendre pourquoi des personnes qui ont beaucoup étudié dans des institutions officielles deviennent si fiers qu'elles deviennent des obstacles á d'autres. Dans le même temps, il eut le privilège de rencontrer un scientifique mondialement célèbre qui se conduisit de façon simple et permit á d'autres d'avoir accès á lui. Il laissa une impression positive et durable sur Chercheur qui pouvait voir quelqu'un appliquer une philosophie chère á lui.

Les titres et les curricula vitae sont utiles pour informer des étrangers sur le degré d'expertise d'une personne dans différents domaines de la vie. C'est le seul rôle qu'ils devraient jouer. Ils ne doivent jamais être utilisés de manière condescendante, dédaigneuse, pompeuse, ou arrogante. De l'autre côté, les individus qui n'ont pas eu la chance d'étudier autant devraient libérer leurs âmes ou psychismes de toute sorte de complexe d'infériorité. Ils devraient néammoins reconnaître le dur travail de ceux qui ont étudié et rechercher sérieusement des occasions d'apprendre eux-aussi.

Chercheur connaît trop bien la valeur d'un être humain. C'est pourquoi il n'essaye pas d'établir des relations sociales principalement centrées sur les titres et les curricula vitae et n'est pas d'accord lorsque des gens se sentent inférieurs parce qu'il n'ont pas beaucoup étudier. Les déficiences éducationnelles dans les vies des personnes devraient être reconnues et corrigées aussitôt que possible. C'est une autre mission de l'humanisme divin.

Langage et éducation

Puisque la parole est un attribut important des êtres humains, le langage ou plutôt les langages existent et servent de vecteurs de communication entre eux. L'éducation aussi utilise ce véhicule pour atteindre ses buts. Mais étant donné qu'il y a des milliers de langues dans le monde et puisqu'il est mieux que chaque humain bénéficie des connaissances des autres, il devrait y avoir une langue centrale pour servir de repositoire á la connaissance universelle tandis que les langues secondaires maintiennent leur existence jusqu'á ce que le problème du langage soit résolu.

Ceci devrait être vu d'un point de vue utilitaire et non impérialiste. Puisque la langue anglaise est plus ou moins déjà entrain de jouer ce rôle, il est mieux de renforcer sa position. L'humanité pourrait travailler dans le même temps sur l'élaboration d'une langue plus universelle en terme de richesse et de couverture des différents sons, phénomènes, connaissances, et êtres qui existent. L'impact limité de l'*Esperanto* parlé couramment par deux millions de gens selon Wikipedia ne devrait pas décourager la tentative d'avoir une langue universelle.

Chapitre 9

Science spirituelle, philosophie, et théologie

Généralités

Spiritualité ou énergeticité?

Dans le Chaptre 7, la spiritualité est définie comme le développement de la conscience concernant le monde d'énergie. Avec le développement de la physique, la physicalité en est venu á être décrite comme comprenant á la fois les phénomènes matériels et énergétiques comme vu dans le Chaptre 4. La frontière entre la spiritualité et la physicalité peut disparaître á cause de la compréhension de l'énergie.

Cependant, la physicalité décrit seulement une partie de la réalité énergétique et demeure ignorante de plusieurs faits présentés et expliqués par certaines écoles spirituelles et religions. Les manifestations du Saint Esprit et des chakras sont deux exemples importants. Par conséquent la spiritualité a toujours son domaine exclusif. Lorsque la science de l'énergie se développera suffisamment pour couvrir tous les sujets discutés dans la spiritualité, un des deux termes remplacera l'autre. En ce moment, la physicalité pourrait venir á être vue comme l'union de la matérialité et de l'*énergicité* ou l'union de la matérialité et de la *spiritualité*.

Un consensus qui adopte les deux termes devrait utiliser les mots 'énergie' et 'énergeticité' en physique quantique d'un côté et 'esprit' et 'spiritualité' d'un autre côté. Ce consensus devrait toujours se rappeler qu'il y a une connection directe entre esprit et énergie. Ceci aiderait les êtres humains á mieux percevoir les relations entre les différentes catégories d'êtres et ne pas perdre de vue le riche héritage spirituel de l'humanité.

Comparaison entre spiritualité, religion, et science spirituelle

L'histoire et l'archéologie montrent que la spiritualité et la religion sont anciennes. Dans une écriture comme la Bible, la spiritualité apparaît plus ancienne, plus universelle, et plus inclusive que la religion.

En effet, la Bible décrit la spiritualité humaine commençant avec l'interaction entre le premier homme Adam et des êtres appelés Dieu et anges. Ni l'adoration, ni la réconciliation ou d'autres éléments religieux comme le clergé n'étaient décrits.

Les éléments religieux entrèrent en scène seulement après la désobéissance d'Eve et d'Adam en Genèse 3 connue comme le péché originel. Le premier élément religieux á apparaître fut l'*expiation* dans la forme de la "punition" infligée á Adam, Eve, et aussi le serpent. Deuxièmement, il fut question de reconciliation á travers les sacrifices demandés á Abel et Cain.

Les écritures montrent qu'il a été difficile aux humains d'avoir une relation simple et directe avec le divin et le surnaturel comme Adam avant sa désobéisance. Néammoins, elles mentionnent Henoc, Noé, Melchisédech, Abraham, Moïse, Balaam, les prophètes de l'ancien Israël, Jésus, et Mahomet comme des personnes qui ont établi des relations bonnes et remarquables avec Dieu.

Ces derniers étaient souvent á la fois spirituels et religieux comme le furent plusieurs autres dans les anciennes civilsations d'Egypte, d'Inde, de Perse, d'Afrique etc... Le plus souvent, leur côté religieux était plus développé quand ils avaient á élever la spiritualité des masses humaines.

Ainsi, la religion devint une tentative pour rehausser la spiritualité et l'existence globale et donc fut moins concrète et moins puissante que la spiritualité. La plupart des adèptes des grands fondateurs religieux se reposèrent sur les expériences et les compréhensions de leurs leaders plutôt que d'interagir avec le divin et le surnaturel dans leurs propres esprits comme recommandé par Jésus [Jean 5: 24] par exemple.

Certains adeptes comprirent que les grands fondateurs n'étaient que des exemples pour les aider á développer leurs propres potentiels. D'autres firent des progrès significatifs mais déformèrent les idées de leurs guides ou les orientèrent dans une direction peut souhaitable par le Divin. D'autres encore conclurent qu'il est incongru voire impossible que les individus eux-mêmessoient responsables de leurs spiritualités.

Mais le fait demeure que plusieurs parmi ces fondateurs voulaient que chaque être humain se développe spirituellement selon ses propres capacités abandonnant une position de subordonné.

Remarquable parmi ces fondateurs est Hermès Trismégiste qui chercha á utiliser l' Ame Intelligente de Dieu en lui pour réveiller l'Ame Intelligente de Dieu qui se trouve dans les autres afin qu'ils/elles soient sauvés. Hermès laissa des moyens d'ouvrir les portes entre les mondes matériel et spirituel ainsi que des méthodes pour gérer la réalité spirituelle. Remarquable est Moïse qui voulut que tous reçoivent le Saint Esprit en abondance et qui annonça sans jalousie qu'un prophète comme lui naîtra dans le future. Remarquable est Jésus qui enseigna qu'il est possible que d'autres accomplissent des oeuvres plus grandes que les siennes [Jean 14: 12]. D'autres noms émergeraient certainement si une recherche plus large dans le champ de l'histoire, de la spiritualité, de la religion, ou de la philosophie était conduite.

La science spirituelle existe déjá sous la forme de la spiritualité que l'humanité a connu jusqu'au temps présent. Néammoins, elle peut être grandement améliorée grâce á l'histoire spirituelle elle-même mais aussi grâce aux méthodes empruntées á la science des choses physiques ainsi que par le soutien de nouveaux scientifiques spirituels. Il est donc nécessaire de redéfinir la science spirituelle en ce matin du 21ème siècle.

La science spirituelle définie en quelques mots

La science spirituelle est l'observation, la description, l'analyse, la compréhension, l'utilisation, l'investigation, et le développement de phénomènes liés au corps et au monde spirituelles. C'est l'éducation de l'âme et de l'esprit á propos de l'esprit et du monde des esprits.

En tant que telle, la science spirituelle est différente de la théologie.

Science spirituelle, théologie, philosophie, et psychologie différenciées

La théologieest l'étude systématique du divin incluant Dieu, les dieux, et le monde spirituel. Tout comme la philosophie séculière transcende la science séculière, la théologie transcende á la fois les sciences spirituelle et matérielle. Cette transcendence est raisonnée. La transcendance est aussi ontologique puisque Dieu, l'Ame Universelle existe au-delá de l'énergie du Saint Esprit, au-delá de la matière, et au-delá de tous les êtres.

Comme dit dans le chapitre précédent, selon la partie de la nature humaine qui est éduquée et selon ce qui est étudié, on peut distinguer plusieurs catégories d'éducations: l'éducation *du* corps physique, celle *de* l'esprit, et celle *de* l'âme d'un côté et l'éducation *á propos de* la nature, de l'humanité, du surnaturel, et de Dieu d'un autre côté.

Les buts de l'éducation *de* l'âme *á propos de* tout sont la connaissance, les vertues, ainsi que les plaisirs et le bonheur tandis que ceux de l'éducation de l'esprit á propos de lui-même et du monde spirituel [qui est parrallèle á l'éducation du corps physique] sont la santé, la beauté, l'habileté, la force, et aussi les plaisirs et le bohneur.

La théologie est fondamentalement une discipline du niveau de l'âme intelligente mais les enseignements théologiques peuvent apparaître au niveau de la science spirituelle lorsque les dieux sont étudiés.

La philosophie et la psychologie, comme la théologie sont l'éducation de l'âme sur tout. Les trois recherchent le développement de la raison ou de l'intelligence, ou de la sagesse pour orienter avec sécurité les désires, passions, et amour humains; renforcer la volonté humaine; et stimuler la créativité. Ces trois disciplines ont trois buts: transmettre la vérité ou la connaissance incluant la *morale théorique,* permettre l'acquistion de vertues ou *morale pratique,* etrendre possible la vraie jouïssance de la vie á travers l'amour et les plaisirs ou la *morale fructueuse.*

Ceci est l'explication fondamentale de l'enseignement de Jésus que la vérité libère [John 8: 32] et la justification de la déclaration de Toni Morrison faite en 1986: *'L'* **accès á la connaissance** *est formidable, c'est l'acte suprême de toutes les civilisations vraiment grandes.'* Morrison est fameuse pour avoir remporté le Prix Nobel de litérature en 1993 ainsi que d'autres importants prix comme le Prix Pulitzer.

La science spirituelle est principalement á propos de l'esprit ou des énergies [expliquéesou pas]. Comme la science des choses physiques, la science spirituelle devrait inclure la "biologie" de l'esprit ou sa structure et ses fonctions. Elle doit aussi inclure la médecine spirituelle, les sciences physiques [physique quantique?], la chimie [alchimie?], la zoologie du monde spirituel, sa botanie, sa géologie, l'esthétique, les sports, la musique, la dance, les amours, la gastronomie etc...

La science spirituelle telle que connue dans la spiritualité et la religion anciennes et modernes á besoin d'améliorations. Malgré l'existence des notions d'anatomie et de physiologie de l'esprit dans l'ancienne Egypte, l'hindouisme, le bouddhisme, et le Yoga, l'ignorance humaine en matière de science spirituelle est encore abysmale. La recherche dans ce domaine est donc importante.

Enseignements de lascience spirituelle

Une discussion sur la "voix" de Dieu

Durant le printemps 2010, Chercheur qui était en dernière année de séminaire visita un groupe de collègues. C'était un soir. Après les salutations d'usages, ils s'assirent autour d'une table pour le dîner. Naturellement leur discussion qui portait sur des questions théologiques continua.

A ce moment, un des séminaristes mentionna qu'il s'était engagé en religion et en spiritualité parce qu'il avait entendu *l'appelle de Dieu*. Plusieurs années plutôt, Chercheur n'aurait rien eu á dire en écoutant une telle déclaration. En fait, c'était une que lui-même aurait pu facilement faire ou qu'il avait probablement faite.

Chercheur approchait la fin du séminaire et avait eut le temps de penser sur un nombre important de sujets y compris l'appelle de Dieu. De plus, il avait plus d'expérience en traitant avec ses enseignants, des hommes du clergé, la population religieuse générale, les athés, les sceptiques, des humanistes séculiers etc....

Il décida donc de faire passer un petit test á son collègue en espérant enrichir sa propre connaissance sur la question. Il demanda á son camarade de classe comment il aurait pu être sûr que c'était Dieu qui l'avait appelé. La réponse du collègue fut qu'il entendit la voix de Dieu dans son coeur.Chercheur se fit plus précis demandant comment il pouvait faire la différence entre la voix de Dieu et sa propre voix. Comme on peut se douter, cette discussion n'avait pas beaucoup de chance de finir avec une réponse définitive que la raison pouvait admettre.

C'est peut être pourquoi certains considèrent la religion comme un système de croyances dans lequel la raison n'a pas de place. Mais Chercheur était convaincu que la Raison était l'aspect fondamentale de Dieu et qu'elle ne devrait pas être exclue des interactions entre Dieu et les humains. Son avis était que les scientifiques spirituels devraient faire attention á ne pas tomber amoureux de leurs propres idées et éviter d'enter dans le piège de la fierté négative qui ferme les yeux du sens du jugement.

Chercheur savait qu'au-delá de la "voix" de Dieu, la question de savoir qui est Dieu était encore plus fondamentale. Heureusement, il avait déjà commencé son travail sur le livre *Demeure des Divinités*; il savait donc qu'il aurait besoin de ce livre [consacré á l'existence et á la nature de Dieu]pour répondre ála question de l'appel de Dieu, á celle du sens á donner á la prière et á la musique religieuse ainsi qu'á l'adoration.

Le sujet de l'appelle de Dieu est important parce qu'il met sur table les relations avec Dieu et les êtres spirituels. Lorsque Dieu appelle une personne comment procède-t-IL/Elle? Sa Voix est-elle comme celle des humains ou s'agit-il d'un processus télépathique? Chercheur ne peut pas affirmer qu'il ait jamais entendu la Voix de Dieu sous forme de son physique même si en un sens, la voix d'un être créé est celle de Dieu. Mais ce n'est pas la question ici.

Dieu est l'Ame Universelle qui communique avec les humains par exemple dans des visions et des rêves. Lorsque cela ce produit, une personne peut entendre un son pas physique mais spirituel et/ou mentale. Puisque le Saint Esprit est l'Energie Divine, il peut avoir une forme qui transmet le son spirituel. Un son mental de l'Ame Universelle á l'âme individuelle est aussi une possibilité. Les personnes ayant une éducation théologique et spirituelle avancée sont souvent en mesure de percevoir la Parole ou le Discours de l'Ame Universelle.

Une manière qui permet d'être presque certain de faire la volonté de Dieu est de considérer l'intérêt général en toute chose sans oublier l'intérêt particulier. Les bonnes personnes reçoivent beaucoup de Dieu. Elles expriment donc fréquemment le point de vue de Dieu. Les animaux, les plantes, et les choses aussi peuvent indirectement transmettre les "paroles" de Dieu inscrites dans la nature.

La prière

Définition et buts de prière

La prière est de façon basique une communication entre un humain et Dieu ou une déclaration, un souhait, ou une commande venant d'un être humain divin ou avancé. Par la prière, les gens se rappellent qui ils sont et décident qui ils veulent devenir. La communication avec Dieu peut être á sens unique ou rudimentaire parce que l'humanité lutte toujours pour déterminer l'identité de base du partenaire que Dieu est.

La présence de Dieu est souvent perçue á travers le Saint Esprit. Néammoins, cette présence dans les expériencesde Chercheur n'est pasaussi forte et aussi directe que dans celles d'Hermès, Jésus, et Moïse. Il ne connaît aucun être humain vivant qui peut revendiquer ce genre de relation directe avec Dieu et en même temps être quelqu'un de raisonnable, honnête, et bon. Son espoir est que ce constat change quand il rencontre plus de gens.

Il considère néammoins favorablement les rapports sur Hermès, Jésus, et plusieurs prophètes parce qu'ils ont passé les tests de base. Il pense donc que l'humanité devrait sérieusement rechercher le genre de relation qu'ils avaient avec Dieu et même plus.

L'action de grâce et la glorification devraient être les premiers buts d'une prière á Dieu ainsi que la volonté d'être plus proche de Dieu. Dire merci á quelqu'un qui a offert des choses est important pour celui qui donne comme pour celui qui reçoit. Les êtres humains devraient donc remercier Dieu pour leurs précieuses vies et pour tout le bonheur dont ils peuvent jouïr.

Le deuxième but de la prière devrait inclure un désir de voir le Saint Esprit se manifester; un désir de comprendre cet Esprit et ses dons; une volonté de sanctifier l'âme personnelle, l'esprit, et le corps afin de percevoir le Discours ou la Parole de Dieu dans le monde spirituelle, dans la nature, et d'Ame á âme. Une fois ce genre de prière est adressée á Dieu, il faut ensuite continuer d'étudier, de méditer, de planifier, et d'agir pour le bohneur cosmique.

Une fois que Dieu se manifeste directement, une personne peut chercher á mieux connaître sa volonté et s'ajuster á elle. En ce moment, on pourrait mieux remercier et glorifier Dieu basé sur l'expérience et les mots prononcésauraient plus de sens comme au temps ou le grand prêtre Zacharie recouvra la parole á la naissance de Jean Baptiste.

Même si Dieu est digne d'être remercié et glorifié á n'importe quel moment, les personnes qui élèvent leurs propres niveaux de dignité arrivent á reconnaître la possibilité d'une glofication abusive de Dieu par manque d'information ou pour une satisfaction psychologique personelle. Pour ce genre de support psychologique, il est mieux d'établir des relations fructueuses avec d'autres humains.

Glorifier Dieu tout le temps sans une relation concrète avec Lui/Elle ne semble pas suffisamment raisonnable ou mâture. Ce comportement peut avoir l'effet secondaire de présenter Dieu comme un être égoïste et tyrannique surtout aux yeux des athés.

Parfois certaines personnes refusent d'être remerciées parce qu'elles savent que le receveur est déjà reconnaissant surtout á travers la manière avec laquelle il traite d'autres. Dieu peut donc demander á un humain particulier qui a montré sa propre valeur divine de ne pas Le/La remercier ou glorifier. Un tel individu peut même être remercié par Dieu comme le rapporte la Bible á propos de Jésus [aux moments de son baptême et de sa transfiguration]. Lorsque Jésus glorifia Dieu, il savait de quoi il parlait.

Une relation plus directe avec Dieu inclut un travail de la personne humaine pour la manifestion de son propre esprit ainsi que la manifestion d'êtres surnaturels tels les anges comme le montrent plusieurs écritures religieuses et spirituelles. Il est bon de demander á Dieu que les anges interviennent dans certaines affaires surtout après avoir rencontré et mieux connu ces anges.

Une personne de caractère divin peut directement demander aux anges d'intervenir parce que connaissant mieux Dieu et l'univers, elle peut gérer sans difficulté une relation directe avec les anges. Il est important de beaucoup étudier et de faire attention pour ne pas rejeter un bon esprit et pour éviter de coopérer avec un esprit maléfique en déguisement.

La raison pour laquelle une personne devrait directement prier Dieu même si Dieu connaît ses responsabilités est que cela permet á l'individu d'exprimer et de démonter son désire et sa préparationá avancer sur la voix divine. Cette préparation inclut la répentence puisque l'être humain en cours de développement est capable d'erreurs.

La vraie répentence est montrée par une auto-sanctification et une vie exemplaire. Mais la répentence devrait être rare et ne concerner que les fautes commises par ignorance. Les situations de dépendence devraient être bien diagnostiquées et traitées de façon appropriée. En ce moment, Dieu pourrait répondre aux prières avec un minimum de garantie que ses nouveaux dons ne seraient pas gaspillés même si l'individu peut toujours changer d'avis. Donc la prière á Dieu est aussi une prière vers soi.

Prier que Dieu intervienne dans les vies des autres n'est pas nécessaire dans un premier temps á cause du principe de liberté. La personne qui prie Dieu utilise sa liberté de cette manière et celle qui ne prie pas Dieu utilise sa liberté d'une manière différente.

Les scientifiques spirituels devraient appeler l'intervention de Dieu dans les vies d'autres personnes lorqu'ils/elles ne sont pas capables de trouver des solutions aux degrés élevés de malveillance en ces personnes. En priant Dieu dans ce cas, les scientifiques spirituels expriment leurs limites á protéger leur propre liberté contre le mal. C'est le quatrième but qu'une prière á Dieu peu avoir.

Mais avant d'appeler l'intervention de Dieu, les gens devraient essayer de régler les problèmes par eux-mêmes. La prière dans cette situation mobilise l'énergie du monde spirituel y compris l'énergie électromagnétique pour aider directement les personnes qui en ont besoin. Le besoin peut être une meilleure santé, la bonté, de la nourriture, des vêtements etc…La prière peut être délivrée en la présence ou l'absence du receveur dépendant des circonstances.

Lorsqu'un individu souhaite recevoir une prière, l'impacte de la prière est plus forte pour trois raisons. Premièrement, le receveur se met en position de recevoir comme lorsque Jésus déclara á des personnes que leur fois les avaient sauvé. Le deuxième avantage se manifeste lorsque le receveur peut entendre les bons mots prononcés. Le receveur sent l'attention et le soin de celui ou celle qui prie et peut ainsi augmenté sa connaissance, son intelligence, et son pouvoir de volonté pour rendre les choses meilleures au niveaux personnel et cosmique.

Le troisième avantage est un transfert directe d'énergie et pas seulement l'énergie des mots. Il s'agit d'un transfert de substance spirituelle comme le témoignent les rosicruciens, les pratiquants de qigong et de Reiki, et de nombreux autres guérisseurs.

Une raison pour prier en l'absence du receveur est la mauvaise humeur de cette personne qui n'est pas en état d'écouter des paroles raisonnables, d'amour, de gentillesse etc… Avec une telle personne, une prière directe serait une provocation. La meilleure attitude serait de laisser le temps montrer á cette personne la bonne intention du scientifique spirituelle. Alors une conversation directe pour sagement régler les problèmes pourrait être entamée et une prière directe faite lorsque nécessaire et requise.

Si le problème d'une personne ne peut être résolu de cette façon, cela signifie le mal ou la folie. Il y a le mal "passif"et le mal "actif." Dans le premier cas, l'individu pense et parle de marnière malveillante mais n'agit pas dans le monde physique ou dans le monde spirituel croyant qu'il ne fait aucun mal.

Mais en réalité, ce mal n'est pas si passif que cela parce qu'il peut mettre en mouvement des énergies blessantes aux niveaux mentales et spirituelles qui peuvent influencer négativement les sentiments, la volonté, l'intelligence, la créativité, et le développement de gens qui n'ont pas de contremesures.

La contremesure la plus puissante au niveau de l'âme est l'innocence ou l'attitude mentale qui ne complote pas contre les autres pour leur faire du tort. Il ne faut jamais permettre á la jalousie morbide de prendre contrôle de l'âme. Une personne devrait apprécier la force, la beauté, la santé, et l'argent sans pour autant concevoir des plans pour les voler ou les détruire. Vouloir ces choses est une bonne chose mais il vaudrait mieux les acquérir en coopérant avec les personnes qui les ont.

Si un individu fort, en bonne santé, beau, et riche refuse d'aider d'autres á devenir pareils, les scientifiques spirituels devraient être patients sachant que toutes ces choses font partie de leur héritage venant de Dieu. Ils/elles devront donc utiliser leur sagesse divine pour obtenir ce qu'ils veulent. *Plus nombreux sont ceux et celles qui se rassemblent, plus vite leurs nobles désirs deviennent réalité.*

La prière sous forme d'attitude positive ou d'innocence est suffisante pour prévenir le genre de tort causé par le mal passif ou le mauvais oeil. Dans le cas du mal "actif," le système judiciaire humain peut aider. En cas de bonne utilisation, ce système peut déjà permettre d'éviter de nombreux troubles á la fois pour les individus qui ont de difficultés á ne pas faire du mal aux autres.

En cas de mal actif, des prières peuvent être envoyées á Dieu pour obtenir son aide. Encore une fois, ce genre de prière est un aveu d'impuissance du scientifique spirituel á Dieu afin que Dieu prenne des mesures extraordinaires pour éliminer le mal. C'est ainsi que le déluge peut être expliqué.

Il existe des moyens élaborés ou potentiels pour éviter de devenir maléfique et aussi pour arrêter de l'être quelque soit le degré de mal ou de folie. Si une âme peut dégénérer grandement, l'effort d'une autre âme peut aussi trouver des solutions qui améliorent la médecine. *La sagesse divine est la médecine de l'âme.*

Enfin, la prière devrait aussi être addressée en direction de lieux, de périodesde temps, d'événements, d'animaux, de plantes, de choses etc...parce que les mots de bonté peuvent positivement les influencer et les aider á se débarrasser d'énergies vibratoires dangereuses qui auraient pu être emmagasinées en eux ou qui peuvent apparaître pour mal les influencer.

Quelques bénéfices de la prière

La prière aiguise l'âme et aide á faire reculer l'ignorance, la confusion, la folie, et le mal permettant d'avoir une âme intelligente, connaisseuse, bienveillante, et motivée. Elle attire les forces positives de l'univers notamment le Saint Esprit qui nourrit d'inspiration, de sagesse, et de force.

Elle garde le corps spirituel et le corps physique en bonne santé, forts, et beaux. Elle permet de développer et maintenir de correctes structures et fonctions spirituelles [chakras, pouvoirs parapsychologiques comme la télékinésie, la guérison, etc...]. Chercheur a remarqué que la prière permet de littéralement garder le corps spirituel concentré et bien ajusté. Elle garde aussi l'âme concentrée.

La prière joue un rôle important dans la restauration de la "santé" des objets et des êtres vivants. La prière á donc un rôle préventif comme curatif.

Eléments qui supportent la prière y compris le jeûne et la fréquence de prière

Les personnes divinement avancées comprennent mieux comment prier pour obtenir des résultats concrets. Elles ont une meilleure compréhension des éléments qui supportent la prière.

Ces éléments sont *la magie bénéfique, l'alchimie, le feu, les bougies, l'encens, le jeûne, la numérologie, etc...* Ils peuvent être utilisés s'ils aident la concentration ou si la recherche montre leur influence d'une autre manière.

SCIENCE SPIRITUELLE, PHILOSOPHIE, ET THEOLOGIE

La magie et l'alchimie

La science des choses physiques est unesorte de connaissance qui aide á transformer la réalité physique grâce aux pouvoirs de l'âme et du corps physique. La magie aide á transformer ála fois le monde physique et le monde spirituel grâce aux pouvoirs de l'âme, du corps spirituel, et du corps physique.

Il peut exister des scientifiques des choses physiques qui utilisent des méthodes vraiment dangereuses. De la même manière, il peut y avoir des magiciens dangereux. Le danger potentiel de la magie est plus grand que celui de la science des choses physiques parce qu'elle implique le monde spirituel et des êtres spirituels qu'on connaît peu.

Il faudrait beaucoup faire appel ici á la sagesse ou á la bonté divine. C'est cette sagesse ou philosophie qui dit aux commissions éthiques comment poser des garde-fous aux activités des scientifiques. Toute comme il y a une philosophie de la science, il doit y avoir une *philosophie de la magie* qui utilise la raison et la bonté élevées pour aider les scientifiques spirituels á *ne pas* mener des activités dangereuses ou maléfiques.

Il devrait y avoir des *commissions éthiques magiques ou commissions éthique de science spirituelle* pour s'assurer que des criminels n'utilisent pas la magie ou la science spirituelle pour faire du mal á d'autres et il devrait y avoir aussi une *police, une armée, un système judiciaire spirituels constitués par les personnes les plus sages et les plus bonnes*.

Le noyau de la philosophie de la science spirituelle est l'opposition de la bonté au mal. C'est ce qui détermine comment et pourquoi les éléments physiques et spirituels sont utilisés.

Refuser de pratiquer la science spirituelle ou magie manque de sagesse autant que le rejet des bénéfices de la science des choses physiques. Le défi est d'éviter les méthodes destructives ainsi que les êtres destructeurs et rechercher des méthodes et êtres constucteurs.

Plusieurs parmi ceux qui rejettent la science spirituelle ou magie justifient leur position basés sur le fait que le Dieu de l'Ancien Testament l'interdit dans Deutéronome 18: 9-12. Mais un peu de réflexionmontre que ce qui est en réalité rejeté est le mal et non la science spirituelle.

Le Dieu de l'Ancien Testament inderdit l'association avec les démons pour le mal mais envoya des anges enseigner Moïse et Tobit une science spirituelle utilisée pour faire le bien. Le travail de Jésus dans le Nouveau Testament est aussi basé sur la science spirituelle. Le Dieu de l'Ancien Testament envoya également des anges enseigner Daniel et d'autres prophètes.

Il est donc acceptable de faire de la recherche spirituelle et de recevoir des enseignements venant d'êtres spirituels. Ceux qui voudraient devenir des scientifiques spirituels devraient d'abord renforcer leurs âmes avec la sagesse divine centrée sur la bonté. *Ainsi armés, ils/elles peuvent tester les esprits comme dit dans 1 Jean 4: 1 examinant tout et ne retenant que ce qui est bon comme demandé par Paul dans 1 Thessalonians 5: 19-21.*

Le scientifique spirituel devrait cependant être au courant que les démons peuvent se déguiser en anges de lumière [2 Corinthiens 10: 14]. Il devrait donc être vigilant tout le temps en s'associant avec un esprit qu'il soit humain ou pas. *Les esprits mauvais déguisés violent toujours la Loi Divine á un moment ou á un autre surtout lorsqu'ils croient qu'une personne les croit et compte sur eux plus que n'importe qui d'autre. C'est en ce moment qu'ils essayent de faire dévier lentement cette personne de la bonne voix vers le mal.*

Chercheur á cinq conseils á donner sur comment avoir une coopération avec les esprits qui peuvent êtres des démons ou anges déchus déguisés en anges de lumière: 1-éviter de nuire á qui que ce soit par cette relation en traitant toujours son prochain comme soi-même comme demandé dans Lévitique 19: 18 par le Dieu de l'Ancien Testament et dans Matthieu 22: 39 par Jésus, 2- toujours prier Dieu á propos de cet esprit et rester vigilant, 3- bâtir des communautés de bonnes personnes et éviter de s'isoler dans des relations exclusives avec des esprits, 4- discuter tout ce que dit cet esprit dans cette communauté, 5- ne jamais appeler un esprit en dehors de la communauté, prier Dieu d'envoyer des anges si nécessaire, attendre que l'esprit initie la relation, ou attendre le développement personnel á un stade avancé.

Le jeûne

Le jeûne réduit l'attention portée au corps physique et augmente celle donnée au corps spirituel et á l'âme. En réduisant la compétition venant du corps physique, un individu laisse l'esprit et l'âme mieux s'exprimer et délivrer des prières puissantes.

Lorsque la puissance augmente, le besoin de jeûner diminue parce que la personne fonctionne maintenant á un niveau élevé et a besoin de moins de stimuluspour se "charger." Le jeûne devrait être un moyen utilisé dans l'éducation sur la prière. Les instructions sur le jeûne sont supportées par plusieurs passages bibliques.

Dans ses propres expériences de jeûne, Chercheur, observa la réduction des manifestations de son estomac tandis que le 5ème chakra ou centre énergétique du plexus solaire irradiede la puissance ou énergie réelle. Le but de cette énergie est d'influencer les réalités physiques et spirituelles et d'amener en existence les changements souhaités.

Le nom 'plexus solaire' peut être une source de confusion et pousser certains á prendre ce centre énergétique pour le 4ème chakra ou centre énergétique du coeur ou sacré-coeur. La raison est que les deux noms évoquent l'énergie radiante d'un centre. C'est ce que suggère le terme 'solaire' et c'est ainsi que le sacré-coeur est représenté. Cependant, tous les chakras ou centres énergétiques fonctionnent de cette manière avec des particularités.

Donc, l'énergie du plexus solaire est distincte de celle du coeur. Le premier se situe dans le haut abdomen au-dessous du second. C'est pourquoi calmer l'estomac par le jeûne permet de mieux percevoir les manifestations du centre énergétique du plexus solaire.

Comme le disent la plupart des enseignements sur les chakras et comme Chercheur l'a lui-même observé, l'énergie du plexus solaire est plus proche de la puissance physique que les énergies du 4ème, du 3ème, du 2nd, et du 1er chakras.

Lorsqu'une prière puissante est délivrée, on peut sentir le 5ème chakra en action. Si une personne ne le peut, jeûner plus peut aider tout en sachant qu'il y a une limite sur la durée de temps acceptable pour la période et la manière de jeûner. Chercheur a personnellemnt fait des jeûnes de 3, 7, et 12 jours pendant lesquelles il n'ingéra rien que de l'eau. Ceci est un des enseignements du Mouvement de l'Unification qui recommande parfois des jeûnes de 21 ou de 40 jours ou seule l'eau est autorisée. La perception du 5ème chakras en action lors de la prière donne plus confiance et augmente la concentration et la détermination á façonner les changements desirés.Alors, la prière est plus efficace.

Les prières les plus puissantes sont celles delivrées lorsque celui ou celle qui prie peut percevoir les manifestations des chakras et aussi les manifestions du réseau électromagnétique du sang et du système nerveux. Cette énergie périphérique á tendence á venir se concentrer dans les paumes des mains et peut quitter le corps pour opérer des guérisons si la personne sait comment procéder. La recherche dans ce domaine est plus que recommandéé; le reiki et le qigong étant de bonne pistes d'investigation.

Fréquence de la prière

Combien de fois l'on doit prier dépend des besoins. Dans l'état actuel du monde, Jésus a raison de conseiller la prière incessante [Luc 18:1].

Tout d'abord, il est important de prier Dieu en début de journée pour avoir une âme concentrée sur les objectifs jusqu'á ce qu'ils soient réalisés. Ceci donne de la force pour affronter les différentes situations qui peuvent se produire durant la journée en famille, au travail, ou n'importe où ailleurs.

Deuxièmement, la prière avant le coucher est importante parce que l'âme regagne une certaine liberté par rapports aux activités du monde physique et est plus receptive aux enseignements venant de Dieu ou d'autres bons esprits.

Troisièmement, il faudrait faire des prières de bénédiction pour consacrer les naissances, les mariages, les décès, les examens, les années académiques, les repas, les nouveaux objets et maisons, ainsi de suite. En cas de déviation du chemin divin, il faudrait aussi sanctifier les objets impliqués après s'être répentie.

Comme dit, le vrai repentir se manifeste dans l'auto-sanctification de la personne ayant dévié par une vie exemplaire. Mais le repentir devrait être rare et ne concerner que les fautes commises par ignorance. Encore une fois, les situations de dépendance devraient être bien diagnostiquées et traitées.

Maintenant, *il y a une autre forme de prière selon le temps qui connecte toutes sortes de prières et aide á vraiment prier sans cesse. Il s'agit de la prière continue ou attention continue* décrite par Meister Eckhart, Thich Nhat Hanh, Rudolph Steiner, et de nombreux autres enseignants religieux et spirituels.

La prière ou attention continue signifie une attitude positive permanente d'observation, de compréhension, et de soin procuré á la nature ainsi qu'a la soiciété et soi-même. C'est aussi la bonne intention ou aspiration permanente et l'attitude correcte pour prendre les bonnes décisions dans toutes les activités. La prière continue comme toutes les autres formes de prières s'apprend et se maîtrise graduellement.

En fonction des résultats de la recherche spirituelle, des jours ou dates ou saisons ou années variés peuvent faire l'objet de prières particulières. Cependant, l'être humain avancé sur le chemin divin transcende le temps et l'espace comme Dieu et a une vision globale plutôt qu'une vision limitée par le temps et l'espace qui sont sous influence angélique.

La numérologie et la géométrie dans les écritures, le monde de l'énergie, la nature, le temps, et dans la prière

La numérologie est la science qui attribue des sens particuliers et des utilités aux nombres. *Pythagore* qui reçu beaucoup d'instructrions religieuses et spirituelles est considéré[34] comme l'inventeur et le meilleur pratiquant de cette science puisqu'elle fut perdue il y a longtemps, du moins sa partie importante. Pythagore apporta également des contributions considérables dans le domaine de la géométrie.

Dans la prière, la numérologie et la géométrie se manifestent dans les choix du moment et du lieu de la prière ainsi que dans le choix des éléments de support comme les bougies. Par exemple, certaines personnes attachent une valeur particulière á des nombres comes 1, 2, 3, 4, 5, 6, 7, 8, 9, 10, 11, 12, 13, 21, 24, 30, 33, 36, 40, 60, 72, 80, 120, ainsi de suite.

Les *fondements de la numérologie* sont les écritures religieuses et spirituelles, la révélation ou la théologie spéciale, et l'enseignement divin enfouie dans la nature et le temps.

Le monde de l'énergie est influencé par la géométrie et la numérologie qui sont toutes deux des branches des mathématiques. Par exemple la science des choses physiques enseigne que les éléments constitutifs de la matière sont ultimement de petits amas d'énergie associés en des nombres et configurations variés. Les atomes varient en tailles, en propriétés et en fonctions selon leurs nombres de protons, de neutrons, et d'électrons.

En ce qui concerne la nature, il est bien connu que l'être humain crée beaucoup en l'imitant. La science spirituelle devrait avoir l'ouverture nécessaire pour apprendre de la nature. La manière dontcertains éléments de la nature sont arrangés est vraiment stupéfiante. Les nombres et les formes interviennent fondamentalement dans l'identification des espèces animales

---

[34] Manly Hall, Secret Teachings of All Ages, 206.

et végétales et jouent un rôle fondamentale dans la richesse, la beauté, et l'harmonie de la nature.

L'influence de la numérologie et de la géométrie sur l'ordre naturel est si merveilleuse qu'il est préférable de recommender des documentaires plutôt que de donner des exemples ici. De nombreux zoologues, botanistes, minéralogistes, crystallographes, astronomes, journalistes, etc… ont fait des travaux remarquables en ce sens.

Chercheur sent néammoins le besoin de présenter ses expériences sur le *soleil*; ce qui conduit au sujet de la numérologie dans le temps. De nombreuses fois il observa l'image du soleil dans des documentaires, des films, et des desseins animés remarquant 4 rayons et d'autres fois 6 ou 8 rayons. Ses observations directes du soleil lui ont montré 6 ou 8 ou 12 rayons.

Ceci pourrait être une explication du symbolisme du drapeau d'Israël en dehors de l'association de deux pyramides représentant le ciel et la terre, la masculinité et la féminité, etc… Cela pourrait aussi expliquer partiellement pourquoi les horloges sont divisées en 12 principaux secteurs, pourquoi il y a 12 tribues d'Israël, et pourquoi la ville de la Nouvelle Jérusalem a 12 portes [Révélation 21: 12]. Plus encore les rayons solaires pourraient aussi être associés aux 24 trônes et anciens entourant le Trône symbolique de Dieu dans le ciel [Révélation 4: 1-4].

Un autre phénomène extraordinaire rapporté par l'astronomie et qui a une importante signification numérologique et géométrique est la présence d'un hexagone gigantesque parfait au pôle nord de la planète Saturne. Il fut découvert en 1979 par le vaisseau spatial Voyager et sa présence fut confirmée par le vaisseau spatial Cassini en 2006. Cette réalité mentionnée dans le huitième épisode de la première saison du documentaire *The Universe* [21min - 23min] est le premier de ce genre découvert dans l'univers. L'hexagone de Saturne est étrange même au yeux des astronomes[35].

Dans le documentaire, Kevin Baines travaillant pour le Jet Propulsion Laboratory de la NASA [JPL/NASA] montre sa stupéfaction et se demande ce que l'hexagone signifie. La réponse n'est pas compliquée. L' hexagone de Saturne est une version plus large des entités géométriqueshexagonales de la terre comme la molécule de benzène, le nid d'abeille, ou la carapace de tortue .

Encore une fois, il est plus sensé d'attribuer ces phénomènes á un créateur intelligent plutôt qu'a un processus d'évolution aveugle. Ce qui est aussi mystérieux et étonnant á propos de l'hexagone parfait de Saturne est non seulement sa grande taille mais aussi le fait qu'il est marqué par le nombre 6 alors que la planète même est numéro 6 á tourner autour du soleil.

Revenant au soleil et au temps, il est important de se rappeler de la relativité du temps selon l'étoile de référence considérée. Les subdivisions du temps connus de l'humanité sont liées au système structurel et fonctionnel dans lequel le soleil et la terre existent. Particulièrement la rotation de la terre sur son axe, sa trajectoire autour du soleil, et sa vitesse sur cette trajectoire déterminent conventionnellement les années, les saisons, les jours, les heures, les minutes, les seconds, etc…

C'est l'explication derrière le fait d'avoir 24 heures par jour et 12 heures pour la nuit ou le jour dans la zone équatoriale et pendant les équinoxes dans régions non-équatoriales. C'est la raison pour laquelle il y a 60 minutes par heure, 60 secondes par minutes etc…

Choisir donc des heures et des endroits précis pour la prière est plus une question de convenance pour chaque être humain. Cette relativité du temps et de l'espace rend compréhensible pourquoi il est dit que Dieu est au-delá

---

[35] The Universe, http://www.free-tv-video-online.me/player/megavideo.php?id=UJ2676HU (accès le 19 Avril 2011).

du temps et de l'espace et pourquoi ceux qui sont avancés sur le chemin divin ne sont pas vraiment influencés par ces choses.

En réalité les secondes, minutes, jours, mois, années, etc…auraient pu être basés, sur une division différente du temps. Une minute aurait pu être considéré comme 30 secondes. *Le système actuel n'est qu'une convention adoptée parmi plusieurs possibles.*

Formes de prière

Prière silencieuse et prière audible

Il y a des personnes qui se demandent quand il est mieux de prier á voix haute et quand la prière silencieuse est préférable.

Puisque Dieu est l'Ame Universelle, il est suffisant et mieux de lui adresserdes prières á partir de l'âme personnelle développant une relation télépathique. Cependant il est bon de prier Dieu á haute voix pour enseigner des apprenants sur comment conduire ce genre de prière.

Chercheur a identifié trois circonstances dans lesquelles la prière utilisant le son physique venant des cordes vocales est recommandable. La première situation est celle de l'enseignement. La deuxième est l'utilisation de la prière pour guérir une autre personne surtout lorsque cette personne peut entendre. La troisième circonstance est lorsqu'on bénit des objets, le temps, et l'espace. La raison est que les vibrations sonores sont plus proches de la matière physique que la pensée. Le son agit sur la matière physique de manière plus concrète que la pensée. Il est némmoins nécessaire de poursuivre la recherche dans ce domaine.

Prière individuelle et prière de groupe

La prière individuelle et privée pour les buts identifiés est importante mais la prière de groupe est aussi nécessaire puisque la vie en communauté est de loin plus enrichissante qu'une existence isolée.

Dans les occasions où les gens se réunissent, chaque personne devrait silencieusement bénir la période de temps, faire une préparation interne pour pleinement participer au succès de la réunion. Ce genre de prière devrait surtout être adressé á Dieu ou simplement exprimer la volonté de chaque personne d'utiliser ses resources divines personnelles.

Ceci signifie que pendant les rencontres, chaque individu devrait prendre la parole pour faire de bonne contributions en termes de raisonnement, de sentiment, de détermination, de créativité, et d'amusement lorsque cela est approprié.

L'humanisme divin met l'accent á la fois sur la discipline et l'authenticité. Mais il préfère des erreurs sur le chemin de l'authencité et de la jouissance de la vie qu'un silence disciplinaire improductif. Si unparticipant pense qu'un autre a fait une erreur, il/elle devrait respectueusement et gentiment le dire et expliquer pourquoi pour le bénéfice du groupe entier. S'il arrivait que la correction est l'erreur, la personne correctrice se serait fait passer pour un "idiot" et le groupe pourrait en rire.

La vie communautaire est un des pilliers les plus importants de la société la plus heureuse. Par conséquent elle devrait permettre d'améliorer le sens de sécurité, le potentiel de développement, les possibilités de joie. *La vie communautaire ne devrait jamais être un lieu de commérages ou de dévalorisation des gens. Elle ne devrait jamais être un endroit de compétition où le moins capable est ridiculisé ou humilié.*

La vie communautaire est un lieu où les qualités sont valorisées et appréciées tandis que les défauts sont corrigés. *La communauté devrait être un endroit de coopération sincère et non de compétition.*Sur cette lancée, il devrait y avoir des prières de groupe pour *supporter les projets communautaires et la guérison.*

Les prières de guérison devraient suivre les règles de la science médicale surtout en matière de dosage et de méthode d'administration.

C'est ce qu'enseigna Jésus lorsqu'il conseilla á ses disciples d'utiliser la prière et le jeûne en une occasion [Matthieu 17: 21] malgré qu'il n'ait pas dit quels genres de prière et de jeûne [durées]. Néammoins, la recherche devrait aider á résoudre les questions de dosage et de méthodologie. Le Reiki ou le qigong encore une fois devraient être d'une grande utilité pour ce faire.

Il n'est pas recommendable que des individus se rassemblent pour vocalement prier lorsqu'ils n'ont pas la certitude de ce qu'ils font. De mauvais résultats pourrait venir d'un usage trop émotionnel de la prière comme lorsque les sept fils de Scéva furent copieusement battus par un homme possédé de qui ils essayèrent de chaser un démon [Actes 19: 13-16]. C'était une hystérie collective. D'autres mauvaises conséquences peuvent être le gaspillage d'énergie ou la perturbation d'autrui.

Dans la prière de groupe, les participants peuvent se retrouver ensemble ou prier au même moment á partir d'endroits différents. La prière en chaine est aussi conseillée.

Méditation

La méditation est souvent associée á la prière parce qu'elle peut faire partir de la prière. Mais c'est aussi une activité qui peut être complètement conduite séparément comme un élément distinct.

C'est l'observation ou la contemplation de toutes sortes de phenomènes, leur analyse, et la formulation de possibles explications. La méditation peut être mentale ou verbale; conduite par une ou plusieurs personnes; et elle peut utiliser des supports comme les écritures, l'enseignement, la nature, le temps et l'espace, des diagrammes, l'art, la technologie etc…

La méditation verbale en groupe devrait être un élément important de la vie sociale permettant de se rappeler des valeurs unifiantes, de renforcer la cohésion sociale et les liens entre individus, et d'améliorer la société par de nouvelles contributions.

Ce qui précède décrit la méditation en tant que réflection pure; une activité de la raison pure. Mais dans les cercles spirituels, il existe une forme de méditation dont Wikipedia parle qui est utilisée pour la crosissance spirituelle, pour contacter des guides spirituels, bâtir une énergie interne, recevoir des visions, néttoyer les chakras, se rapprocher d'une divinité, voyager dans le monde spirituel, etc...

La réflection et les expériences de Chercheur l'ont ameneéá distinguer trois types de méditations.

Le premier est la réflection pure ou méditation mentale dans laquelle la raison de l'âme interagit avec toute ou une autre partie de cette âme notamment une idée; pour la comprendre ou l'améliorer. L'idée peut être celle de toute ou une partie de l'âme même et peut être un sentiment, une mémoire, une logique, une volonté, l'idée d'un être spirituel ou physique concret comme un chérubin ou une fourmi, ainsi de suite. Tout le processus de méditation se déroule entièrement dans l'âme. Le sujet et l'objet de méditation sont toute ou une partie de l'âme.

Le résultat de la méditation mentale est la lumière philosophique ou connaissance ou sagesse ou vérité. Les pratiquants de cette forme de méditation sont connus comme des philosophes, des sages, des théologiens, des savants ou érudits etc...

L'expérience de Chercheur lui a montré que la pratique de la méditation mentale seule ou combinée avec la prière peut initier le réveil de la seconde forme de médiation qui est la méditation spirituelle dans laquelle l'âme intelligente commence par mobilser et diriger l'énergie spirituelle; c'est le début du mysticisme ou de la parapsychologie avec le "réveil" des chakras et l'acquisition de nouvelles facultés ou pouvoirs comme la clairvoyance, la télékinésie, le don de guérison etc...

Le Saint Esprit est le catalyseur qui vient pousser le chercheur sur le chemin de la méditation spirituelle en le rendant conscient de l'existence et du potentiel de l'énergie et du monde spirituel.

SCIENCE SPIRITUELLE, PHILOSOPHIE, ET THEOLOGIE

La méditation spirituelle est donc l'activité consciente et volontaire de l'âme intelligente personnelle dans le but de devenir un expert en manipulation de la substance et du monde spirituel.

Le résultat de la méditation spirituelle est donc l'acquisition de la lumière concrète spirituelle pour les divers buts mentionnés. Les pratiquants de la méditation spirituelle où l'âme exerce une influence sur un élément extérieur á elle [la substance spirituelle, le corps spirituel, le monde spirituel] sont connus comme mystiques, guérisseurs spirituels, magiciens, voyants etc…

La troisième forme de méditation peut permettre de mieux comprendre la seconde. Il s'agit de la méditation physique pratiquée souvent par tous les humains. *Toute personne qui a au moins une fois réfléchi avant d'agir a pratiqué la méditation physique*. L'âme intelligente influence et transforme la substance physique, le corps physique, et le monde physique.

Le résultat de la méditation physique est l'acquisition de l'habileté que Chercheur qualifie de lumière physique symbolique. Un deuxième résultat de la méditation physique est la lumière physique litérale qu'il s'agisse du feu de bois ou de la lumière d'une ampoule.

Les experts en méditation physique sont les électriciens, les sportifs, les artistes, les agriculteurs, les constructeurs, les agents de santé, etc…Il est important de pratiquer chacune des trois formes de méditation comme le recommande aussi Bouddha Gautama dans sa Voix-á- Huit-Eléments ou Noble-Chemin-Octuple.

Une relecture réfléchie de Genèse 1: 1-3 et d'une partie du texte *Poimandres* d'Hermès Trismégiste présenté dans *Demeure des Divinités* est un bon exercice pour comprendre la nature et le pouvoir de la méditation. La partie suivante de *Poimandres* est particulièrement recommandable pour une comparaison avec Genèse 1: 1-3.

Genèse 1: 1-3: *Au commencement, Dieu créat les cieux et la terre. La terre était sans forme et vide; et l'obscurité était sur la face de l'abîme. L'Esprit de Dieu se mouvait au-dessus des eaux. Alors Dieu dit: 'Que la lumière soit.'*

Extrait de *Poimandres*: '*La Parole encore appelée Raison ou Fils de Dieu se mouvait au-dessus de la terre et des eaux quand elles étaient encore un. L'obscurité en-bas reçut le martelage de la Parole et fut façonnée en un univers ordonné.*'

La musique

La place de la musique dans la science spirituelle ne peut être suffisamment mentionnée dans cet ouvrage. De nombreux individus et organisations ont déjà compris ce fait.

Néammoins il est bon de rappeler deux choses ici: l'influence de la musique sur la santé, la guérison, et le réveil spirituel comme soulignée par les rosicruciens et la thérapie musicale [la musique guérit et ouvre des portes spirituelles] et son support pour l'enseignement.

L'adoration

Dans les livres de théologie, l'adoration est décrite fondamentalement comme une attribution de valeur á Dieu et l'expression de ceci á travers la prière, la méditation, et la musique mais aussi par la prédication, les rituels incluant les sacrements, les fêtes etc...

Cette définition savante de l'adoration est différente de l'idée que se fait l'adorateur commun. Selon l'observation de Chercheur, les adorateurs en général sont si respectueux de Dieu et tellement en admiration que le sens de la responsabilité individuelle est affaibli au profit d'un certain confort.

La conséquence est une dépendance anormale par rapport aux dirigeants des mouvements religieux et aux fondateurs religieux, une négligence dans le développement et l'expression des capacités spirituelles personnelles, et finalement une difficulté á traiter efficaenment certaines questions de la vie pratique.

De surcoît, les dirigeants religieux aussi sont rendus confus par cette attitude qui leur donne un pouvoir anormale sur leurs fidèles; pouvoir qu'ils/elles gèrent avec grande difficuté. Cela amène certains dirigeants á mener des vies de prétention. Ils essayent d'apparaître plus savants, spirituellement forts, et capables alors qu'en réalité, ils/elles ne sont pas si-différents du commun des gens.

La principale différence est que les dirigeants de religions ont étudié comment guider la vie spirituelle de leurs communautés. Mais comme chaque individu de leur congégation, ils/elles ont besoin de connaître par expérience le monde spirituel et pas seulement en parler et de se sortir de la confusion sur plusieurs sujets comme le mariage, la sexualité, la résolution de conflicts, ainsi de suite. De plus, leurs égospersonnelscourent constament le risque de surdimension á cause de la dépendance de leurs congrégations.

Chercheur pense qu'il y a tellement de problèmes liés á l'adoration que sa réforme est nécessaire. De son avis, Jésus a montré une sagesse inhabituelle lorsqu'il refusa de devenir roi comme le voulait un groupe de personnes qu'il avait impressionnéen Galilée [Jean 6: 14-15].

L'objectif de l'adoration devrait être la réalisation du rêve, de la vision, du souhait, ou de la prophécie de Jérémie 31: 33-34 et Hébreux8: 10-13: l'établissement d'une société où tous connaissent Dieu.

Pour que cette vision devienne une réalité, la prédicationdevrait être retirée de l'adoration et l'enseignement renforcé. En effet, la prédicationdonne au dirigeant religieux l'opportunité de parler au nom de Dieu; ce qui n'est souvent pas vrai. En général, les gens parlent au nom d'eux-mêmes.

Donner donc l'autorité á un prêcheur de parler au nom de Dieu de choses dont il n'est pas sûr n'est pas sage. L'enseignement au contraire est honnête et offre l'opportunité de transférer la connaissance tout en maintenant une attitude humble et tout en restant ouvert á la discussion, á la contradiction, et á la réception de connaissance venant des étudiants.

En conclusion, l'adoration comme admiration etrespect du Divin ne devrait pas être négligée au même moment où l'accent est mise sur la responsabilité individuelle. L'enseignement devrait remplacer la prédication.

De plus, les rituels et lessacrements ne devraient être conduits ou administrés que lorsque des preuves scientifiques de leur nécessité sont disponibles pour tous. Tout rituel ou sacrement devrait avoir une justification logique et une influence positive constatable sur la population. Encore une fois, la recherche spirituelle sera d'une grande aide.

L'adoration devrait en venir á être vue non seulement comme l'attribution de la valeur á Dieu, mais aussi á chaque être humain et au reste des entités du cosmos. L'adoration devrait être l'organisation privée et publique des activités de la science spirituelle en des temps et lieux spécifiques tout comme en dehors des coordonnées temporelles et spatiales.

La montagne, les routes, et l'éléphant

Les étudiants de théologie, les dirigeants et enseignants religieux, et d'autres personnes interessées par la spiritualité sont familiers avec la parabole de la montagne, des routes, et de l'éléphant.

Le sommet de la montagne symbolise Dieu qui est accessible par différents côtés. Tout comme toutes les routes mènent á Rome, toutes les religions et écoles spirituelles mènent á Dieu. Chaque religion ou école selon cette parabole est une partie du grand éléphant qui représente Dieu.

Cette parabole telle que présentée ici confirme la nécessité d'une philosophie, d'une science, et d'une spiritualité universelles que le livre *Demeure des Divinités* et le présent volume surtout en ce chapitre sur la science spirituelle essayent d'établir tout en restant ouvert á d'autres contributions.

Chapitre 10

Sexualité, reproduction, et mariage

PENDANT des millénnaires, l'humanité ne se reproduisit que grâce á la sexualité. Même au 21ème siècle, presque 100% des bébés sont conçus de cette manière; les exceptions étant les très rares cas de bébés éprouvettes.

Les bébés éprouvettes sont des enfants conçus par la Fécondation InVitro [FIV] dans laquelle la rencontre entre les ovules d'une femme et les spermatozoïdes d'un homme se fait dans des tubes á essai de laboratoire. Une ovule fécondée est alors implantée dans l'utérus de la donneuse ou d'une autre femme. La FIV est utilisée par exemple pour aider les couples qui ne peuvent avoir d'enfant parce que la fécondation ne peut se dérouler au sein de la femme ou parce que l'utérus de cette dernière ne peut porter avec succès une grossesse jusqu'á terme.

En ce qui concerne le clonage, les décideurs politiques aux Etats Unis d'Amériques, centrés sur une recommendation du Food and Drug Administration [FDA] datant de Janvier 2008, autorisent non seulement le clonage animal, mais aussi la consommation de viande et de lait venant des animaux clonés sur la base que ces produits sont aussi sûrs que ceux dérivés des animaux qui n'ont pas été clonés[36].

Sur le clonage humain, un rapport officiel de l'American Congressdatant de 2006[37] affirme qu'il y a un riche débat á tous les niveaux de la société américaine y compris au Sénat mais qu'aucune décision n'a encore été prise au niveau fédéral. Cependant, selon le même rapport, quinze états ont déjà interdit le clonage humain reproductif. Six parmi ces états ont également voté des lois contre le clonage thérapeutique tandis que deux états l'ont autorisé.

En dehors de sa fonction reproductrice, l'activité sexuelle est aussi source de plaisir, de joie, et de bonheur. La sexualité peut ainsi donc être indépendente de la reproduction. Historiquement et d'après l'observation de la société contemporaine, la sexualité et la reproduction se déroulent au sein et hors du mariage. Malgré le lien entre eux, les sujets de la sexualité, de la reproduction, et du mariage seront considérés séparémentdans ce chapitre.

La sexualité

La société aujourd'hui est caractérisée par une grande variété de comportements sexuels; depuis les individus qui choisissent ne pas avoir de relation sexuelle á ceux en ont abondamment y compris avec les animaux. Ce constat fait penser á certains qu'ils/elles doivent juger et donc attribuer une valeur á leur propre conduite sexuelle comme á celles des autres. Au

---

[36]http://www.fda.gov/AnimalVeterinary/SafetyHealth/AnimalCloning/default.htm (accès le 30 Avril 2011).

[37]http://fpc.state.gov/documents/organization/70307.pdf (accès le 29 Avril 2011).

même moment d'autres personnes refusent de procéder á une telle évaluation acceptant que tout le monde agisse et vive une vie sexuelle comme voulue.

Chercheur pense qu'il est raisonnable d'avoir un jugement personnel sur les différents genres de comportements sexuels non seulement pour le développement personnel mais aussi pour avancer vers l'émergence de la société la plus heureuse. Juger dans le but de critiquer ou d'exprimer un désaccord est acceptable. Ce qui ne l'est pas est l'exagération de ce jugement dans une société pluraliste.

Une société pluraliste est une dans laquelle des groupes de gens ont des opinions et des styles de vie différentes tout en ayant un degré avancé de coexistence. Cependant un jugement trop sévère d'un certain comportement est philosophiquement acceptable dans une communauté ayant une seule vision par rapport á ce comportement. En d'autres mots, il est tolérable de vraiment blâmer de façon publique une certain conduite sexuelle s'il n'y personne pour s'en offusquer et se sentir mal á l'aise.

Selon un article bien documenté et bien écrit de Wikipedia[38], avoir de rapport sexuel avec des animaux est légal dans certains pays mais illégal dans d'autres comme les U.S.A. où seize états qualifient ce comportement de crime grave punissable par la loi.

Les pays où les rapport sexuels entre humains et animaux sont interdits sont le Canada, l'Ethiopie, la France, le Ghana, Hong Kong, l'Inde, la Nouvelle Zélande, la Norvège, la Turquie, la Suisse, le Royaume Uni, et la Zambie.

Les états américains contre sont l'Alaska, l'Arkansas, l'Arizona, la Californie, le Delaware, la Géorgie, l'Idaho, l'Iowa, l'Illinois, l'Indiana, le Maine, le Maryland, le Massachusetts, le Michigan, le Minnesota, le Mississippi, le Missouri, le Nebraska, l'Etat de New York, le Dakota du

---

[38]http://en.wikipedia.org/wiki/Zoophilia_and_the_law (accès le 30 Avril 2011).

Nord, l'Oklahoma, l'Orégon, la Pennsylvanie, le Rhode Island, la Caroline du Sud, le Dakota du Sud, le Tennessee, l'Utah, la Virginie, l'Etat de Washington, et le Wisconsin.

Avant l'examen et l'évaluation des divers comportements sexuels, il est important de jeter un regard sur le concept d'arbre de la connaissance du bien et du mal mentionné dans Genèse 2: 17 parce qu'un sens sexuel lui est donné par certains interprètes.

L'Arbre de la Connaissance du Bien et du Mal (ACBM)

Cinq interpretations différentes de l'ACBM

Augustin, renommé parmi les Pères de L'Eglise [4ème et 5ème siècles], est une source de référence pour le sens de l'ACBM. Il fit ses déclarations les plus directes et les plus claires concernant cet arbre dans le chapitre 6 du huitième volume de sa première série de commentaires sur le livre de la Genèse.

Dans les deux chapitres précédant le chapitre 6, Augustin réussit á logiquement montrer que *l'Arbre de Vie* qui était aussi dans le Jardin d'Eden était á la fois litéral et symbolique. Au sens symbolique, *l'Arbre de Vie* est la sagesse comme écrit dans le livre des Proverbes du Roi Salomon. Pour Augustin, il doit y avoir un arbre littéral qui représente la sagesse. Cet argument est acceptable parce que dans le langage humain, les animaux, les plantes, et les minéraux sont souvent associés á des valeurs morales ou qualités selon la loi des correspondences.

De façon surprenante, á propos de l'ACBM, Augustin déclara qu'il était seulement littéral ou physique ne contenant rien de nuisible et tirant son nom du fait qu'Adam et Eve seraient punis s'ils violaient le commendement de ne pas manger de son fruit. A travers cette punition, Adam et Eve connaitraient alors ce qu'est le mal et le bien.

Dans *The Secret Teachings of All Ages* qu'il publia pour la première fois en 1928, Manly P. Hall exprime l'opinion selon laquelle *l'Arbre de vie* représente le point spirituel d'équilibre, le secret de l'immortalité, tandis que l'ACBM représente la polarité et le déséquilibre, le secret de la mortalité.

Au début des années 1950, Sun Myung Moon, le fondateur de l'Association du Saint Esprit pour l'Unification du Christianisme Mondial rendit publique son interprétation selon laquelle á la fois *l'Arbre de Vie* et l'ACBM sont symboliques et pas littéraux, représentant respectivement Adam et Eve comme les deux arbres mis dans le Jardin d'Eden [Voir *Principe Divin, 1996, Chapitre 2*].

Pour Moon, puisque l'espoir ultime de l'humanité pendant la période de l'Ancien Testament [Proverbes 13: 12] et du Nouveau Testament [Révélation 22: 14] était *l'Arbre de Vie*; et puisque le chemin de cet arbre fut bloqué après la désobéissance d'Adam; il symbolise un homme qui a complètement réalisé l'idéal de la création.

Pour lui, le péché originel rend impossible aux humains de devenir des arbres de vies seulement par leurs efforts personnels. C'est pourquoi ils ont besoin d'être greffés á un homme qui est venu sur terre et qui a réalisé l'idéal de la création comme Jésus.

Toujours selon Sun Myung Moon, le blocage du chemein de *l'Arbre de Vie* fut supprimé le jour de la Pentecôte losrque des epées tourbillonnantes qui barraient le chemin de l'Arbre de Vie furent déplacées, permettant aux humains de recevoir le Saint Esprit, d'approcher Jésus l'*Arbre de Vie*, et d'être greffés á lui.

Cependant continue Moon, les chrétiens ont été greffés á Jésus seulement spirituellement; c'est pourquoi les saints ont toujours le péché originel qui demeure transmissible aux enfants. C'est aussi pourquoi les chrétiens attendent la Seconde Venue du Christ comme l'*Arbre de Vie* pour être greffés á nouveau et être libérés du péché originel.

Puisque *l'Arbre de Vie* représentait l'homme parfait qu'Adam voulait devenir, l'ACBM qui se tenait á côté de *l'Arbre de Vie* doit symboliser la femme parfaite qu'Eve voulait devenir á travers l'accomplissement du but de l'ACBM.

Basé sur Jude 6-7, Genèse 2: 25, Genèse 3: 7, Job 31: 33, Jean 8: 44, Révélation 12: 9, Romains 8: 23, etc…, Moon argumente que le péché des anges parmi lesquels se trouvait le serpent d'Eden était une relation sexuelle illicite. Les parties sexuelles d'Adam et Eve étaient impliquées dans le péché, c'est pourquoi ils se rendirent compte de leur nudité et la couvrirent.

Le serpent ou Diable ou Ange Déchu proposant le fruit á Eve premièrement signifie qu'il eut une relation sexuelle avec elle et Eve proposant le fruit á Adam signifie qu'elle le tenta, le séduisit, et eut une relation sexuelle avec lui, permettant au péché d'atteindre le plan physique. A travers la chute, les humains sont devenus les descendants de Satan et il doivent être rachetés á travers l'adoption par Dieu.

Une quatrième interprétation originale que Chercheur a trouvé est celle de l'enseignant gnostique moderne Samael Aun Weor donnée au début des années 1960[39]. Selon cette vue, il y avait un Arbre de la Connaissance qui donne la Sagesse et un *Arbre de vie* qui donne l'Immortalité par l'amour.

Cinquièmement, la Kabbale affirme que *l'Arbre de Vie* est fait de dix régions spirituelles peuplées d'êtres aux charactéristiques différents. Centrée sur le Zohar, elle ajoute, par exemple sur www.Kabbalah.info, que l'ACBM représente les bonnes et mauvaises qualités d'un être humain qui ne peut pas devenir parfait.

Chercheur voit de bons efforts de raisonnement dans les manières dontAugustin, Hall, Moon, Aun Weor, et la Kabbale ont essayé d'expliquer le sens de l'ACBM et aussi celui de l'*Arbre de Vie*. Parmi ces cinq explications, seul Moon associe l'ACBM avec Eve et son fruit á l'amour sexuel d'Eve. Mais Aun Weor n'est pas loin parce qu'il associe l'*Arbre de Vie* cette fois á la sexualité. Ces deux explications constituent la raison pour

---

[39] Aun Weor, The Perfect Matrimony, Chapter 20.

laquelle une section est consacrée á l'ACBM dans ce chapitre parlant de sexualité, de reproduction, et de mariage.

Compréhension de Chercheur sur l'ACBM et le péché originel

Seul l'auteur de l'histoire du Jardin d'Eden pourrait expliquer son sens véritable. Toutes les autres explications y compris celle de Chercheur sont des tentatives pour rendre clair le mystère utilisant des indices venant des écritures et aussi le raisonnement.

Augustin réussit á décrire l'*Arbre de Vie* correctement comme la sagesse. La sagesse, origine de la création de toutes les choses [Proverbes 8] est l'équivalent de la Parole[John 1] qui est aussi á l'origine de tout. Selon Hermès Trismégiste, la Parole est le Fils de la Pensée [Thought/Thoth] ou Fils de l'Ame Intelligente ou Fils de Dieu et origine de la vie. La Sagesse ou la Parole est donc vraiment l'*Arbre de Vie.* Aussi selon Jean 5: 21- 24, Dieu donne la vie et permet á Jésus de faire de même á travers la parole. Le respect de cette parole permet d'éviter le jugement et de passer de la mort á la vie. L'épée qui sort de la bouche du juge Fidèle et Véritable de Révélation 19: 11-15 est le symbole de la parole comme le témoigne le nom de ce personage qui est Parole de Dieu.

Le problème dans le raisonnement d'Augustin apparaît lorsqu'il déclare que l'ACBM n'a pas de sens symbolique et orientesimplement vers la connaissance qu'Adam et Eve gagneraient par le punition après avoir désobéi á Dieu. Néammoins, en parlant de cette manière, Augustin sans le reconnaître donne quand même un sens symbolique á l'ACBM.

L'existence d'arbres physiques comme emblèmes de réalités spirituelles ou de qualités de l'âme selon la loi des correspondences est possible et admissible. Cependant, l'histoire du Jardin d'Eden ne ressemble pas á une histoire impliquant des arbres physiques et en ceci, Hall a raison de même que Moon.

Tandis que l'explication de Moon sur l'*Arbre de Vie* et l'ACBM est trop limitée et inclut des déclaration incorrectes qui seront présentées, celle de Hall est correcte mais trop courte sauf lorsqu'il présente le bien et le mal comme appartenant á une polarité. En cela il n'a pas raison.

En insistant que l'*Arbre de Vie* est l'homme parfait, Moon commit des erreurs importantes. Il perdit de vue la Sagesse ou la Parole qui est l'*Arbre de Vie Véritable* que les humains doivent manger pour devenir aussi des arbres de vie. L'origine de son erreur réside dans la compréhension chrétienne de Jésus comme absolument nécessaire comme Messie pour le salut de l'humanité.

En déplaçant l'attention de la sagesse vers unhomme, la porte est ouverte á plusieurs erreurs. La plupart de ces erreurs sont une interprétation incorrecte de plusieurs passages bibliques comme les anciennes prophéties d'Israël. Chercheur a présenté certaines de ces erreurs dans *Demeure des Divinités*; dans la section sur les humains déifiés, les messies, et le sens de la déité. La théorie de Moon que dans la Bible les arbres symbolisent les humains est limitée parce qu'Ezéchiel 31 montre clairement que les nations aussi sont appelées des arbres du Jardin d'Eden. Cette limite explique partiellement pourquoi son explication de l'*Arbre de Vie* et de l'ACBM fut limitée á Adam et Eve négligeant l'importance de la Sagesse et du Mal.

Le christianisme et Moon croient que c'est la personne de Jésus qui est nécessaire au salut tandis qu'en réalité c'est la sagesse divine ou parole que Dieu transmit á Jésus qui sauve et qui opère le salut. C'est ce qui transparaît après une considération profonde des paroles attribuées á Jésus lui-même.

De plus, la Sagesse ou la Parole sauvait les gens avant la naissance de Jésus-Christ. Mais Moon et le christianisme ne mentionnent pas cela. Paul et Moon firent la même erreur croyant que le Saint Esprit est donné á l'humanité seulement á cause de Jésus alors qu'en vérité, le Saint Esprit fut donné au temps de l'Ancien Israël avec Moïse comme dirigeant et aussi dans la famille de Jean Baptiste. D'autres sociétés bénéficièrent aussi du des dons du Saints Esprit avant la naissance de Jésus. En tant qu'enseignant,

Jésus essaya d'améliorer la sagesse ou la parole divine disponible á l'humanité afin que les humains puissent manger plus de l'*Arbre de Vie*.

L'*Arbre de Vie* dans le symbolique Jardin d'Eden n'était pas juste l'idéal de la perfection comme l'affirma Moon mais la Sagesse Divine. C'était une grande sagesse á la disposition d'Adam et Eve pourvu que son accès ne soit pas bloqué. Que le chemin vers l'*Arbre de Vie* ait été bloqué signifie que la Sagesse Divine n'était plus disponible comme avant après que le fruit de l'ACBM ait été mangé.

Tout d'abord le Dieu de l'Ancien Testament autorisa Adam et Eve á manger du fruit de *l'Arbre de Vie*.Comme son nom le montre, il s'agit d'un arbre qui donne et préserve la vie. Ce qui est une bonne chose selon la raison. C'est pourquoi après chaque création utilisant la sagesse ou la parole, le Dieu de la Genèse voit que cela est bon ou très bon. Par conséquent *c'est en mangeant du fruit de l'Arbre de Vie que l'humanité connaît le Bien*. L'*Arbre de Vie* peut aussi être appelé l'*Arbre de la Connaissance du Bien*.

La "peur" du Dieu de la Genèse pour Adam etEve concernait le mal. Ce Dieu savait qu'il était possible de créer le Mal comme le Bien est créé. Le Mal est créé lorsque le fruit de l'ACBM est mangé. L'auteur de la Genèse aurait pu parler simplement de l'ACM [Abre de la Connaissance du Mal]. L'ajout du mot 'Bien' selon Chercheur est pour montrer que le Mal vient de créatures originellement de Bien.

Les chercheurs spirituels peuvent donc voir la raison pour laquelle le Diable est présenté en Ezéchiel 28 comme un ange [un chérubin] initialement rempli de sagesse avant de devenir corrompu.

Ainsi, le Diable qui est aussi le serpent d'Eden approcha Eve avec une sagesse corrompue ou ACBM.

L'ACBM est donc l'*Arbre de Vie* perverti; comme un cancer qui apparaît dans un organisme saint. L'*Arbre de Vie* corrompu signifie la corruption de la sagesse. C'est pourquoi Jésus appella le Diable 'père des mensonges' dans Jean 8: 44. Le mensonge est l'opposé de la vérité. *La vérité est la parole correctequi donne la vie* et libère tandis que la parole corrompue ou faux enseignement ou mensonge amène la mort et rend esclave. En mentant á Eve, le Diable lui amena la mort contre laquelle le Dieu de la Genèse l'avait mis en garde.

Dans l'expression ACBM, 'Connaissance' signifie 'pratique.' Parfois dans le langage, 'manger' veut aussi dire 'pratiquer.' C'est l'explication derrière des expressions comme '*Je ne mange pas de ce fruit*' qui veut dire '*Ce n'est pas mon habitude ou pratique.*'

Manly Hall a raison en disant que l'*Arbre de Vie* est le chemin vers l'immortalité tandis que l'ACBM est le chemin vers la mortalité. Mais Chercheur ne pense pas que le mal devrait être inclus dans une polarité avec le bien comme l'a fait Hall parce que toutes les réalités polaires connues sont en faveur de la vie tandis que le complexe ACBM [Bien et Mal] est destructeur et anti-vie.

Avec sa sagesse corrompue, le Diable approcha Eve, pas Adam. Il avait certainement une raison pour cela. *La Genèse n'est pas le seul texte religieux á attribuer un mauvais rôle á la femme au début de la création. C'est également le cas dans les écrits du zoroastrisme, du gnosticisme, et du shintoïsme.*

Cela explique la déclaration du Dieu de la Genèse á Eve dans Genèse 3: 16: *'tu voudras contrôler ton mari mais il règnera sur toi.'* En effet, Eve décida de façonner le future d'Adam en lui servant de la sagesse corrompue ou du mensonge; cependant, la sagesse d'Adam était encore meilleure que celle d'Eve pas seulemnt á cause de Genèse 2: 18 qui le présente comme la principale figure de son couple mais aussi parce qu'il fut le dernier á désobéir comme le disent les unificationistes.

De plus, la raison pour laquelle de nombreux prophètes, messies, et dirigeants ont été de sexe masculin devient plus claire. C'est aussi probablement pourquoi les femmes ont eut un moindre rôle dans le judaïsme et pourquoi plusieurs écoles ésotériques n'acceptent pas que les femmes participent á leurs rencontres. Sur le plan sociologique, beaucoup croient que les femmes en général sont plus émotionnelles [moins raisonnables] que les hommes, moins fortes mentalement, et croientfacilement les séducteurs et les menteurs. Mais il y a des exceptions et la tendance générale peut changer lorsque les exceptions se multiplient pour devenir la majorité puis l'ensemble.

La compréhension correcte de l'*Arbre de Vie* et de l'ACBM explique aussi pourquoi les évangiles présentent seulement des personnes masculines comme disciples de Jésus et pourquoi Paul en plusieurs occasions fut si sévère envers les femmes au point de leur demander de se taire en publique, de se protéger contre les anges déchus, d'apprendre de leurs maris, et d'être sauvés á travers eux [1 Corinthiens 14: 34-35, Ephésiens 5: 25-26, et 1 Timothée 2: 11-15].

L'opinion de Chercheur est que les femmes sont néammoins des créatures formidables dont la sagesse peut être restaurée comme celle des hommes peut l'être. Lorsque ceci sera fait, les femmes ne voudront plus contrôler les hommes qui en retour vivront véritablement comme uns avec leurs femmes et non comme leurs dirigeants comme l'histoire l'a montrée.

La déclaration de Moon que le sexe était impliqué dans l'histoire du Jardin d'Eden est supportée par des passages bibliques qu'il a fourni ainsi que l'analyse sociologique qu'il a présenté mais aussi par des passages comme Genèse 6: 1-8, les offenses sexuelles dans le lévitique, le livre d'Hénoc etc...

Cependant, le mauvais comportement sexuel n'est pas la raison principale de la déclaration de Jésus á certains de ses concitoyens que le Diable était leur père et n'est pas non plus la raison principale de l'erreur d'Eve.

Essayons de ne pas être limité á la nudité physique pour voir si le mot 'nudité' peut avoir un autre sens.

Si le corps physique peut être nu et naît en fait nu, il serait logique que le corps spirituel et l'âme naissent aussi nus. La nudité de l'âme n'est pas seulement l'ignorance mais aussi l'innocence. Il y a la bonne ignorance et la mauvaise ignorance toute comme il y a la bonne connaissance ou sagesse et la mauvaise.

La bonne ignorance est compatible avec l'âge ou lui est parallèle tandis que la mauvaise ignorance ne l'est pas. Donc la nudité ou l'ignorance d'Adam et Eve dans leur jeunesse n'était pas une mauvaise chose surtout lorsque le Dieu de l'Ancien Testament avait un plan pour les aider á grandir et éviter la mauvaise ignorance. C'est pourquoi Adam et Eve n'avaient pas honte de leur nudité. Le plan du Dieu de l'Ancien Testament était le mangé progressif de l'*Arbre de Vie* ou Sagesse.

Mais pour des raisons qui restent à complètement identifier, le Diable décida d'enseigner quelque chose de différent á Eve qui était immature et faible. Le Diable commis deux graves erreurs: mentir et introduire prématurément á certaines réalités.

Un élément important négligé par les idées de Moon est qu'Eve vit que l'ACBM était *désirable pour rendre quelqu'un sage*. Cet arbre a donc plus á voir avec la sagesse qu'avec le sexe. Lorsqu'Adam dit au Dieu de l'Ancien Testament qu'il avait peur de se montrer á lui étant nu, ce Dieu lui demanda immédiatement qui lui avait dit qu'il était nu et ensuite s'il avait mangé du fruit interdit. Ceci signifie que pourqu'Adam sâche qu'il était nu, quelqu'un devrait le lui dire et ce qui serait dit était de manger du fruit de l'ACBM. Le dommage principal infligé á Eve et Adam était une mauvaise guidance, un mauvais enseignement.

Le Diable enseigna donc Eve et Adam en ce temps lá qu'être nu ou ignorant sur certains sujets n'étaitpas dans leur intérêt. Ils se firent ensuite des habits avec des feuilles de figue pour se couvrir. A cette étape dans son processus de pensée, Chercheur á l'idée que Jésus maudit un figuier [Matthieu 21: 18-19] pas simplement parce que cet arbre n'avait pas de fruits[seulement des feuilles] mais aussi pour enseigner àla personne qui a de bons yeux et de bonnes oreilles des leçons sur le symbolisme du figuier. Une de ces leçons est certainement á propos de l'histoire d'Adam. Que Jésus ait vraiment maudit un figuier ou si c'était la meilleure façon d'enseigner est une autre question.

Dans l'histoire de la Genèse, les feuilles de figuier représentent le résultat du travail du Diable qui est la prématurité et la tromperie. Eve reconnut cela lorsque le Dieu de l'Ancien Tesmanent l'interrogea après qu'elle et

Adam se soient vêtus de feuilles de figuiers en admettant qu'elle en était arrivé là parce que le Serpent ou Diable l'avait trompé.

Plusieurs autres passages bibliques se rapportant au figuier expliquent cette situation. Le premier qu'il faut mentionner est Juges 9: 8-11. Dans le passage, les arbres reconnaissent l'olivier comme le premier à qui s'adresser pour être leur roi. Ensuite ils reconnaissent le figuier comme le plus qualifié suivi de la vigne.

Cet ordre fut établi ainsi parce que ces trois arbres symbolisent trois concepts qui sont ainsi hiérarchisés. L'olivier produit l'huile qui sert à oindre des rois, des prêtres, et des prophètes de Dieu symbolisant ainsi le choix d'une personne par Dieu. Puisque l'huile d'olive est le symbole du Saint-Esprit avec lequel Dieu a oint beaucoup de personnes dans l'Ancien Testament comme dans le Nouveau Testament et puisque tout humain peut recevoir ce Saint-Esprit s'il/elle fait l'effort nécessaire; Dieu veut choisir tout le monde, ce qui signifie que le désir de domination de certains humains sur d'autres est malsain.

Deuxièment, il y a le figuier parce que comme le montre Proverbes 27: 17-18, le figuier symbolise l'épée ou la parole ou la sagesse qui vient de Dieu. Dans Matthieu 21: 18, Jésus montre que ce sont des fruits qu'il faut chercher sur le figuier lorsque l'on a faim.

Comme ce figuier particulier n'avait que des feuilles tout comme Adam et Eve qui n'avaient que des feuilles de figuier (paroles vaines sans fruits), Jésus détruisit ce figuier tout comme le Dieu de l'Ancien Testament donna des habits en peaux d'animaux à Adam et Eve probablement pour leur signifier qu'ils n'étaient pas dignes du figuier mais étaient devenus comme des animaux ou bêtes qui ont une âme intelligente à capacité limitée.

Comme Jésus enseigne indirectement dans Jean 1: 48 et comme le disent plusieurs passages de l'Ancien Testament et des écritures des anciennes civilisations comme l'Egypte, l'association d'un humain avec le figuier est la reconnaissance qu'il/elle se tient bien par rapport à Dieu ou par rapport à l'innocence ou encore par rapport à la vérité ou sagesse divine.

La vigne, comme le montre l'eau changée en vin par Jésus pendant les noces de Cana [Jean 2: 1-8] symbolise l'amour. Les conditions pour le bonheur sont d'abord la sagesse ou le figuier, ensuite l'amour ou la vigne [Cantique des Cantiques 2: 11-13].

Un passage comme Ezéchiel 47:12 montre que d'autres arbres en dehors de l'olivier contribuent á la vie. Mais l'huile d'olive qui connecte l'olivier au Saint Esprit fait de cet arbre un arbre important. On comprend alors pourquoi le Dieu de l'Ancien Testament autorisa Adam et Eve á manger de tous les arbres sauf un: celui de la connaissance du bien et du mal.

Adam et Eve á leur création avait des traits communs mais furent faits différents sur certains points. A travers leur unité, chacun était supposé gagner ce qui lui manquait pour devenir complet. L'un se repose sur et apprend de l'autre á propos de certains éléments de la vie. Ainsi donc, l'humaniste séculière Jeaneane Fowler, l'unificationiste Sun Myung Moon, et d'autres ont raison de parler de complémentarité entre l'homme et la femme.

Il semble que pour certaines questions en rapport avec la sagesse et la spiritualité, les femmes feraient bien de compter sur leurs maris jusqu'á un certain temps. Ce fut probablement le point de vue de Paul; mais la manière dontil le transmit pourrait sembler dure aux yeux de nombreuses femmes aujourd'hui.

Chercheur n'était pas lá lorsqu'Adam et Eve commirent leur péché. Il ne peut donc pas dire avec une certitude totale si la sexualité était impliquée ou pas. Ce qu'il pourrait dire sans hésitation est que l'offense sexuelle est une possibilité qui n'aurait été que secondaire au principal problème qui est en rapport avec la nudité ou l'ignorance de jeunes âmes et la corruption par la tromperie de Satan.

A travers une relation sexuelle physique, de l'énergie est échangée. Basé sur la définition du terme 'esprit' proposé dans le chapitre 4, il est concevable que deux esprits aient un rapport sexuel et échangent de l'énergie comme Moon l'explique. Si une mauvaise énergie vient d'un des partenaires, cela pourrait rendre malade l'esprit et le corps physique de l'autre et la maladie pourrait être transmissible de génération en génération.

La notion de désobéissance est de loin plus fondamentale que le mauvais comportement sexuel. Qu'il y ait de preuve ou pas d'un péché sexuel entre Eve et Lucifer et entre Eve et Adam, il demeure vrai que l'objectif d'Eve était d'obtenir de la sagesse en mangeant du fruit de l'ACBM; ce qui ramène l'exposé á l'*Arbre de Vie*.

Eve, grâce au serpent vit que l'ACBM était beau et son fruit semblait délicieux. Mais elle fut seulement trompée afin de croire cela. Si elle avait bien étudié, elle aurait pu voir á travers les mensonges, percevoir la vilenie de l'ACBM et sentir l'amertume de son fruit ou pratique avant même d'y goûter.

Pendant un moment, l'ACBM déguisé apparut á Eve comme une meilleure source de sagesse que l'*Arbre de Vie*. En Afrique, l'expression '*oeil long*' est souvent utilisée pour décrire des personnes anormalement ambitieuses; celles qui veulent un grand bénéfice sans grand effort. Eve avait dû trouver la méthode du Dieu de l'Ancien Testament pour gagner la sagesse plus difficile que celle du serpent. Mais le reste de la Bible ainsi que l'état actuel du monde montre que l'ACBM est vilain et son fruit amer.

Le mauvais comportement sexuel est un des résultats les plus dangereux de la corruption de la sagesse. Mais c'est la restauration de la sagesse, l'*Arbre de Vie,* et l'application de cette sagesse qui sauvera vraiment donnant une résurrection complète et la vraie liberté y compris du péché sexuel. Le nettoyage du sang comme l'a suggéré Moon peut être comparé au traitement de symptômes alors que la restauration de la sagesse serait le traitement de la cause de la maladie. **La vraie racine du péché originel n'est pas dans le sang mais dans l'âme.**

Aussi longtemps que la cause demeure, le problème ne peut être résolu. *Les femmes en particulier devraient être encouragées á manger du fruit de l'Arbre de la Sagesse pour prévenir la destruction sociale puisqu'il s'emble qu'elles sont les cibles privilégiées des trompeurs.*

Cette interprétation de l'*Arbre de Vie* et de l'ACBM est une autre raison [en dehors du sens historique du terme 'messie' et du sens du concept de déité] qui donne á Chercheur la confirmation que les compréhensions chrétienne et unificationniste du Messie sont le résultats de mauvaises interprétations.

Pélage avait raison d'encourager chaque être humain vers l'effort personnel pour le développement et le bonheur tandis qu'Augustin, Paul, Luther, et Calvin qui ont trop insisté sur la grâce de Dieu étaient dans l'erreur. Il aurait été mieux de créer des humains robots qui ne pèchent pas que de *laisser des humains libres créer la vilenie et la souffrance pour ensuite les sauver par la Grâce*. Il est raisonable d'affirmer que **la liberté devrait être toujours associée á la responsabilité. La source de la responsabilité est l'âme intelligente.**

La Grâce de Dieu si chère à certains est déjà totalement manifeste dans le fait que l'être humain fut créé avec une âme intelligence. Il reste que l'homme utilise ce don á bon escient. Demander une grâce supplémentaire á Dieu est comme la situation d'un enfant qui ne veut pas devenir adulte préférant toujours recevoir des parents au lieu de travailler.

Paul á certains endroits de ses écrits comme Romains 2: 13, 1 Thessaloniciens 5: 19, 21 et 2 Thessaloniciens 2: 2 montre qu'il comprend cela.Mais son désire de justifier le messianisme de Jésus et sa crucifixion l'ont souvent conduit á la foi et á la grâce. Pourtant l'histoire humaine montre clairement que quelque soit la Grâce de Dieu á travers Jésus, l'être humain demeure libre de choisir entre le bien et le mal selon l'analyse que réalise son âme intelligente.

Pourquoi écouter le mensonge du Diable et mal agir serait un péché humain alors que le même humain ne serait pas le responsable d'une considération pratique de la parole de Dieu, de Jésus, ou d'une autre personne pour bien agir? La responsabilité de Dieu est de créé l'homme et de lui conseiller l'*Arbre de Vie* qu'est la Sagesse et le bien. Perpétuer la vie ou amener la mort est la responsabilté de l'humain pour son mérite et son honneur ou pour son démérite et son déshonneur personnel.

Finalement, la description d'AunWeor est erronnée pour deux raisons. D'abord il réduisit le nom de l'ACBM á AC [Arbre de la Connaissance] pour donner une chance á son interprétation. Il fut ainsi capable de connecter la connaissance á la sagesse. S'il avait maintenu le nom complet donné par l'écriture, il lui aurait été difficile d'établir une équivalence entre ACBM et sagesse et de justifier comment la connaissance ou pratique du mal rend sage.

Deuxièmement, puisqu'il a déjá associé l'ACBM sous forme D'AC á la sagesse, il fit une deuxième erreur en changeant le sens de l'*Arbre de Vie* [Sagesse] en Immortalité *á travers l'amour sexuel*. Mais il est évident pour qui a de la compréhension que la sagesse est connectée á l'immortalité. Cette deuxième erreur ne doit pas être isolée de la première puisqu'elle permet á Aun Weor de justifier sa théorie du mariage parfait.

Il y a également des problèmes avec l' interprétation de la Kabbale. Si l'ACBM était vraiment les bonnes et mauvaises qualités d'un humain qui ne peut devenir parfait comme certains Kabbaslistes le disent se basant sur le Zohar, il n'aurait pas été demandé a Adam et Eve d'éviter de manger de cet arbre [Genèse: 2: 17 et 3:1-2] puisqu'ils doivent au moins manifester leurs qualités.

La création d'Adam et Eve était qualifiédebon dans Genèse, pas bon et mauvais. Aussi, n'oublions pas que Jésus demanda aux humains d'être parfaits comme leur père celeste est parfait [Matthieu 5: 48]. Donc, les humains furent créés bons et devraient grandir en bonté. Mais la corruption ou le mal ou le péché ou le crime est une possibilité qu'ils/elles doivent vaincre comme il était recommandé à Cain [Genèse 4: 6].

A ce niveau, un important problème qui semble apparaître avec Genèse 3: 22 doit être résolu. Dans presque toutes les versions bibliques, ce passage est rendu: '*Et le Seigneur Dieu dit: l'homme est maintenant devenu comme l'un de nous, connaissant le bien et le mal. Il ne doit pas être autorisé á étendre la main et prendre de l'abre de vie et en manger, et vivre pour toujours.*'

Avec cette façon de rendre le verset, une sérieuse contradiction dans le message de la Genèse apparaît. Si le verset devait être considéré comme tel, cela signifierait que le Dieu de l'Ancien Testament et d'autres êtres spirituels avaient déjà mangé de l'ACBM et connaissaient [pratiquaient] le bien et aussi le mal. L'interdiction á Adam de manger de l'ACBM serait alors une malice ou une caprice ou une tyrannie du Dieu de l'Ancien Testament. Cela voudrait aussi dire que ce Dieu ne voulait pas que les humains soient réellement á son image comme dit dans Genèse 1:27. Cela signifierait que le serpent avait raison et que le Dieu connaissant le bien comme le mal n'est pas un Dieu de pure bonté mais un mélange de bien et de mal.

Avec le verset ainsi formulé, le message biblique est non seulement contradictoire et confondant, mais ne permet en plus aucune interprétation sérieuse de l'ACBM y compris celle de Chercheur.

Heureusement, une version biblique, la *Young's Literal Translation* [YLT] sauve la situation et permet de gagner le temps de recherches supplémentaires pour une bonne traduction de ce verset. La YLT fut l'oeuvre de Robert Young et fut écrite durant la seconde moitié du 19ème siècle avec le but déclaré de respecter le temps des textes originaux hébreux et grecs.

Il rendit Genèse 3:22 comme suit: '*Et Jéhovah Dieu dit, voilá, l'homme était comme l'un de nous<u>en ce qui concerne la connaissance du bien et du mal; et maintenant, il ne doit pas être autorisé á étendre la main et prendre de l'abre de vie et en manger, et vivre pour toujours.*'

Young réussit á ouvrir une voie pour harmoniser Genèse 3:22 avec le reste du début de la genèse. Cette version réaffirme donc que l'homme était á l'image [Genèse 1:27] de Dieu connaissant [pratiquant] le bien et le mal de la même manière que le Dieu de l'Ancien Testament c'est á dire 0% mal ou innocence. Donc, mainteneant en Genèse 3:22, l'homme n'est plus l'image de son Dieu et c'est pourquoi il devait être chassé.

Le reste du verset et tous les autres jugements prononcés par le Dieu de l'Ancien Testament n'ont pas nécessairement besoin de son intervention. Ces jugements sont une présentation logique [raisonnable] des conséquences de la corruption de la sagesse et de la pratique du mal. La sagesse corrompue est un obstacle "naturel" á la vraie sagesse. Sans la sagesse, la vie et l'immortalité ne peuvent exister; ce qui signifie la mort. Pour regagner l'accès de l'*Arbre de Vie* ou Sagesse, l'humanité devrait se débarrasser de la sagesse corrompue, des mensonges, et des faux enseignements et se connecter aux enseignements qui peuvent donner la vie comme l'a dit Jésus en Jean 5: 20 et Jean 6: 63: '*Mes paroles sont vie et résurrection.*'

C'est grâce á la restauration de la sagesse jusqu'a un certain point que l'évaluation suivante de comportements sexuels divers est basée.

Examen et évaluation de comportement sexuels divers

Pas de rapport sexuel du tout?

Plusieurs groupes de personnes dans l'histoire ont défendu le célibat mais les deux groupes àqui on pense immédiatement á la mention de ce concept sont le bouddhisme et le christianisme surtout sous sa forme catholique. Ces deux groupes ont les doctrines monastiquesles plus élaborées et les plus grands nombres de moines et de bonnes soeurs.

A l'opposé, Mahomet dans le Coran [57: 27] parle du célibat disant qu'il s'agit d'une invention humaine et pas un commandement de Dieu. Il alla jusqu'á autoriser des hommes á marier quatre femmes parce que trop d'hommes mourraient durant des guerres laissant plusieurs orphelines [4: 3 avec note dans la version de Yusuf Ali]. Une analyse de la polygamie sera présentée ultérieurement dans ce même chapitre.

Dans le bouddhisme, la raison la plus fondamentale qui explique que certains préfèrent ne pas avoir de relations sexuelles est l'exemple donné parle fondatateur de cette religion Gautama Bouddha[40]. Au début de sa quête pour l'illumination, Bouddha quitta sa femme et son fils pour mener une vie ascétique.

Bouddha crut que le célibat était nécessaire pour atteindre un niveau élevé d'illumination. Il qualifia le désir sexuel d'obstacle sérieux pour atteindre le Nirvana ou ciel.

Cependant, en dehors du domaine sexuel, ce ne fut pas une pure vie ascétique qui lui permit de réussir mais la philosophie de la "Voie Médiane" qu'il décrivit comme la modération en tout. En principe, cette conclusion aurait dû conduire Gautama Bouddha á s'engager aussi dans une activité sexuelle modérée. Mais aucun fait de ce genre ne figure dans les écrits bouddhistes.

On pourrait dire sans risque que le niveau d'illumination atteint par Bouddha malgré qu'il soit haut n'est pas le plus haut possible. Une sagesse humaine qui ne peut voire la Sagesse Divine dans des phénomènes naturels comme le sexe a encore du progrès á faire.

Jésus aussi vécut sans femme selon le Nouveau Testament et enseigna qu'on peut choisir de ne pas se marier pour pouvoir aller au ciel [Matthieu 19: 12]. Il ajouta que ceux qui ressusciteront ne se marieront pas mais vivront comme des anges dans le ciel [Matthieu 22: 30]. Paul recommanda aux gens de ne pas chercher á se marier s'ils sont célibatires [1 Corinthiens 7: 27]sauf s'ils ne peuvent contrôler le désir sexuel [voir le verset 9].

Il y a un paradoxe dans l'enseignement attribué á Jésus parce qu'avant le verset où il parle d' être eunuquepour aller au ciel[Matthieu 19: 12], il avait dit dans le verset 5 confirmant Genèse 2: 24 que les époux doivent quitter leurs parents pour s'unir comme un. Avec le verset 12, il n'y a plus de loi générale pour toute l'humanité parce que maintenant certains peuvent choisir de ne pas se marier.

---

[40] Christopher W. Gowans, *Philosophy of the Buddha* (New York, NY: Taylor and Francis Group, 2005) pp 170 and 177.

Plus troublant est la raison de ce choix: 'aller au ciel;' comme si en créant Adam et Eve et en trouvant cela très bon, le Dieu de l'Ancien Testament n'avait pas l'intention que le couple aille au ciel uni. Cependant, il y a deux manières de comprendre cet enseignement tout en gardant l'harmonie avec le message de Jésus.

Premièrement, á cause de leur désobéissance en Eden qui leur fit connaître le mal en pratique, il devint possible que la relation entre Adam et Eve les empêche d'aller au ciel. Jésus est donc entrain d'enseigner qu'il est acceptable qu'une personne choisisse le célibat pour éviter un tel handicap comme lorsqu'il demanda de couper toute partie du corps qui pousse au péché et entraîne vers l'enfer [Matthieu 5: 29-30]. Néammoins, il est mieux de garder toutes les parties du corps et d'aller au ciel. C'est parce que ceci était difficile aux gens de son temps que Jésus enseigna comme il le fit. En fait, le passage est symbolique et demande aux gens de faire des efforts.

La seconde façon de comprendre l'enseignement de Jésus sur le célibat comme l'a dit Moon est que les gens peuvent rester célibataires jusqu'au moment dumariage. Mais le message de Jésus est si court qu'on ne peut pas dire s'il avait une telle idée ou pas.

Swedenborg et Moon enseignèrent contrairement á Jésus qu'il y a des mariages au ciel et par conséquent la vie sexuelle.

Lorsque la Genèse présente Adam et Eve, elle ne dit pas si leur union était temporaire ou éternelle continuant même après leurs morts physiques.

Aucun autre passage biblique á la connaissance de Chercheur ne semble aborder ce sujet sauf Matthieu 22: 30 où il est mentionné que selon Jésus, il n'y a pas de mariage après la résurrection et que les gens vivent alors comme les anges. Ici, le chercheur fait face á trois choix possibles: a- Jésus avait raison, b- le passage n'est pas de Jésus et est incorrecte, et c- Jésus n'avait pas raison.

Dans tous les cas de figure, un argument majeur appaît être complètement contre la déclaration de Matthieu 22: 30. Un être humain a un corps spirituel á l'image du corps physique. Centré sur les expériences dans les rêves et aussi sur plusieurs écritures, on peut dire que le corps spirituel a un organe sexuel utile pour des rapports sexuels.

C'est ce que Genèse 6: 1-2 et Jude 6-7 enseignent. Si les esprits ont des organes sexuels selon la loi de la création de Dieu, ces organes doivent remplir un but au moins selon les rêves et les écritures. Il est mieux que cela soit fait dans le mariage plutôt qu'en dehors.

Ainsi, l'union en Genèse 2: 24 n'est pas temporaire mais éternelle. Avec la désobéissance en Eden, toutes sortes de relations compliquées émergèrent expliquant la venue de la loi de Moïse sur le divorce. Cette loi fut donnée dans la ligne de la punition de la femme de Genèse 3 mais ouvre aussi la voie aux abus.

La loi de Moïse était une loi de circonstance, pas une loi originelle. Elle correspond á un niveau de développement spirituel qui n'est pas le meilleur. Ce fut une loi pour gérer les troubles créés en Eden. Lorsque l'humanité se développera plus, il viendra un temps où les gens voudront et seront capables d'établir des mariages éternels.

En ce temps, les mariages seraient si bien préparés que le divorce serait un acte purement maléfique. Cependant, si l'humanité continue de créer des situations dans lesquelles des personnes sont légitimement malheureuses dans les mariages ou ont été dupés dans des mariages remplis de problèmes, le divorce devrait rester un moyen de limiter les dégâts.

Néammoins, la meilleure chose á faire n'est pas d'être satisfait avec les lois de divorce, mais d'utiliser la la Sagesse Divine, l'*Arbre de Vie*, le trésor le plus précieux de la philosophie de l'humanisme divin pour créer des programmes d'éducation qui enseignent scientifiquement sur la vie sexuelle et maritale, centrés sur les réalités physiques et spirituelles.

Avoir des rapports sexuels avec des animaux?

Logiquement ceux qui ont des relations sexuelles avec des animaux ne peuvent pas dire qu'ils suivent le Dieu de Lévitique 18:23 et Lévitique 19: 19.

En dehors de l'interdiction dans l'Ancien Testament, il y a des raisons que même des athés acceptent qui peuvent également expliquer pourquoi plusieurs pays du monde se sont prononcés contre les relations sexuelles entreanimaux et humains. Ces arguments viennent d'un effort de raisonnement et peuvent être acceptés á la fois par les morales religieuse et séculière.

Parmi les arguments avancés par les adversaires du zoosexeet comme rapportés précédemment par l'article cité, deux apparaissent les plus acceptables par la philosophie séculière. Le premier est la possibilité de naissance de monstres. Le deuxième est l'abus d'animalqui nécessite une explication.

La plupart des défenseurs de ce deuxième argument expliquent que le zoosexe est un abus d'animalparce que les animaux ne peuvent donner leur *consentement*. Chercheur est d'accord mais pense qu'il y a une meilleure justification que le consentement. La pédophilie est mondialement condamnée même lorsqu'un enfant accepte volontairement une relation sexuelle avec un adulte. La raison de cette condamnation est que l'enfant n'a pas encore développé l'état d'âme et de corps qui prévient tout danger venant de relations sexuelles.

Si les enfants ne savent pas tout ce qui est bon pour eux, le cas des animaux qui ne peuvent même pas penser comme les humains est pire. Avant de donner un consentement ou pas , il faut être capable d'avoir une opinion, ce qui n'est pas le cas des animaux. Par conséquent, le zoosexe est un abus total.

L'argument selon lequel le zoosexe implique des animaux matures n'est pas recevable parce que ces animaux dit matures sont encore moins matures que des enfants humains d'un point de vue psychologique. La pédophilie n'est pas rejetée seulement sur la base de l'immaturité du corps des enfants mais surtout á cause de l'immaturité de leur psychisme.

Cependant, un important contre argument des défenseurs du zoosexe doit être considéré. Pour ces défenseurs, si avoir de rapports sexuels avec les animaux est un abus, les tuer, les manger, et les utiliser pour divers buts sont aussi des abus. Cet argument peut apparaître juste á première vue; mais une analyse profonde montre qu'elle ne l'est pas.

C'est á ce niveau que le troisième argument contre la zoosexualité devrait être avancée. C'est l'argument de *l'utilité historique* qui comprend trois éléments: a- tous les désirs et besoins sexuels peuvent être satisfaits dans un couple composé d'un mari et d'une femme humains, b- les humains sont supérieurs aux animaux et peuvent mieux plaire sexuellement, c- manger les animaux a été et est toujours un besoin de santé et de survie, une utilisation plutôt qu'un abus.

Si les sociétés du passé n'avaient pas tuer et manger des animaux, beaucoup d'humains seraient morts et ceux qui sont leurs descendants aujourd'hui ne seraient pas nés de la manière où ils l'ont été. De plus certains animaux survivent en mangeant d'autres. Beaucoup ont une constitution qui les amène a tuer et manger d'autres animaux. Par exemple la mâchoire et les griffes du lion sont construites pour une alimentation á base de viande tandis que le boeuf est construit pour manger des herbes. Néammoins, tout ce qui est bon pour les animaux ne l'est pas nécessairement pour les humains. Par conséquent, ce serait bon si les humains pouvaient développer leur intelligence et trouver des moyens de bien exister sans tuer les animaux.

Qu'un humain ne soit pas capable de trouver satisfaction sexuellement au sein de la population humaine est non seulement un échec individuel, mais aussi une faillite de l'humanité entière á la fois historiquement et dans la société actuelle. Avec un effort de sagesse, d'amour, et de compassion, on peut régler le problème de la zoosexualité et personne n'ira chercher du plaisir sexuel dans le règne animal.

La zoosexualité est le résultat d'une déficience philosophique, psychologique, et spirituelle de la race humaine dans son ensemble. Avoir un rapport sexuel avec un animal est condamné par le standard divin, ce doit être aussi le cas pour le standard séculier. Mais la loi seule ne suffit pas. Il faut en plus des programmes d'éducation et de santé bien construits.

Etre lesbienne, gay, bisexuel, transsexuel, ou transgenre [LGBT]?

Il est bien connu que l'argument principal que les opposants religieux de l'homosexualité utilisent vient de la Bible particulièrement de passages comme Jude 7 et Genèse 18 et 19. Cependant, il y a des religieux qui acceptent la Bible comme un document important mais défendent quand même l'homosexualité. Ils essayent de montrer que les passages justes cités ne condamnent pas clairement et spécifiquement ce comportement sexuel.

Cependant, essayer d'interpréter l'écriture de force pour montrer qu'elle n'est pas contre l'homosexualité est difficile et biaisé surtout si on considère des passages comme Lévitiques 18: 22 et 20:13; et aussi Romains 1: 27.

Si Chercheur pense que l'argument de l'écriture est solide, il est aussi d'avis que des arguments en dehors de la Bible existent suivant strictement la raison ou la sagesse. En prouvant le caractère incorrecte de l'homosexualité, on peut aussi démontrer par là la fausseté de la bisexualité, du transexualisme, et du mouvement transgenre.

La meilleure façon de montrer l'erreur que constitue l'homosexualité sans utiliser la Bible est de prouver que malgré les dires des homosexuels, ce comportement sexuel est non seulement anti-naturel, mais aussi nuisible et injuste.

Un des livres les plus influents sinon le plus influent utilisé par les supporters de l'homosexualité aujourd'hui pour justifier ce comportement sexuel est *Biological Exuberance: Animal Homosexuality and Natural*

Diversity[*Exubérance Biologique: Homosexualité Animal et Diversité Naturelle*] du biologiste, linguiste, et auteur Bruce Bagemihl[41].

Ce livre est en effet riche en description de l'homosexualité dans le règne animal. Cependant, comme on peut s'y attendre, il offre plus d'évidences sur l'homosexualité mâle-mâle que celle femelle-femelle. *Il serait intéressant d'avoir un documentaire montrant des images d'animaux femelles en pleine relations sexuelles et comparer cela avec une situation pareille parmi les mâles.*

Il ne serait pas surprenant de constater que l'homosexualité animal mâle-mâle ressemble plus á l'attitude des gays humains que l'homosexualité femelle-femelle ne ressemble au comportement des lesbiennes humaines. La raison de ce postulat réside dans l'intelligence et la créativité humaines que les lesbiennes possèdent. La plupart des lesbiennes dans leurs relations sexuelles ne négligent pas d'utiliser un instrument en remplacement de l'organe sexuel mâle.

Ceci montre une tentative inconsciente ou consciente d'introduire un élément "naturel" dans un comportement sexuel "artificiel." Ainsi, le lesbianisme démontre que le corps d'une femme n'est pas équippé naturellement pour satisfaire les besoins sexuels d'une autre femme.

La majorité des lesbiennes utilise un instrument phallique, mais les animaux femelles qui ne sont pas si intelligentes ou douées ne l'utilisent pas. On peut dire aussi que les lesbiennes essayent de remplir le vide naturel qu'elles créent en préférant une femme á un homme en utilisant un instrument pour remplir le même rôle mais de façon très incomplète. Par exemple, aucun instrument ne peut produire de sperme pour mettre une lesbienne voulant d'enfant enceinte. Les animaux "lesbiennes" doivent être quelque part "frustrées" puisqu'elles n'utilisent pas ce genre d'instrument.

---

[41]Bagemihl, Bruce. *Biological Exuberance: Animal Homosexuality and Natural Diversity*. New York: St. Martin's Press, 1999.

De l'autre côté, les gays et les animaux mâles qui ont des rapports sexuelles avec des partenaires de même sexe n'ont pas á être aussi créatifs que les lesbiennes. Le phallus est destiné au vagin dans les relations hétérosexuelles. Contrairement aux doigts qui ne sont pas très similaires au phallus, l'anus ressemble au vagin en terme de capacité á recevoir le phallus. Les gays et les animaux homosexuels mâles ont donc un remplacement presque naturel au vagin et n'ont pas besoin de créer un instrument particulier comme les lesbiennes.

Néammoins, comme les instruments phalliques ne produisent pas de sperme, l'anus n'est pas connecté á un appareil reproducteur interne féminin que les gays n'ont pas de toute façon. Donc les gays aussi ne peuvent pas satisfaire de manière naturelle leur besoin d'enfants exclusivement par le choix sexuel qu'ils ont fait.

L'explication donnée jusqu'ici montre que l'homosexualité pose un problème de *compatibilité anatomique et physiologique*. Le fait que les homosexuels veulent des choses ou ont des désirs qu'ils/elles ne peuvent satisfaire naturellement montre que ce comportement sexuel est anti-naturel du point de vue anatomique et physiologique. Ce type de vie sexuel est également *injuste* et crée des *inégalités*.

Grâce á la Fécondation In Vitro [FIV], les pratiquants de l'homosualité peuvent avoir d'enfants, mais le coût est si élevé que tous les homosexuels ne peuvent pas se permettre de s'offrir ce moyen créant une situation d'inégalité. De plus, l'homosexualité est historiquement injuste parce que la FIV n'a pas toujours été disponible pour assurer la survie de l'espèce humaine si tous avaient décidé d'utiliser la "liberté" pour devenir gays ou lesbiennes á un moment donné.

Si ce cas de figure s'était produit, l'humanité aurait disparue en une seule génération. Au contraire, tous les humains á n'importe quel moment de l'histoire auraient pu décider d'être hétérosexuels sans risque d'anihilation de l'espèce.

Historiquement, l'existence des homosexuels est impossible sans celle des hétérosexuels mais le contraire n'est pas vrai. Sans l'hétérosexualité, aucun homosexuel n'existerait pour revendiquer un droit comme par exemple la demande d'adopter des enfants mis au monde par des hétérosexuels. *Après un examen philosophique rigoureux, il n'y a aucun moyen de satisfaire les "droits et libertés" des homosexuels sans violer ceux des hétérosexuels.*

Si une société purement homosexuelle décidait d'avoir des générations successives, elle pourrait essayer de faire accoupler les lesbiennes avec les gays juste pour l'object de reproduction. Ceci ne ferait que renforcer l'idée que l'homosexualité ne peut exister sans l'hétéroxexualité.

Donc, l'homosexualité génère des troubles anatomo-physiologiques ainsi que de l'inégalité et de l'injustice montrant un manque de sagesse mais aussi un manque de contôle du corps. En langage médicale, cela s'appelle un désordre psychosomatique.

Ce qui est présenté comme des cas d'homosexualité dans le règne animal pourrait bien être un ensemble de troubles psychologiques ou mentaux. Si les animaux peuvent physiquement tomber malade comme les humains et si les humains peuvent développer des maladies mentales y compris le manque de raison, quelle personne de science déclarerait sérieusement que les *animaux mentalement ou psychologiquement dérangés* ne peuvent exister? Ceci invaliderait l'argument que l'homosexualité est naturelle parmi les animaux et confirmerait son caractère antinaturel.

Parfois, les animaux se comportent de façon étrange. Un jour, Chercheur assista á une scène bizarre: un coq montant une canne! Ce cas de sexualité inter-espèces peut servir de justification aux défenseurs du zoosexe.

Mais que savent les animaux? Un animal est un animal. Jusqu'á quel point les humains devrait-ils justifier leurs choix centrés sur la population animal? De nombreux homosexuels déclarent que l'humanité est une espèce animale. Mais comme montré dans des chapitres précédents, les humains sont de loin meilleure que les animaux.

Bien entendu, l'humain peut imiter l'animal en créant des avions par exemple. Mais l'animal ne peut imiter la raison humaine. L'humanité doit donc connaître la frontière á ne pas dépasser en imitant les animaux afin que la planète se porte au mieux.

Une limitation á l'espèce animale pour parler du caractère naturel ou non naturel de l'homosexualité serait une erreur. Des preuves supplémentaires de la fausseté de l'homosexualité peuvent être fournies en se basant raisonablement sur le monde végétal et l'univers des minéraux et de la physique quantique.

Chercheur n'a jamais entendu parler de plantes homosexuels et sait aussi que les atomes et les molécules ne sont pas des entités résultant de l'association entre éléments de mêmes charge positive ou négative, mais d'éléments plus et moins. C'est ainsi que le monde se développe. Si l'homosexualité devait être exclusivement appliquée au monde des particules subatomiques, il n'y aurait rien d'autre en existence que ces particules puisqu'elle ne pourront former des atomes et des molécules selon la loi d'attraction et d'association entre les charge électriques plus et les charges électriques moins. *L'homosexualité est donc anti-développement, anti-existence, et nuisible*.

Puisqu'il a été montré que l'homosexualité est anti-naturelle, génératrice d'inégalité, injuste, anti-développement, et nuisible; avoir des rapports sexuels avec des partenaires du même sexe connaissant tout ceci serait similaire á ce que la médecine et la psychologie appellent D.O.C [Désordre Obsessif Compulsif]; qui est un genre de déséquilibre nerveux. Si ces arguments raisonnables qui invalident l'homosexualité venaient á être rejetés par un homosexuel, cela serait un dénie de réalité et devrait être traité comme une psychose.

Cependant, qu'il s'agisse d'une névrose ou d'une psychose, l'homosexualité n'*apparaît*pas trop nuisible á cause de l'existence de l'hétérosexualité qui voile certaines de ses conséquences.

Puisque la société d'aujourd'hui recherche toujours le plus grand bonheur, il serait sage en ce moment de l'histoire que les gays et lesbiennes aient la liberté et le droit d'existence et d'association sans compromettre la liberté et le droit d'existence et d'association des hétérosexuels surtout ceux qui sont strictes et ne veulent pas que leurs enfants subissent l'influence éducationnelle proche d'homosexuels.

Les êtres humains en général aiment être entourés de personnes aux idées similaires. Par conséquent, ceux qui considèrent l'homosexualité comme valide malgré tous les arguments présentés *devraient être libres de former des communautés. Ces homosexuels ne doivent pas être haïs. Ils ont droit au respect de leurs droits et devraient bénéficier d'aides et de support contre les maladies, les problèmes économiques, la violence, ainsi de suite.* Les homosexuels qui veulent de l'aide pour devenir hétéro devraient aussi être supportés.

Mais la sexualité dans la société la plus heureuse ne pourra être que l'hétérosexualité pour toutes les raisons évoquées dans cette section.

Forniquer? Tromper? Sexe en groupe ou orgies? Epouses et epoux multiples?

La fornication est une relation sexuelle entre des personnes non mariées tandis que l'adultère ou la tromperie qualifie la relation entre un individu marié et un individu non marié ou mariéá une autre personne. Le dénominateur commun de tous ces comportements sexuels est qu'ils sont condamnés par la grande majorité du monde religieux. Mais Il y a aussi des raisons qui ne sont pas tirées des écritures qui sont contre ces pratiques.

La fornication entre des personnes non mariées qui sont trop jeunes est comparable á la consommation de fruit non mûr qui peut être dangereux non seulemt á la santé du corps par le développement de maladies sexuelles et des difficultés de procréation ultérieures mais aussi pouvant nuire au développement du corps siprituel et aux pouvoirs de l'âme que sont l'intelligence, l'émotion, la volonté, la créativité, etc…

Le développement du corps comme de l'âme est troublé par des rapports sexuels prématurés. Plusieurs bons livres et articles scientifiques ont été écrits á ce sujet. En prévenant la fornication, on permet au corps, á l'esprit, et á l'âme d'atteindre le degré de mâturité nécessaire pour une jouissance complète et durable de l'activité sexuelle. Il est bien de se rappeler le conseille de la Cantique des Cantiques [2:7] de ne pas réveiller l'amour avant le bon moment.

La fornication entre deux adultes est le résultat d'un manque de sagesse ou de sécurité. Si deux adultes s'aiment, ils devraient semarier. Mais certains peuvent refuser ceci afin de pouvoir "goûter" á autant de partenaires que possible. Mais il s'agirait toujours d'un manque de sagesse parce qu'il n'y a rien qu'un autre partenaire peut offir mieux que le partenairecompatible. De plus, la fornication même entre deux adultes n'amène que des troubles sociaux.

Il est recommandable de prendre le temps pour trouver le partenaireadéquoit plutôt que d'essayer les gens. En plus, il y a quelque chose dans la plupart des humains qui fait qu'ils n'apprécient pas les relations sexuelles que le partenaire définitif avait précédemment eu avec d'autres personnes. Pour éviter les troubles liés á ce fait á partir d'une génération future quelconque, un système d'éducation approprié devrait être élaboré et instauré afin d'aider les gens ábien se marier. C'est dire que les désordres sexuelles observés de nos jours relèvent á la fois de laresponsabilité individuelle que de la responsabilitécollective.

Par ailleurs, la fornication rend difficile la traçabilité génétique et spirituelle d'une population afin de l'améliorer. Une vie sexuelle disciplinée permet d'identifier des troubles génétiques et spirituels dans les lignages et de les éradiquer. Un bon appariement entre conjoints est une façon d'éviter des ennuis de santé chez les descendants et de favoriser le bonheur général.

Si la fornication n'est pas bonne pour les raisons avancées, l'adultère et les rapport sexuels en groupes appelés orgies sont pires. Avoir plusieurs épouses ou maris peut avoir été accepté dans l'histoire; mais les problèmes que la polygamie ou la polyandrie ont essayé de régler peuvent l'être par d'autre moyens aujourd'hui. Ces moyens sont la culture de la paix, une utilisation adéquoite de la médecine, l'amélioration de l'éducation, ainsi de suite.

Par exemple, s'il n'y a plus de guerres tuant des soldats mâles en grand nombre, une source de déséquilibre démographique serait supprimée et la justification islamique pour marier jusqu'a quatres femmes ne sera plus.

La médecine a également développé des méthodes qui peuvent permettre de prévenir un déséquilibre en nombres de femmes et d'hommes par d'autres causes.

Pédophilie?

Pour de nombreuses raisons évoquées dans la sous section sur les animaux, la pédophilie n'est pas une bonne chose même si elle n'implique que des enfants essayant de s'aimer sexuellement. Comment une personne qui ne sait pas ce qu'est l'amour et les rapports sexuels peut aimer et avoir des rapports sexuels? Comment un enfant peut-il/elle donner naissance á un autre enfant?

Ce sont des choses qui ne doivent pas être. Les enfants devraient cependant avoir une connaissance théorique complète de l'amour et des relations sexuelles au moment où ils atteingnent la mâturité bilogique et économique. Ainsi, de nombreux troubles sociaux et individuels notamment mentaux n'apparaîtront plus.

Masturbation?

La masturbation est une technique utilisée par une personne pour obtenir du plaisir sexuel sans rapport sexuel avec un partenaire. Elle a des avantages et des inconvenients.

Les avantages sont: l'évacuation de l'ecxitation sexuelle, une satisfaction psychologique, et l'éviction de problèmes que posent des rapports sexuelles tentés ou consommés. Les désavantages sont un moyen de reproduction moins qu'acceptable et une forme inférieure de sexualité en comparaison avec le mariage hétérosexuel monogame.

Vue globalement, la masturbation ne devrait pas être recommandée. L'accent devrait plutôt être mis sur comment aider á préparer de bon mariages. Un bon moyen de prévenir la masturbation est d'être activement engagé dans un projet de mariage gagnant de la connaissance dans de nombreux domaines, développant de la sagesse, ainsi que des moyens économiques. Ce projet devrait être supporté par la prière, la méditation, la music, le sport, etc…

Pornographie?

La pornographie qu'elle soit vue ou fabriquée a encore moins d'avantages que la masturbation. Cependent, la forme où des dessins sont utilisés au lieu d'êtres humains peut être utlisée pour supporter l'éducation sur les positions sexuelles qui plaisent au partenaire.

Les désavantages sont si nombreux que la plupart des gens pourraient en identifier plusieurs. Il n'est pas vital de tous les citer ici. Ce qui est important á dire est que les mesures anti-masturbation peuvent aussi parfaitement aider contre la pornographie.

L' avortement?

La seule forme acceptable d'avortement est lorsqu'il est fait pour de bonnes raisons médicales. Toutes les autres causes peuvent être prévenues. L'avancement de la science permettra aussi de réduire de manière significative même les avortements faits pour de bonnes raisons médicales.

Etre marié et fidèle á un seul partenaire?

Oui, pour toutes les raisons développées dans les sections précédentes et pour d'autres raisons incluant les évidences statistiques selon lesquelles le nombre d'hommes dans le monde est á peu près égale á celle des femmes.

Il est vrai qu'un homme ou une femme seule est un être incomplet. Puisqu'il y a des milliards d'hommes et des milliards de femmes sur la terre, il n'est pas facile aux gens de déterminer le partenaire approprié pour la vie. Par conséquent, un programmede mariage devrait être créé pour résoudre ce problème.

Une telle éducation sur le mariage devrait offrir des enseignements et des activités qui permettent á ceux qui projettent de se marier d'apprendre beaucoup en théorie et en pratique sur la vie et les gens. En obtenant une connaissance multidisciplinaire significative, en interagissant avec plusieurs personnes dans leurs environnements immédiat et distant, et en cultivant la vertu, une personne pourrait faire un meilleur choix concernant le partenaire pour la vie en terme de complémentarité.

L'éducation sur le mariage ne devrait pas remplacer le droit individuel á identifier la future épouse ou le future époux parce que l'individu qui a bien étudié se connaît mieux que quiconque et est celui ou celle qui prend la responsabilité d'honorer le mariage.

En plus de la création d'opportunités de rencontres et d'études des personnalités variées du sexe opposé, la préparation au mariage devrait encourager les gens á être sensibles non seulement á l'attraction physique, mais aussi á l'attraction de l'âme ou attraction mentale.

L'attraction physique peut être évaluée plus ou moins rapidement. La plupart du temps, quelques secondes sont suffisantes. Parfois des minutes ou des jours voire des mois ou années sont nécessaires á une personne pour savoir si une autre personne est belle á ses yeux ou pas.

Ensuite, il y a l'attraction magnétique ou sexe-appeal ou enore "chimie." "L'âme-appeal" est l'attraction entre deux âmes de sexes complémentaires. L'état de l'âme au moment de l'attraction est le résultat des inclinaisons innéescombinées avec l'éducation théologique, philosophique, et psychologique plus la culture qui est l'équivalent de l'histoire pratique.

Les êtres humains ont plusieurs critères communs pour déterminer la beauté; mais chaque individu a également ses préférences. C'est pourquoi il est communémentdit que la beauté est relative. On peut trouver une personne belle sans qu'il y a d'attraction magnétique. On peut aussi arrêter de considérer une personne pour le mariage après avoir découvert des différences importantes en matière de visions de la vie.

Parmi ces trois niveaux de compatibilité, le niveau de l'âme intelligente est le plus important parce que la philosophie ou vision de la vie d'un individu détermine ses actions qui nourrissent ou pas la joie. L'âme est le centre de la vie éternelle. C'est la raison pour laquelle l'enseignement de la philosophie de l'humanisme divin devrait être un élément fondamentale dans la préparation au mariage.

Avec une communion de points de vues, les personnes voulant devenir un couple peuvent travailler pour harmoniser le reste des éléments physiques et spirituels qui sont ne pas encore en harmonie. L'harmonisation des âmes vient en premier. Lorsqu'il y a conjonction des mentalités, et losrque les esprits et les corps physiques sont presque harmonisés au moment de la première rencontre, les partenaires ont peu d'efforts á faire pour s'harmoniser et la célébration du mariage peut être plus rapide.

Dans l'époque actuelle, un mariage entre deux amoureux devrait être arangé aussitôt qu'un minimum de conditions sont réunies. Comme dit plus haut, la première condition est l'éducation de l'âme et la deuxième l'expérience des gens.

Les autres conditions pour la viabilité du mariage sont: une dicussion impliquant les futurs beaux-parents, une préparation économique, des examens médicaux pour éviter des surprises inutiles et de la souffrance, une revue des cours de biologie sur la reproduction, la planification détaillée de la cérémonie de mariage, une connaissance des responsabilités de chaque partenaire et de celle des enfants, un âge minimum etc…

Le contrat de mariage devrait porter les signatures des deux époux, de leurs parents, de l'officier philosophique ou religieux, de l'officier de l'état, et du maire dans les sociétés où ces catégories de personnes existent. L'âge minimum de 16 ans semble judicieux avec consentement parental pour célébrer les mariages les plus rapides.

L'appariement des partenaires devrait permettre d'éviter le décès précoce d'un des deux partenaires. Ainsi, les tests médicaux devraient être conduits avec ce but additionnel. Le contrat de mariage devrait contenir un article stipulant qu'aucun des partenaire ne devrait prendre part á des activités dangereuses qui raccourcissent le temps de vie. Ce faisant, le concept de remariage disparaîtra. Pour éviter que d'autres personnes ne viennent diviser le couple, il est recommendable que les époux ne se quittent jamais jusqu'au temps où plus de sécurité existera dans la société.

Quelques mots sur la reproduction, le concept de famille, l'amitié, et l'adoption d'enfant

La vie humaine est une merveille et est nécessaire au maintien optimum de la terre et de l'univers. Par conséquent il devrait toujours y avoir des humains dans le monde visible. C'est une des raisons pour lesquelles les êtres humains devraient se reproduire. Une autre raison est que la reproduction permet la naissance des enfants qui sont des êtres merveilleux á plusieurs égards. C'est pourquoi beaucoup d'adultes aiment prendre soin d'eux.

Dans la société la plus heureuse, Il n'y aura pas de problèmes médicaux pour empêcher la naissance d'enfants. Une meilleure gestion des ressources existentes et la création de nouvelles ressources serait toujours en équilibre avec la taille de la population humaine. Dans ces circonstances, chaque adulte pourrait librement vivre l'expérience joyeuse de prendre soin des enfants.

Cependant, avant même ce paradis terrestre, l'adoption d'enfants par ceux qui ne peuvent en avoir est une bonne solution. La raison est que les humains ont besoin que d'autres humains prennent soin d'eux pour être plus heureux. C'est le sens de l'amitié qui est supérieur au concept de famille. Avoir des parents comme ennemis n'a aucun sens. Les gènes sont juste un moyen d'organiser la société humaine. Tous, parents ou pas devraient vivre en amis. Comprendre profondement l'amitié est un moyen très puissant de prévenir les conflicts á tous les niveaux; de la famille nucléaire á la socité universelle.

Si l'amitié est vraiment comprise, l'adoption apparaît comme une meilleure soultion intermédiaire philosophique comparée á la Fécondation In Vitro et au clonage. Elle permet de limiter les dépenses économiques, de gagner du temps, et surtout d'éviter de la souffrance inutile. Mais la société devrait toujours être en mesure de retracer l'origine biologique des enfants pour raison de santé physique et spirituelle globale.

Chapitre 11

Récréation, arts, sports, média, politique, et économie

UNE société ne peut être vraiment heureuse sans relaxation et sans récréation. L'amusement influence positivement la santé en contribuant á nourrir et garder en équilibre l'âme, l'esprit, et le corps humains. Mais une utilisation incorrecte des arts, du sport, et des média peut être une source de dommage, de déséquilibre, et de malheur. C'est aussi le résultat d'une mauvaise politique ou d'une mauvaise économie.

La philosophie de l'humanisme divin ne peut être complètement élaborée sans une réévaluation et une réforme de ces domaines de la vie. Plusieurs ont suivit ce chemein avant Chercheur et ont aidé la société humaine avec leurs sagesses, découvertes, fois, amours, connaissances etc...

Dans l'histoire religieuse des U.S.A., les Puritains sont connus comme ayant élaboré des lois morales strictes par exemple l'interdiction de la commercialisation et de la consommation d'alcool. La volonté de Chercheur est de trouver une façon d'expliquer pourquoi les puritains, l'islam, et d'autres écoles de pensée ont raison de conseiller un code vestimentaire décent tout en faisant attention au respect de la liberté et des droits individuels. Il veut aussi reconnaître les apports de systèmes politiques comme la démocracie et de modèles économiques comme le capitalisme tout en se débarassant des problèmes que ces systèmes et modèles causent.

Arts, sports, média

Il y a trois sortes d'arts: les arts visuels [peinture, architecture etc…], lesartslittéraires [fictions commes la poésie et non-fiction comme la philosophie], et les arts d'interprétation [musique, théatre, dance etc…]. Les arts devraient être utilisés á des fins éducationnelles et récréatives.

L'intellect peut se développer grâce aux arts parce qu'ils peuvent être un véhicule important de la conaissance ou de l'information nécessaire pour l'âme. A travers les arts, ont peut plus apprendre sur la beauté et la vilenie, la joie et la tristesse, le plaisir et le mécontentement, ainsi de suite.

Les arts, surtout la musique a été bien décrite par les rosicruciens et les théosophes comme capables de renforcer le pouvoir de volonté qui á beaucoup á voir avec le pouvoir du son. Chercheur se rappelle qu'après avoir écouté une grande chanson ou regardé un bon film, ou encore lu de bon livres, il sent en lui une force capable de l'amener au-delá de ses limites du moment pour accomplir des choses qui apparaissent difficiles voire impossibles á première vue. Grâce aux arts, l'éducation est si renforcée que l'apprenant devient rapidement un créateur dans n'importe quelle domaine.

Comme les arts, le sport fournit de la distraction et encourage le développement humain á travers des exemples de records battus. Par exemple Carl Lewis démontra le premier que l'homme était capable de courir 100 m en-dessous de 10 set Céline Dion a émerveillé le monde avec ses grandes performances vocales.

Les médias, y compris les journaux écrits, les radios, les télévisions, l'internet, etc... servent á rendre populaires l'éducation et les arts. Ils augmentent donc le potentiel de bien ou de mal que l'éducation et les arts peuvent générer. Quelques mots sur la mauvaise influence possible des arts, du sport, et des médias seront maintenant écrits.

La Sagesse ou *Arbre de Vie* peut être corrompue; cela est également possible pour les arts, le sport, et les média. Puisque ce sont des instruments de grande influence, la nuisance et le malheur qu'ils peuvent causer sont également grands lorsqu'ils sont corrompus. Ceci se produit lorsque des idées immorales sont exprimées.

Une chanson propageant une conduite sexuelle immorale est plus dangereuse qu'un fermier infidèle dont l'exemple n'apparaît pas á grand monde. La mauvaise chanson attaque l'intelligence par une avalanche d'émotions et hypnotise la volonté des gens sur une grande échelle. La fabrique de vêtements qui laissent le corps plus nu que couvert est un autre exemple.

Si les législateurs français ont raison de faire passer des lois pourque personne n'ait le visage entièrement couvert pour rester identifiable, l'islam et d'autres groupes ont aussi partiellement raison. Donc, dans cette affaire, Il serait sage comme le Bouddha l'a enseigné qu'une attitude modérée soit adoptée: porter des habits décents tout en restant identifiable.

Les êtres humains sont capables de ne pas être mal influencés par la nudité. Mais jusqu'ici, la grande majorité n'a pas encore atteint le niveau de mâturité nécessaire pour cela. La culture du *"sexy"* s'est montrée plus nuisible que bénéfique á la société humaine. Plusieurs exemplespeuvent êtres donnés.

Il y a une différence entre le *"sexy"* et la beauté. Le *"sexy"* est l'instrumentalisation de la beauté pour corrompre et nuire. C' est une tentation et donc un acte de mauvaise intention pour détruire le bien et la moralité au sein des personnes. Le "sexy" est la beauté orientée vers l'attraction sexuelle et devrait donc être gardé privée. Il ne devrait pas être mis sur la place publique avant le temps où la raison, la volonté, et la moralité collective sont suffisamment fortes pour empêcher les émotions et les passions d'entraîner l'humain vers le bas.

Même si les émotions humaines sont importantes et bénéfiques, lorsque la raison manque, ces émotions ont tendance á rendre les humains comparables á des bêtes ou pire pour encroire les dires d'Helena Blavatsky pour qui une superintelligence corrompue est plus dangereuse que la stupidité.

Puisque l'humanisme divin veut éviter toute connaissancce ou comportement nuisible á l'humanité, ses enseignements sur l'art, le sport, et les médias mettent l'accent sur leurs bons aspects et cherche á supprimer les mauvais aspects.

Les arts, les sports, et les médiasdevraient être au service de la sagesse, de la raison ou de l'*Arbre de Vie* plutôt que renforcer des idées et comportements maléfiques.

La politique et l'économie

La politique

Parmi les définitions de la politique données par le Merriam-Webster Dictionary Online, deux en particuliers ont attiré l'attention de Chercheur car elles contiennent le noyau de sa pensée sur la politique. Une première définition présente la politique comme l'art ou la science de gouvernement et une deuxième définition l'introduit comme un ensemble de pratiques habiles et malhonnêtes.

Le même dictionnaire offre plusieurs sens au mot 'gouverner' parmi lesques deux ressemblent aux définitions de la politique juste données. Un premier sens dit que gouverner est contrôler et diriger l'élaboration et l'application de mesureset un deuxième sens affirme que gouverner peut être compris comme diriger sans l'autorité pour déterminer les solutions sociales de base.

Chercheur a été surpris de voir que le deuxième sens pour chacun de ces mots se trouve vraiment dans un dictionnaire. Avant de consulter ce dictionnaire, il avait toujours pensé que cette définition était seulement populaire parmi les gens de son village qui en sont venus á ne plus croire la politique la définissant comme '*l'art de mentir.*' Mais ce fait est aussi connu á l'Ouest au point d'apparaître dans un dictionnaire.

La seconde définition est la preuve que la science ou sagesse de gouverner peut être corrompue et devenir un instrument majeur pour l'Arbre de la Connaissance du Bien et du Mal parce qu'ainsi, elle permet au mal de régner sur les gens les rendant misérables et/ou les module afin qu'ils maltraitent d'autres. C'est pourquoi des expressions comme '*manger ou être mangé*' et '*loi de la jungle*' ont été officiellement et non officiellement prononcées ici et lá.

Cependant, la loi de la jungle est seulement valable pour les animaux que les humains encore une fois ne sont pas. Ce qui se produit dans l'espèce humaine est pire que la loi de la jungle parce *qu'en dehors de cas extrèmement rares, les animaux ne détruisent pas les individues de leurs propres espèces*. C'est pourquoi de nombreuses personnes spirituelles et des philosophes ont affirmer que l'humain peut se rabaisser en dessous de la bête.

Revenant á la première définition de la politique et du gouvernement comme la science d'élaboration et d'application de mesures, Chercheur n'est pas entièrement satisfait parce que cela signifie toujours un système pyramidal où un petit nombre de personnes contrôle un grand nombre et leur dicte quoi faire et même quoi penser et dire. Pour lui, ce système pyramidal ne peut être que temporaire jusqu'a ce que tous les humains deviennent suffisamment responsables pour que l'égalité totale se manifeste.

La politique, même dans les meilleurs cas n'est pas compatible avec l'égalité totale et ne peut pas être un système éternel. Même la démocracie, le plus bel enfant de la politique a été et est toujours source d'injustices, d'inégalités, et de souffrance. Atilio Boron qui est un important sociologue et homme de science montra dans une article parue dans le *Socialist Regis-*

ter de 2006 qu'aucune forme de démocracie qu'elle soit *électorale, participative, sociale, ou économique* n'est entièrement raisonnable ou acceptable[42].

Que la démocracie soit le meilleur système politique jusqu'á présent ne signifie pas que l'humanité est incapable de trouver un meilleur moyen de s'organiser et de gérer les ressources pour satisfaire les besoins des gens. C'est quelque chose que la philosophie de l'humanisme divin se propose de faire.

Aussi longtemps qu'il y aura des adultes trop ignorants, faiseurs d'erreurs graves, ou maléfiques, la politique et la démocracie bien polie seront nécessaires pour eux. Mais lorsque tous connaissent la Loi Divine dans l'âme intelligente et dans le coeur comme stipulé par <u>Hébreux 8: 10-11</u>, *même la meilleure forme de démocracie ne sera pas nécessaire. Des groupes focalisés* sur cet ideal peuvent se constituer en attendant une amélioration générale de la société où il ne sera plus nécessaire qu'une personne gouverne une autre.

Ceci signifie que l'humanisme divin pratique á le devoir de mettre á la disposition de tous les humains les lois divines á travers l'enseignement et le service social pour vite atteindre le niveau désiré. Dans le même temps, la démocracie peut être améliorée de telle sorte que seuls les individues vraiment sages soient élus pour servir la communaté et pas pour la diriger ou régner sur elle. Les personnes vraiment sages sont celles qui sont capables de vraiment comprendre l'origine des problèmes de l'âme, de l'esprit, et du corps et d'y apporter des solutions du niveau de l'individu au niveau cosmique.

Lorsque le peuple de l'Ancien Israël décida d'avoir un roi comme dans les nations voisines [Samuel 8: 4], de plus grands problèmes commencèrent

---

[42]Boron, A A. "The Truth About Capitalist Democracy." *The Socialist Register*. (2006): 28-58. Print.

pour lui. Mais ce choix du peuple était une tentative pour régler le problème de corruption des fils aînés du prophète Samuel qui l'avaient remplacés comme juges d'Isaël [versets 1 á 3].

Le lecteur peut voir ici une répétition de l'histoire. Encore une fois, une bonne chose que le Dieu de l'Ancien Testament avait faite devint corrompue. Saul, le roi choisi, ne pu établir un gourvernement sage et le travail fut transféré á David. Saul et David avaient une certaine connection avec le divin, mais cette connection n'était pas aussi forte que celle qu'avaient Samuel et Nathan qui exercèrent la fonction de prophète respectivement au temps de Saul et de David. Nathan en retour n'était probablement pas aussi doué que David pour gérer les affaires de la vie physique.

La séparation de l' *"Eglise et de l'Etat"* qui est la situation actuelle de presque tous les pays démocratiques a ses origines probablement en ce temps. A travers le roi Salomon, un essai fut fait par la providence divine d'unir encore une fois la sagesse et le gouvernement. Mais après un début brillant, Salomon échoua. Si Adam avait désobéi a son Dieu á cause d'une femme, l'échec de Salomon dit la Bible [1 Kings 11:1-10] était dû á son amour pour plusieurs femmes dont les cultures et les spiritualités étaient corrompues.

Depuis Salomon, *"l'Eglise et l'Etat"* sont restés divisés. Les dirigeants devinrent de plus en plus incapables de sagesse divine et les prophètes bien que connaissant beaucoup sur le divin ne furent pas capable d'utiliser leur connaissance et sagesse pour améliorer la société. Parfois, ils causèrent même des troubles sociaux en irritant ou en provoquant des rois qui ne pouvaient les comprendre.

Même Jésus ne réunit pas la politique et la religion ou la politique et la spiritualité. Même s'il sembla faire quelque chose de ce genre au début de son ministère publique en demandant aux gens de se repentir parce que le *Royaume de Dieu* s'était approché, il refusa d'être un roi terrestre enseignant que son royaume n'était pas de ce monde et prépara ses disciples pour l'au-delá.

Après Jésus, l'influence du christianisme demeura limitée au domaine religieux pendant un temps mais traversa rapidement ses frontières au point de faire du Pape une personne qui exerce l'autorité politique.

Cependant, selon l'histoire, le gouvernement de nombreux papes n'a pas été bénéfique á l'humanité au contraire de ce qui fut dit sur Abraham, Jacob, Moïse, et Samuel. Au lieu de voir les dirigeants chrétiens comme des alliés, les populations les perçurent comme supporters de pourvoirs séculiers corrompus exactement comme les fils de Samuel. Ils dirigèrent avec ce qu'ils prétendirent être de la sagesse divine mais les résultats ou fruits montrent qu'il s'agissait d'autre chose.

Le malheur généré par la domination chrétienne pendant des siècles conduisit au développement systématisé de l'athéisme et á de nombreuses révolutions. Plusieurs philosophies comme celle de Nietzsche et Marx émergèrent pour discréditer Dieu, la spiritualité, la religion, et la sagesse divine. Au même moment, la politique devint plus séculière.

Le résultat prévisible de tels choix est le retour ou le renforcement de l'homme animal en politique et la persistence et l'aggravation de la misère humaine. Les taux de mortalité, de crimes, d'injustices, et de suicides aujourd'hui en disent long malgré le fait que de nombreux pays séculiers proclament défendre l'égalité et la justice. Il aurait été mieux de faire de la place á l'homme divin en politique mais puisque certains qui prétendirent êtres divins avaient échoué, le divin fut pubiquement banniet la tentative pour trouver la vraie divinité ne fut pas faite.

La solution de Sun Moon d'établir un conseil religieux aux Nations Unies n'est pas non plus la bonne parce que cela maintiendrait une division social entre ceux qui connaissentle divin et ceux qui ne le connaissent pas. Ce qui serait vraiment utile n'est pas ce genre d'inégalité contraire á l'idéale d'Hébreux 8 mais que chaque être humain soit doté de connaissance et d'habileté en philosophie, en spiritualité, en science des choses physiques et que les meilleurs servent en des positions stratégiques tout en préparant sincèrement leurs successeurs jusqu'á ce que tous les adultes du genre humain atteintnent un degré élevé de compétence au moins en théologie, en philosophie, en spiritualité, et dans quelques disciplines de la science physique.

Ceux qui ont beaucoup de connaissance et de sagesse divines devraient enseigner les personnes séculières et ceux qui sont plus capables dans la gestion sociale, technique, et en science des choses physiques devraient enseigner ceux qui ont seulement de compétence en religion et en spiritualité. Il est capital que les dirigeants qui gèrent déjà les affaires publiques soient "injectés" avec de la sagesse divine.

Une grande ère de prospérité vint sur l'Inde lorsque l'empereur Ashoka le Grand [304 – 232 av N.E.] décida d'utiliser les enseignements bouddhistes. Aujoud'hui, avec la globalisation de la civilisation, la sagesse divine devrait aussi être globalisée.

Puisque l'âme, l'esprit, et le corps physique ne sont pas séparés, il n'est pas sage de séparer la gestion de la vie sociale appelée Etat de la sagesse des affaires spirituelles. La restauration de la Sagesse et l'amélioration de la science spirituelle devraient être en mesure de démontrer pourquoi la sagesse, la spiritualité, et la physicalité devraient être unies dans un système sociale globale.

Ce fut un objectif du livre *Demeure des Divinités: vers une Philosophie, une Science, et une Spiritualité Universelles*. C'est aussi un but du présent volume. Si les politiciens décidaient de s'inspirer de ces deux ouvrages, Chercheur n'a aucun doute qu'une ère de prospérité et de bonheur viendrait.

L' économie

La démocracie émergea de l'histoire comme le système politique victorieux. La victoire du capitalisme qui est le système économique souvent associé á la démocracie dans l'Ouest est encore plus remarquable. Presque tous les pays du monde participent á l'économie de marché. La majorité des pays de l'ancien bloc communiste a maintenant adopté ce modèle économique.

Si la politique est l'art de gérer les ressources y compris celles économiques, l'économie est le système qui permet de générer ces ressources. Pour de nombreux savants, le capitalisme est un système économique qui a beaucoup de défauts. Le communisme et le socialisme n'ont pas eu de succès parce qu'ils n'ont pas été capables d'établir une égalité et une justice sociale qui intègrent totalement le potentiel, la créativité, et la liberté individuelles.

Chapitre 12

Future de l'humanité: la question eschatologique

Futur individuel et futur collectif

NONOBSTANT l'importance de la question de l'origine de l'humanité, celle eschatologique est encore plus importante parce que les êtres humains ne peuvent pas influencer leur origine mais peuvent déterminer dans une certaine mesure leur futur en utilisant leur libre arbitre. De plus, en prenant l'eschatologie sérieusement, les penseurs peuvent finir par trouver des réponses détaillées concernant l'origine du genre humain.

La réalité de la mort physique pour chaque être humain rend nécessaire la distinction de deux sortes d'eschatologies ou futurs pour l'humanité: le futur d'une personne sur terre et après la mort d'un côté et le futur global de la population terrestre en un temps donné et après un certain nombre de générations.

Futur individuel

Chaque humain a une âme immortelle façonnée par l'utilisation du libre arbitre pour faire des choix personnels. Tandis que l'âme se développe, l'esprit et le corps physique se développent aussi. Le développement de l'âme et du corps physique est rapidement percevable contrairement á celui de l'esprit. A la mort, le corps physique est détruit mais l'âme et l'esprit continuent d'exister comme démontrer dans le chapitre 4.

Selon la manière dont l'âme et le corps spirituel ont été nourris, ils arrivent dans le monde spirituel capables d'y vivre convenablement ou pas tout comme un foetus est capable de bien vivre surterre ou pas après son séjour dans les eaux maternelles.

La différence avec le foetus est que la volonté, la raison, et les émotions individuelles ont contribué grandement á déterminer qui la personne est á l'entrée du monde spirituel. Il y a des personnes qui ne sont pas capables de vivre dans l'environnement naturel du monde spirituel á cause de crimes commis ou de problèmes de santé conduisant en prison ou á l'hôpital pour une courte ou longue période comme ceux qui avaient péché au temps de Noé [1Pierre 3: 19-20].

Futur collectif ou eschatologie

Sur terre

Facteurs influençants

Le futur terrestre d'une génération d'humains dépend de sa situation [théologique, philosophique, spirituel, religieuse, politique, économique, judiciaire, et psychologique] qui est le résultat á la fois de l'histoire [choix faits par les générations précédentes] et de la vie contemporaine [choix faits par les membres de cette génération].

Eléments de changement

Le futur d'une génération est lent á changer á cause du poids de l'histoire et des systèmes hérités. Le temps nécessaire á un seul individu pour changer son futur est beaucoup plus court que lorsqu'une génération entière est considérée. Des changements relativement rapides peuvent se produire lorsque des individus particuliers émergent de domaines divers de la vie et réussissent á mobiliser d'autres autour de grands projets.

Lorsque la personne visionnaire á raison, il s'en suit une ère de bohneur collectif; mais au cas où cette personne est dans l'erreur, il se produit des catastrophes sociales. Bien que l'argent soit important dans l'état actuel du monde, il ne devrait pas guider la politique, la philosophie, et la religion. Jésus savait cela. C'est pourquoi il demanda en Matthieu 6: 33 de rechercher d'abord le royaume et la justice de Dieu et tout autre chose sera reçue en addition.

Parce que certains religieux ont terni l'image de la religion, d'autres personnes ont commis l'erreur de prioriser les choses terrestres. Ce dont la génération présente á besoin est d'une philosophie religieuse puissante soutenue par de bonnes actions et de bon comportements. Lorsque ceux qui ont mis leur confiance dans l'argent verront les bons résultats de la philosophie de l'humanisme divin, la graine de la sagesse et de la spiritualité qui ne les a jamais quitté deviendra une plante et ils amèneront leurs expertises pour créer une société plus heureuse.

Destin ultime de l'humanité sur terre et au-delá de la terre

C'est ici que les théories sur la fin du monde appraissent. Ces théories sont de deux sortes: les théories apocalyptiques charactérisées par des événements destructifs qui tuent un grand nombre de personnes avant l'émergence d'une nouvelle ère de prospérité et les théories non-apocalyptiques.

Apocalypticisme

Le livre biblique de Révélation ou Apocalypse a contribué sans doute á populariser le concept d'apocalypse. Mais la notion existait bien avant l'écriture du fameux livre biblique et a été également encore plus développée après.

Dans la Bible, la première occurrence de phénomènes apocalyptiques apparaît en Genèse 6-9 où le Dieu de l'Ancien Testament envoya le déluge pour détruire le mal rampant et commencer une nouvelle histoire de bien avec la famille du patriarche Noé.

Le second cas d'apocalypse biblique se manifesta sur une moindre échelle, le niveau national, lorsque le même Dieu de l'Ancien Testament causa beaucoup de destruction et de mort humaine dans l'Egypte ancienne et au-delá pour libérer et établir le peuple de l'ancien Israël guidé par Moïse et Josué.

Les livres de Juges, Rois, et Chroniques racontent aussi plusieurs mini-apocalypses envoyés pour rééduquer le peuple lorsqu'il devint trop infidèle. Ces exemples sont des *apocalypses historiques* basées sur les écritures. La destruction de Jérusalem par les soldats romains au 1er siècle est aussi une apocalypse historique.

Plusieurs apocalypses historiques ont été d'abord prophétiques. Le déluge du temps de Noé est l'un d'eux. Le caractère des *apocalypses prophétiques* est que de puissants êtres spirituels avertissent l'humanité avant d'envoyer des catastrophes. *Les apocalypses prophétiques peuvent devenir historiques ou pas.*

Un bon exemple qui démontre qu'un apocalypse prophétique ne devient pas nécessairement historique se trouve dans le livre de Jonas. Dans Jonas 1: 1-2 et 3:1-4 l'intention du Dieu de Jonas de détruire la ville de Ninive en Assyrie [Mésopotamie] á cause de sa méchanceté apparaît clairement. Mais lorsque le roi de la ville et sa population changèrent de comportement, ce Dieu décida de ne pas mettre sa menace en exécution [Jonah 3: 10].

Si les dirigeants politiques et la population du monde décidaient de suivre l'exemple de Ninive au lieu de celle de Sodome et Gomorrhe, les nombreuses prophécies apocalyptiques de Jésus, Nostradamus, Merlin, Mère Shipton, etc… ne se réaliseront pas.

La nouvelle ère de changement positif de conscience dont il est si tant question n'est pas liée á une date particulière. Cela a déjá commencé et continuera. Les humains sont toujours libres et les choix qu'ils font détermineront les futurs proches et distants.

Si les énergies nuisibles, la peine, la souffrance, l'ignorance, la violence, le mauvais comportement sexuel, les dépendances á la drogue et l'alcool continuent, il n'y a pas de doute que la terre subira des catastrophes les unes après les autres. Mais si les gens décidaient de valoriser la sagesse, l'amour, la coopération, la justice, l'harmonie, l'égalité, l'écologie, ainsi de suite, il n'y a également pas de doute que de bonnes choses arriveront á l'humanité les unes après les autres.

Coopération, harmonie, égalité, beauté, santé, justice, et bonheur cosmiques

Le bohneur se produit dans une société lorsque les besoins de chaque membre sont satisfaits. Ceci présuppose qu'aucun individu ne construise le bonheur personnel sur la souffrance d'autres permettant donc l'harmonie, l'égalité, et la justice. Ces valeurs ne peuvent se concrétiser par la compétition mais par la coopération.

Pour que les gens coopèrent vraiment, une condition essentielle doit être remplie: la compréhension, la connaissance, ou sagesse de comment il est possible pour chaque personne d'avoir les choses les plus plaisantes sans que d'autres aient á perdre quelque chose.

Comme dit dans le chapitre 4, l'âme a le pouvoir de transformer le monde physique et le monde spirituel grâce á une bonne application de la connaissance; ce qui peut prendre du temps. C'est le chemin vers la perfection de la beauté. Puisque l'âme est éternelle, avec patience, des solutions seront trouvées á tous les problèmes.

La plus grande partie de la vilenie et des maladies sur la face de la terre sont le résultats d'erreurs et du mal accumulés pendant des millénaires. Lorsqu'une personne prend au sérieux le chemin de la bonté, elle permet á son âme de fonctionner au mieux, d'avoir une bonne idée de ce qu'est la beauté, et de transférer cette vision dans les mondes physique et spirituel.

La beauté et l'harmonie sont souvent des compagnes et peuvent être trouvées á quatres niveaux: l'âme, l'esprit, le corps physique, et leurs environnements. L'écologie devrait être valorisée pour construire un monde beau et harmonieux.

Il n'y a pas de vraie justice sans vraie égalité et la vraie égalité ne peut apparaître sans coopération et support mutuel. Selon le Temple du Peuple, la jalousie est une cause importante du mal. La fièrté mal placée et l'ignorance en sont d'autres. Si la connaissance ou la sagesse est avancée dans une société, les gens admettraient qu'il n'y a rien qui devrait faire naître la jalousie. Seule la victoire sur les mauvais penchants personnels serait digne de considération.

Par conséquent, il apparaît que Socrate avait raison lorsqu'il déclara que la solution au problème du mal est l'éducation. Jésus utilisa d'autres mots pour dire la même chose stipulant que la vérité libère. Lorsque la sagesse d'une personne se développe, elle réalise que tout mal fait á autrui est un mal fait á soi-même et aussi que toute chose saine désirée peut être obtenue á travers la coopération.

Beaucoup se complaisent dans des comportements nuisibles parce qu'ils/elles n'ont pas eu la chance de recevoir une éducation différente. Quand cette chance vient, ces personnes peuvent être submergées par le remord et une répentence sincère et un changement de comportement peut s'en suivre. Hermès et Jésus furent de grandes opportunités pour l'humanité. La prison est une solution temporaire et partielle au mal. La vraie justice prévient les crimes. L'éducation doit donc être un outil pour avancer la justice.

A travers l'éducation notamment la théologie, la philosophie, la science spirituelle, les mauvaises habitudes et cultures aussi bien que plusieurs maladies seront éliminées. Ces trois sortes d'éducation peuvent aider á faire une différence entre la *discrimination positive et celle négative*.

La discrimination positive est l'art d'éviter des expériences vraiment nuisibles et déplaisantes. La discrimination négative est de voir la nuisance lá où il n'y en a pas. Mais même dans ce cas, le problème peut être minimisé par le rassemblement de personnes ayant les mêmes points de vue avec le respect de la liberté des autres á s'organiser. Il n'y a pas de raison de forcer quelqu'un á manger de la pomme alors que la personne préfère la mangue et vice versa.

L'âme humaine est telle que lorsqu'elle n'est pas etouffée par le mal, la folie, l'injustice, et l'oppression, elle brille et transforme positivement les mondes physique et spirituel. Ainsi, certains pourraient commencer á apprécier des gens qu'ils n'avaient pas en grand estime. Une personne qui aime la pomme aujourd'hui peut aimer demain la mangue aussi lorsque la peur de la mangue disparaît et lorsque le caractère revigorant de la mangue est démontré.

Chercheur est convaincu par exemple qu'un jour, les gens partout dans le monde comprendront complètement que le concept de *nationalité* n'a pas de sens et le supprimeront.

Basé sur la loi $E = MC^2$, les humains devraient réaliser qu'il y a une quantité extraordinaire d'énergiedisponible dans l'univers qu'on peut utiliser pour la création et la gestion de toutes sortes de technologies incluant celles pour améliorer la beauté physique et spirituelle.

Si les êtres humains décidaient de penser profondément á la coopération maintenant, les personnes sages apporteront leur sagesse, les scientifiques physiques et spirituels amèneront leur connaissance, et les riches leur ressources économiques dans un ensemble pour produire une issue satisfaisante pour tous. Personne n'aura plus á cacher quelque chose. Tous auront le puissance de la loi divine dans leurs âmes et leurs coeurs comme le dit Hébreux 8. L'appendice, le philosogramme en fin d'ouvrage, est un outil élaboré pour aider dans la période de transition vers cet idéal.

Imaginez une société ou chacun est sage, poli, puisant, savant, et riche!

Conclusion

Si á la fin de ce volume, le lecteur considère que la philosophie de l'humanisme divin a été clairement décrite, alors son but premier aurait été atteint. Pour résumer, l'humanisme divin est une nouvelle philosophie avec de nouvelles idées qui reconnaît la valeur des philosophies précédentes et compte sur de nouvelles idées venant de personnes de tous les coins du monde maintenant et dans le futur afin de ne négliger aucun aspect de la vérité, de la raison, ou de la sagesse pour transformer positivement la société et de manière durable.

C'est un rêve rêvé par l'humanité entière que ce soit consciemment ou inconsciemment. Comme formulée ici, c'est une proposition qui se développera grâce á la participation collective. Cette philosophie est fondamentalement centrée sur la raison que tant de philosophes, d'enseignants spirituels, de scientifiques des choses physiques, et même certains religieux valorisent.

La raison dont il est question n'est pas la raison ordinaire qui se cache égoïstement derrière des désirs personnels ou de petits groupes pour essayer d'apparaître bienveillante. Il s'agit de la raison transcendantale mentionnée par Immanuel Kant, John Locke, Hermès Trismégiste, et Paul amenée á un niveau nouveau. C'est la raison partagée par Dieu et l'humanité qui accepte comme réalité ce qui est naturel comme ce qui est surnaturel sachant qu'il est difficile au naturel de percevoir le surnaturel si un pont solide n'est pas construit.

Comme chez Nietzsche et dans le Jaïnisme, la raison dans l'humanisme divin met l'accent sur le potentiel surhumain caché dans la personne ordinaire. Mais au contraire d'eux, elle est d'accord avec Hermès Trismégiste pour dire qu'il y a une Cause Ultime á tout appelée Dieu qui est transcendantale et qui soutient l'humain durant son voyage de l'ordinaire á l'extraordinaire.

L'humanisme divin n'est pas le rejet de l'athéisme ou du scepticisme; son discours á leurs endroit est: '*Investiguons sérieusement et honnêtement ensemble pour voir s'il n'y a vraiment rien de merveilleux comme décrit par les enseignants spirituels sous le voile de matérialité auquel les yeux physiques sont habitués.*'

Chercheur est reconnaissant á l'hindouisme, aux Témoins de Jéhovah, au Mouvement de l'Unification, et á l'humanisme séculier qui parmi les traditions exotériques ont suffisemment formulé leurs idéologies sur la nature et le bohneur humains pour lui permettre de méditer sur elles.

Du franc-maçon Manly Hall, de la théosophe Helena Blavatsky, des enseignements du temple du peuple, et du *Manuel Rosicrucien*, il a rassemblé une mine d'information qui a étendue sa connaissance et permis plus de précision dans sa pensée.

La gratitude de Chercheur va également aux scientifiques des choses physiques particulièrement ceux du domaine de la physique quantique et de la médecine dont les efforts permettent de solidifier le pont du naturel vers le surnaturel. Les organisations travaillant sincèrement pour la justice et l'égalité au sein ou en dehors des Nations Unies méritent son respect et son encouragement.

Au-dessus de tout, il est reconnaissant á la Source de flux philosophique et spirituel, Dieu, *le Penseur Universel qui lui a permis de penser des pensées qu'il n'aurait jamais pensé être capable de penser afin que d'autres penseurs puissent penser des pensées bien pensées.*

Dans l'humanisme divin, l'aspect scientifique de toute chose notamment de la théologie, de la philosophie, de la physicalité, et de la spiritualité est d'une importance capitale. La foi y est traitée comme l'hypothèse qui n'est pas la connaissance et ne peut donc être la base première pour construire la société la plus heureuse.

La science et la raison sont universelles et transcendantales alors que la foi est limitée aux opinions d'individus et de groupes de personnes. Les tentatives de construire la société centrées sur les fois des gens ne peuvent qu'engendrer des oppositions, des conflicts, et des guerres. La société la plus heureuse ne peut voir le jour que si les religieux et les personnes spirituels donnent des enseignements logiques avec des résultats pratiques atteignables par tous comme par exemple lorsque tout le monde est d'accord sur l'utilité de la science de l'ordinateur.

L'humanisme divin ne nie pas l'importance de traditions religieuses comme la prière, la méditation, les enseignements, les célébrations, ainsi de suite. Ce qu'il cherche est une justificationlogique et scientifique pour ces activités. C'est ce que le chapitre 9 essaye d'accomplir conduisant néammoins á la reconsidération du concept d'adoration, préférant l'enseignement á la prédication, et mettant l'accent sur la prière, l'alchimie ou magie positive ou science spirituelle, la numérologie etc…

Le but de la raison dans l'humanisme divin n'est pas seulement de lutter pour la super-spiritualité, mais aussi pour la super- moralité. Seule la super-moralité peut gérer la super-spiritualité. Les deux sont générés par la super-raison et se soutiennent mutuellement. Par la compréhension et le développement de pouvoirs spirituels et le respect de lois justes, la voie s'ouvre pour que l'amour soit vécu á un niveau supérieur entraînant plus de bonheur.

Ce serait une erreur de penser que le monde peut sauter de son état actuel et rendre immédiatement concrète la vision de l'humanisme divin. L'éducation devrait d'abord être améliorée. Pour réaliser ceci, toutes les bonnes volontés de tous les domaines et régions du monde seraient nécessaires. Le monde connaîtrait un développement collectif de la conscience afin que l'ensemble favorise le développement de l'individu.

De nombreuses âmes savent que le processus á déjá commencé. Ce qu'il faudrait éviter est la fierté déraisonnable et le manque de connaissance qui seraient responsables d'un échec philosophique et moral mondial. Tous devraient s'unir basés sur la devise: '*le respect qui m'est du et ma dignité ne sont pas de l'égoïsme.*'

Dans la phase transitoire avant que tout les humains deviennent superpuissants, supermoraux, super amoureux, et super jouisseurs; les domaines de la sexualité, de la reproduction, et du mariage devraient devenir plus raisonnables et moins nuisibles.

Aussi, l'enseignement de la philosophie de l'humanisme divin ainsi que d'autres activités devraient permettre d'avoir plus de dirigeants sages et ayant de la compassion pour les secteurs de la politique, de l'économie, des média, des arts et sports, de la justice, de l'armée, de la santé, de l'éducation, des soins de beauté etc...

Toutes les personnes de bonne volonté ainsi que les organisations qui travaillent sincèrement pour le bien devraient s'unir pour des actions plus efficaces. En tant qu'une personne ayant prêter le serment médicale d'Hippocrate de protéger la vie et ne pas nuire aux gens qu'ils soient bons ou mauvais, Chercheur sait qu'une transition vers la société la plus heureuse inclue la guérison d'un grand nombre d'âmes, d'esprits, et de corps physiques par une médecine arrivée á un nouveau niveau. C'est pourquoi la coopération avec des gens déjá á l'effort dans chaque domaine est si importante.

Il serait sage de créer une nouvelle organisation et la rendre inclusive au maximum. Chercheur á déjá en tête un nom, des règlements intérieures, et des programmes d'activités et attend d'autres propositions pour une élaboration collective. Les contributions de chaque individu ou organisation seront rendues publiques en tout temps et enregistrées dans l'histoire pour les générations futures.

Que ceux qui sont moins raisonnables deviennent plus raisonnables!

Que les faibles deviennent forts!

Que les découragés connaissent l'espoir á nouveau !

Que les solitaires trouvent de vrais amis!

Que ceux qui aiment moins et ceux qui sont moins aimés soient régénérés par l'amour transcendental!

Ainsi soit-il.

Références

Adler, Alfred, and Colin Brett. *Understanding Human Nature*. Center City, Minn: Hazelden, 1998.

Alapini, Frank. *Abode of Divinities: Toward a Universal Philosophy, Science, and Spirituality*. New York, NY: Cosmic Harmony Pub, 2011.

Amir-Aslani, Ardavan. *La guerre des dieux: géopolitique de la spiritualité*. Paris: Nouveau Monde éditions, 2011.

Augustine, and Marcus Dods. *The City of God, Translated <And Edited> by Marcus Dods*. 1949.

Aun Weor, Samael. *The Perfect Matrimony*. Australia: The Gnostic Movement, 1998.

Bagemihl, Bruce. *Biological Exuberance: Animal Homosexuality and Natural Diversity*. New York: St. Martin's Press, 1999.

Blavatsky, Helena Petrovna. *The Secret Doctrine: the Synthesis of Science, Religion, and Philosophy. Second Edition*, 1888.

Boron, A A. "The Truth About Capitalist Democracy." *The Socialist Register*. (2006): 28-58. Print.

Browne, Sylvia, and Lindsay Harrison. *Phenomenon: Everything You Need to Know About the Paranormal*. New York: Dutton, 2005.

Edwards, Paul. *Reincarnation: A Critical Examination*. Amherst, N.Y.: Prometheus Books, 2002.

Fowler, Jeaneane D. *Humanism: Beliefs and Practices*. Brighton [England]: Sussex Academic Press, 1999.

Gowans, Christopher W. *Philosophy of the Buddha*. New York, NY: Taylor and Francis Group, 2005.

Hacker, P. M. S. *Human Nature: The Categorial Framework*. Malden, MA: Blackwell Pub, 2007.

Hall, Manly P. *The Secret Teachings of All Ages: An Encyclopedic Outline of Masonic, Hermetic, Qabbalistic, and Rosicrucian Symbolical Philosophy : Being an Interpretation of the Secret Teachings Concealed Within the Rituals, Allegories, and Mysteries of the Ages*. New York: Jeremy P. Tarcher/Penguin, 2003.

Jung, C. G. *The Archetypes and the Collective Unconscious*. Bollingen series, 20. [Princeton, N.J.]: Princeton University Press, 1968.

Kurtz, Paul. *Embracing the Power of Humanism*. Lanham, Md: Rowman & Littlefield Publishers, 2000.

Lee, Sang Hun. *Essentials of Unification Thought: The Head-Wing Thought*. Tokyo: Unification Thought Institute, 1992.

Lewis, Ralph M., and H. Spencer Lewis. *Rosicrucian Manual*. San Jose, Calif: Supreme Grand Lodge of AMORC, 1987.

Loptson, Peter. *Theories of Human Nature*. Peterborough, Ont: Broadview Press, 2006.

Moon, Sun Myung. *Exposition of the Divine Principle*. New York: The Holy Spirit Association for the Unification of World Christianity, 1996.

Ouspensky, P. D. *In Search of the Miraculous: Fragments of an Unknown Teaching*. New York: Harcourt, Brance & World, 1949.

Rosen, Steven. *The Reincarnation Controversy: Uncovering the Truth in the World Religions*. Badger, CA: Torchlight Pub, 1997.

Rouner, Leroy S. *Is There a Human Nature?* Notre Dame, Ind: University of Notre Dame Press, 1997.

Salaman, Clement, and Hermes. *The Way of Hermes: Translations of The Corpus Hermeticum and the Definitions of Hermes Trismegistus to Asclepius*. Rochester, VT: Inner Traditions, 2000.

REFERENCES

Schopenhauer, Arthur, and T. Bailey Saunders. *The Essays of Schopenhauer. Book VI, On Human Nature*. Start, Kan: De Young Press, 1997.

Sprawls, Perry. *Physical Principles of Medical Imaging*. Rockville, Md: Aspen Publishers, 1987.

Stevenson, Leslie Forster, and David L. Haberman. *Ten Theories of Human Nature*. New York: Oxford University Press, 2004.

Temple of the People. *Teachings of the Temple*. Halcyon, Calif: The Temple of the People, 1948.

Trigg, Roger. *Ideas of Human Nature: An Historical Introduction*. Oxford, UK: Blackwell Publishers, 1999.

Watch Tower Bible and Tract Society of Pennsylvania. *Vous Pouvez Vivre Eternellement sur une Terre qui Deviendra un Paradis*. Brooklyn, New York, U.S.A., 1989.

Index

Abraham, 101, 126, 137, 157, 229

Adam, 24-25, 27-28, 64, 97, 112, 118-120, 126, 157, 188-190-197, 200, 205, 236

Adler, Alfred, 18, 74

ADN, 45, 75, 78

Adoration, 128, 138, 157, 162, 182-184, 242

Akasha, 36, 87

Alzheimer, 91

AMORC, 21, 41-42, 44-45, 49, 105

Alchimie, 96, 160, 169, 242

Altruiste, 16

Altruisme, 83, 127

Ame divine, 36, 38-39, 69

Ame-appeal, 216

Amir-Aslani, Ardavan, 9-10

Amitié, 129-130, 135, 138, 144, 218-219, 263

Amour, 16, 26-28, 34-36, 39, 63, 75-76, 78, 87, 89-90, 93, 110, 112-113, 115-116, 127, 130-131, 138-139, 140-141, 143-151, 160, 162, 166, 190, 200, 209, 215-216, 219, 222, 228, 236, 242-244, 259

Ange, 6-7, 29, 35, 65, 68, 83-84, 89, 102, 111-112, 118-119, 126, 141, 157, 165, 170-171, 190, 193, 195, 205-206

Apocalypticisme, 235

Apocalypse, 31, 235-236

Apocalypse historique, 235

Apocalypse prophétique, 236

Arbre de vie, 64, 69, 188-196, 198-203, 206, 224-225

Archétypes, 71-74

Argument scripturaire, 116

Aristote, 14, 77, 87, 89, 122

Ashoka le Grand, 230

Astral, 32-36, 30-40, 44, 57, 59, 70-73

Astrologie, 8, 111, 113

Astrothéologie, 8, 31

Atman, 23

Atome, 32, 34, 36, 45, 49, 51, 53-54, 60, 118, 175, 213

Augustin, 18, 87, 98, 188, 190-191

Aun Weor, Samael, 37, 104, 109, 140-144, 146-147, 190, 200

Aura, 36

Bagemihl, Bruce, 210

Balaam, 157

Bergson, Henri, 77

Besant, Annie, 92

Blavatsky, Helena, 29, 31, 72, 87, 153, 225, 241

Brahma, 23

Browne, Sylvia, 112

Bouddha, 5, 7-10, 187, 204, 224

Bouddhi, 32, 36

Bouddhisme, 31, 58, 95, 161, 203-204

Capitalisme, 223, 230-231

Capitaliste, 16

Célibat, 203-205

Cerveau, 19, 30, 33-35, 38-39, 43, 45, 56, 75-77, 79-80, 125, 127, 137

Chakra, 33-34, 55, 58-59, 144-147, 156, 168, 171-172, 180

Chemin-á-Huit-Parties, 7

Chrétien, 55, 64, 68, 91, 94, 105, 132, 140, 153, 189, 192, 198, 229

Chute, 27, 190

Clonage, 185-186, 221

Communauté, 9, 109, 114, 127, 132, 171, 178, 183, 187, 214, 227

Compassion, 12, 85, 92, 127, 209

Comte, August: 124

Conception intelligente, 115

Confucius, 18

Connaissance, 6, 8, 14-15, 25, 27, 31, 35, 37, 40, 42-53, 48-49, 62, 71, 74, 86, 112, 116, 125-128, 133, 135, 140, 149, 150-155, 160-161, 166, 169, 180, 183, 188, 190-191, 193, 195, 197, 199, 203, 205, 216-219, 222, 226, 228- 230, 237, 239, 242-243, 259, 265

Conscience, 18, 20, 23, 27, 31-32, 37-39, 42-43, 45, 57, 70, 78, 107, 109, 126, 137, 139, 141, 143, 236, 243

Constantin, 153

Contraception, 126

Coopération, 11, 140, 170, 178, 236-239, 243

Cordon argenté, 44

Correspondence, 39-40, 61, 188

Cosmos, 138, 144, 184

Créateur, 1, 10, 21, 32, 39, 176, 223

Création, 3, 5, 11, 24, 114-115, 118-119, 127, 142-143, 189, 191, 193, 194, 197, 206, 214, 218, 220, 220, 239, 261

Créationisme, 115

Créativité, 16, 21, 60, 87, 93127, 139, 160, 178, 210, 231, 259

Crucifixion, 7, 64-69, 199

Culture, 18-20, 110, 113, 127, 138, 141, 216, 219, 224, 228, 238

D'Aquin, Thomas, 15-16, 73, 87

Darwin, Charles, 16, 88

Demeure des Divinités, 55-56, 61, 63, 65, 67, 70, 78, 87, 90, 101, 105-106, 115-116, 133, 136, 138, 162, 181, 184, 192, 230

Démocracie, 127, 221, 226-227, 230

Descartes, René, 18, 73

De Spinoza, Benedict, 19, 75

Devachan, 36-37, 40

Diable, 89, 190, 193-196, 199

Géométrie, 40, 105, 174-175

Dieu, 5-9, 11, 15-16, 18, 23-28, 32, 35, 39-40, 44-45, 58, 61, 63-68, 70-71, 75, 78-79, 83-84, 87-88, 92-93, 95-96, 98-101, 105, 109, 111-112, 114-119, 123, 125-126, 128-129, 131, 133-136, 138-142, 144, 146, 148-150, 157-159, 161-167, 170-171, 177-178, 181-184, 190-207, 228-229, 234-236, 241

Dieux, 1-2, 9, 11, 31, 38, 123, 183

Dignité, 17, 31, 113, 125, 164, 243

Dion, Céline, 223

DMT, 3, 62

Edwards, Paul, 75, 77, 79

Egalité, 10-11, 15, 88, 126, 129-130, 138, 211-213, 226, 229, 231, 236-237, 241

Eglise et Etat, 10, 228

Egypte, 119, 122, 133, 158, 161, 235

Einstein, Albert, 42, 49, 60-61

Eisler, Riane, 21

Electrique, 32, 36, 49-52, 60, 213

Electromagnétisme, 53, 55, 147

Electron, 36, 45-46, 49-54, 118, 175

Emotion, 14, 20, 34, 73, 107, 125-126, 179, 194, 214, 224-225, 233, 259

Energeticité, 156-157

Energie, 2, 6, 32, 34-36, 40-42, 45, 48-52, 54-55, 57-58, 60, 62-63, 69-70, 72, 77, 109, 137-138, 141-144, 146-147, 154, 156-157, 159-160, 166-168, 171-172, 174, 179-180, 197, 236, 239, 259

Epigenèse, 75, 77-79

Esperanto, 155

Ether, 33, 35-36, 39-40, 87

Evangile, 6-7, 65-67, 106, 194

Eve, 25, 27-28, 118, 120, 126, 157, 188-198, 205,

Evolution, 20, 34, 114-115, 117, 127, 132-133, 138, 141, 176

Expiation, 157

Famille, 15, 88, 92-93, 124, 129, 138, 173, 220-221, 235, 260, 263

Fécondation In Vitro [FIV], 211, 221

Fowler, Jeaneane, 127, 129, 197

Freud, Sigmund, 17-18, 73, 88

Géhenne, 24, 99, 101

Glande pinéale, 2, 35, 59

Gravitation, 33, 49-50, 53, 60-61, 250

Hacker, Peter M. S., 20, 89, 107

Hades, 24, 99, 101,

Hall, Manly, 29-31, 56, 73-74, 87, 91, 102, 117, 152-153, 174, 189-191, 210-211, 241

Hédonisme, 127

Héréditaire, 18, 74

Hérédité, 95, 110, 113

Hermès Trismégiste, 2, 5-10, 68, 88, 107, 133, 142, 158, 163, 181, 191, 238, 240-241

Hexagone parfait de Saturne, 176

Hindouisme, 22-23, 31, 58, 90, 117, 161, 241

Hobbes, Thomas, 15

Hologramme, 57

Humanisme religieux, 123, 131-133

Humanisme séculier, 123-125, 127-128, 131-133, 135-136, 241

Humanisme spirituel, 123, 133

Hume, David, 15-17, 75-76, 79, 88

Ibn Sina, 73

Illumination, 7, 30, 43-44, 73, 204

Immortalité, 6, 14, 19, 30, 35, 45, 70, 124, 128, 136, 189-190, 194, 200-203, 233

Inconscient, 17, 44, 57, 60, 70, 74, 76, 80, 210

Inde, 15, 31-32, 72, 122-123, 158, 170, 187, 230

Inertie, 49

Islam, 10, 84, 91, 95, 97-98, 214, 223-224

Israël, 2, 6, 55, 94, 104, 122, 155, 175, 192, 228, 235

Instinct, 15-16, 20, 26, 73, 85, 89

Intellect, 14, 17, 31, 76, 141, 223

Jacob, 6, 24, 119, 229

Jaïnisme, 31, 140

Jardin d'Eden, 141, 188-189, 191-192, 195

Jésus, 2, 5-10, 24-25, 27-28, 37, 55, 63-68, 92, 94-95, 97-98, 100-103, 105-106, 109, 116, 132, 141-142, 144, 146, 152-153, 157-158, 160, 163-164, 166, 170-171, 173, 179, 183, 189, 191-193, 195-196, 199, 203-206, 228-229, 234, 236, 238, 262-263

Jugement, 24, 75, 80-84, 162, 187, 191, 203

Jung, Carl, 18, 74, 83, 154

Kant, Immanuel, 16, 73, 87, 128, 238

Karma, 38-39

Krishnamurti, 92

Kurtz, Paul, 128-130

Lac de Feu, 24, 70, 99, 101-102

Loi de la jungle, 83, 154, 226

Leadbeater, Charles, 92

Lee, Sang Hun, 74

Lewis, Carl, 221

Liberté, 6, 16, 19, 39, 87, 90, 124, 127-129, 135, 165-166, 173, 198-199, 211, 214, 223, 231, 238

Livre de vie, 36, 103

Locke, John, 15, 73, 87, 240

Lorentz, Hendrik, 51, 61

Lucifer, 27, 97

Lumière, 1, 3, 5, 32-36, 40, 52, 55, 59-60, 78, 88, 91, 142, 153, 170, 180-181

Lumière or, 35, 59

Mahomet, 10, 157-158, 204

Mal actif, 167

Mal passif, 167

Mariage, 11, 129, 135, 138, 141, 143, 147, 173, 183, 185-

INDEX

186, 190, 200, 205-206, 217-220, 243, 259

Marx, Karl, 16, 229,

Méditation, 84, 89, 94, 179-182, 217, 242

Mémoire, 36, 38, 42, 45, 60, 62, 73, 75-78, 80-83, 91-93, 101, 126, 138-139, 180

Melchisédech, 157

Moïse, 2, 5-6, 8-10, 36, 55, 63, 68, 84, 101, 116, 157-158, 163, 170, 192, 196, 206, 229, 235

Moksha, 23

Mommifié, 33

Moon, Sun Myung, 189-192, 195-198, 205, 229

Moral, 9. 14-18, 20, 61, 85, 87-90, 96, 106-107, 113, 129, 140, 160, 188, 205, 220, 224-225, 242

Morale fructueuse, 160

Morrison, Toni, 160

Mouvement de l'Unification, 91, 95, 172

Musique, 160, 162, 182, 223

Mythe, 89, 120, 123, 126

Newton, Isaac, 57, 117

Nguemadon, Patrick, 57

Nibiru, 118

Nietzsche, Friedrich, 140, 229, 241

Nirvana, 36-37, 40, 70, 202

Non-déterminisme, 112

Note nerveuse, 42

Numérologie, 174-175, 240

Paix, 3, 10, 127, 138, 214

Panthéisme, 108-109

Parekh, Bhikhu, 19-20, 120

Paul, the apostle, 18-19, 65, 68, 75, 77, 79, 95, 97-98, 103, 105-106, 112, 128-129, 133, 143, 170, 192, 195, 197-199, 203, 238

Péché originel, 18, 97, 157, 189, 191, 198

Pélage, 18, 198

Pentécôte, 2, 36

Perfection, 17, 26-27, 39, 42, 89, 93, 106, 127, 192,

Petrarch, 124

Philosophie religieuse, 22, 117, 123-134

Philosophie spéculative, 61

Photon, 51-52, 54

Physicalité, 2, 19, 137, 156-157, 228, 240

Platon, 14, 73, 87, 122

Poimandres, 5, 71, 133, 142, 181-182

Potentiel, 8-9, 16, 18, 27, 35, 49, 54-55, 73-74, 80, 88, 127, 149, 153, 158, 167, 178, 180, 222, 229, 239, 258

Prana, 32-35, 55, 73
Préformationisme, 77, 79, 111
Prototypes, 74
Psychanalyse, 17
Psychisme, 14, 18, 73-74, 88, 113, 125, 138, 154, 208
Puritains, 222-223
Pythagore, 68, 122, 174
Quatre vérités nobles, 7
Raison, 3-10, 13-18, 20, 27, 31-34, 45, 55, 57, 59, 63, 65, 67, 69, 71, 73, 75-76, 78-79, 84-85, 87, 90, 93, 96, 99-100, 102-105, 107, 113, 116-117, 123-124, 131-134, 136, 138-140, 143, 147, 154, 157, 159-160, 162-166, 169, 171, 173, 176-178, 180-181, 187, 190-191, 193-207, 209-210, 212-221, 223-225, 233-234, 237-238, 240-243, 259, 266
Rayons-X, 52, 78, 116
Religion non-théiste, 124
Renaissance, 123-124, 134
Rêve, 3, 39-40, 57-58, 80-81, 86, 137-139, 162, 183, 206, 240
Révélation, 23-25, 174-175, 189-192
Röentgen, Wilhelm C, 116-117

Rosen, Steven, 94
Rosicrucien, 29, 41-45, 49, 55, 60, 91, 107, 166, 182, 223, 241
Rousseau, Jean Jacques, 18, 140
Runco, Mark, 21
Sagesse, 3, 8, 14, 17, 31, 35, 39-40, 42, 63, 65, 68-69, 75, 85-89, 93, 101, 105, 133, 136, 139-140, 142-145, 147, 160, 167-170, 180, 183, 188, 190-206, 209, 211, 215, 217, 222, 224-226, 228-230, 234, 236-237, 239-240, 259
Salomon [Roi], 188, 228
Sang, 34, 41-42, 55-56, 63-64, 68, 73-74, 147, 172, 198
Satan, 27-28, 65, 190, 197
Sartre, Jean Paul, 19, 129
Schopenhauer, Arthur, 17, 88-89, 247
Sélection naturelle, 16
Sept fils de Scéva, 179
Sitchin, Zecharia, 118
Smart, J.J.C., 75, 79
Socialisme, 231
Societé pluraliste, 187
Socrate, 74, 83, 122, 237
Soleil, 32, 38, 61, 175-176
Steiner, Rudolph, 92, 173
Stevenson, Ian, 77

Superhumain, 140-141
Swedenborg, Emmanuel, 59, 106, 205
Symbolisme, 122-123, 175, 196
Tabula rasa, 71
Tatwa, 33-34
Théorie de la relativité, 46, 60-61
Théosophie, 31, 34, 37, 57, 59, 70-72, 89-90, 92, 134
Tolérance, 124, 127, 134
Troisième oeil, 35, 59
Transmigration, 38, 42-43, 107-108
Transmutation, 37, 96
Trigg, Roger, 14, 16-17

Ussher, James, 114
Utilitarianisme, 127
Vertue, 7, 14, 16-18, 87-90, 140, 149-150, 160, 218
Vibration, 36, 39, 45-46, 79, 177
Voie médiane, 204
Von Daniken, Erich, 118
Voyage dans le temps, 61-62
Yoga, 58, 117, 134, 161
Young, Robert, 200-203
Zodiaque, 31

Appendice

Le philosogramme

Le philosogramme est un questionnaire élaboré pour aider un individu á determiner sa place dans l'univers des âmes intelligentes et une place correspondante dans l'univers des corps d'énergie [esprits] ainsi que dans l'univers des corps physiques.

En effet, la raison, les idées, la sagesse, le savoir, la connaissance, la vérité, les sentiments, les émotions, l'amour, les lois, la détermination, la volonté, la créativité au niveau de l'âme conditionnent les relations y compris le mariage et le service social.

Il est plus aisé pour une personne qui a précisé sa philosophie de vie, ayant pris le temps de réfléchir sur des sujets importants, d'établir des relations plus saines et plus durables avec d'autres humains et le reste de l'univers évitant des erreurs inutiles et pénibles.

Le philosogramme peut servir de sociogramme; un outil pour analyser et faire avancer la société. Centré sur le passé, il aiderait á comparer les philosophies des générations précédentes et le niveau de bien-être individuel et globale qu'elles ont permis d'atteindre dans le but de tirer des leçons pour le présent et le futur. Centré sur le présent, le philosogramme aiderait á prendre une photographie philosophique ou *philosographie* de la société contemporaineet indiquerait vers quel type de société futur est la tendance; basé surtout sur les aspirations.

En déterminant de manière standard leurs positions, ceux et celles qui ont des idées similaires peuvent facilement se retrouver surtout avec l'aide de l'internet et construire des familles et des sociétés viables et heureuses. Le philosogramme aidera áétablir des fédérations de blocs de convictions et de modèles sociaux avec des ponts entre elles.

Par exemple, une personne hétérosexuelle pourrait vouloir s'associer á des gens semblables á la fois philosophiquement et géographiquement tout en acceptant de participer á des programmes de santé destinés á des homosexuels demandeurs.

Ceux qui changent leurs conceptions et pratiques pourraient intégrer des sociétés différentes avec ou sans périodes de tests.

En arrangeant les lieux de vie en fonction des idées, le risque que des personnes heurtent d'autres serait réduit de façon significative et le niveau de bonheur augmenterait. Cette vision de la fédération des idées peut apparaître coûteuse vu l'état actuel du monde où des gens avec diverses idées sont mélangés.

Mais un nouveau début est nécessaire pour finalement corriger les erreurs de l'histoire et offrir une chance de meilleure expression aux générations futures. Il y a suffisamment d'endroits non peuplés sur le globe pour lancer cette initiative et nombreux sont ceux qui seraient prêts á faire des sacrifices pour aller lá ils seraient les bienvenus et pas victimes de maltraitance ou de peur. Si le projet est bien pensé, les bénéfices seront incalculables.

Lorsque seulement de bonnes personnes aux idées similaires vivent dans la même sphère géographique, le potentiel de développement sera extraordinaire comme lorsqu'un jardin n'a que du bon terreau. Le surplus des fruits de ce genre de société pourrait ensuite être distribué pour soulager d'autres sociétés en difficulté.

Le philosogramme est destiné aux personnes qui ont au moins 16 ans avec l'autorisation parentale lorsque nécessaire. Ceux qui se trouvent dans des situations où ils sont incapables de réaliser leurs souhaits devraient être aidés. Il serait bien que le lecteur remplisse le questionnaire avant et après la lecture des livres *Demeure des Divinités: Compréhension de Dieu et des dieux pour une Philosophie, une Science, et une Spiritualité Universelles* et *Humanisme Divin: Création de la Société la plus Heureuse*. Il serait bon aussi de garder ces questionnaires remplies pour un suivi des changements personnels d'idées. Avoir plusieurs exemplaires non remplis au départ est donc judicieux.

Ce qui suit est la première version du philosogramme qui peut être améliorée.

Dieu est	A- Ame Universelle		B- Puissant être spirituel ayant une forme humaine	C- Il n'y a pas de Dieu			D- Je ne sais pas [JNSP]
	A1-Intelligente	A2-Sans Intelligence					
Je voudrais vivre dans un groupe social où les gens ont d'autres idées de Dieu	Non			Oui			
				A1-	A2-	B	C D - -
Les humains qui peuvent diriger d'autres devraient le faire pour toujours	Non			Oui			
Ceux qui	Non			Oui			

peuvent diriger d'autres devraient plutôt les considérer comme des égaux en pensées, en paroles, et en actions et les aider á s'améliorer						
Certaines personnes devraient prêcher parlant au nom de Dieu	Non			Oui		
Les gens devraient enseigner selon leurs convictions et accepter les critiques	Non			Oui		
Les êtres spirituels appelés dieux devraient être servis	Angels			Demons		
	Non	Oui	JNSP	Non	Oui	JNSP
La science spirituelle ou la magie devrait être pratiquée sans nuire aux gens	Non			Oui		
La Trinité est L'Ame, l'Esprit, et le Corps Universels	Non			Oui		
La Trinité est le Père, le Saint Esprit et Jésus	Non			Oui		

Je peux vivre lá ou Jésus est considéré comme un humain sans harceler les gens pour qu'ils changent d'idée	Non	Oui
Un Messie est une personne qui devrait être au-dessus des autres pour toujours	Non	Oui
Un Messie est toute personne qui aide ou sauve d'autres en tant que leur égal	Non	Oui
Seul le bien devrait prévaloir	Non	Oui
L'existence du bien et du mal dans une société [dualisme] est ok	Non	Oui
Les membres de la famille ne devraient pas être favorisés par rapport á d'autres personnes	Non	Oui
L'amitié est la meilleure des relations	Non	Oui
La croyance et la foi devraient	Non	Oui

être privées et partagées sans harcèlement		
Seuls des faits prouvés devraient régir prioritairement la vie sociale	Non	Oui
Une maladie est une distorsion de l'âme, de l'esprit, du corps physique, de deux, ou des trois	Non	Oui
Le corps medical devrait comprendre toute personne qui peut reconnaître, traiter, et prévenir des maladies et sa taille peut être la population entière	Non	Oui
Une partie importante de l'éducation devrait être cachée et seuls ceux jugés dignes par ses détenteurs devraient être initiés	Non	Oui
La connaissance	Non	Oui

entière de l'humanité devrait être publique avec un accès égale á tous avec des pro-grammes spéciaux pour les grands talents et les personnes malades		
Les gens devraient être autorisés á accumuler de la richesse même si d'autres souffrent ailleurs	Non	Oui
La population devrait être en adéquation avec les ressources	Non	Oui
La nature devrait être protégée, renouvelée, ou améliorée; pas détruite	Non	Oui
Une personne devrait pouvoir ne jamais avoir de rapport sexuel	Non	Oui
La monogamie devrait être recommandée	Non	Oui

	Non	Oui
La polygamie devrait être acceptée		
La fornication est ok		
L'adultère est ok		
L'homosexualité est ok		
Seule la pornographie á base de desseins devrait être autorisée		
Il faut autoriser toutes les formes de pornographies		
Aucune forme de pornographie ne devrait être autorisée		
La masturbation basée sur les desseins est ok		
Toute forme de masturbation est ok		
Aucune forme de masturbation n'est ok		
La sodomie est ok		
L'avortement devrait être faite seulement pour des raisons médicales		
Les rapports sexuels avec les animaux est ok		
Le code vestimentaire publique peut		

être beau mais pas sexy [i.e. exciter le désir sexuel d'autres] et devrait laisser le visage reconnaissable		
Je peux vivre dans un groupe social avec des personnes ayant des orientations sexuelles différentes	Non	Oui
Le plus grand bien devrait toujours prévaloir	Non	Oui

www.ingramcontent.com/pod-product-compliance
Lightning Source LLC
LaVergne TN
LVHW051545070426
835507LV00021B/2412